谨以此书纪念改革开放30年

第十九辑

北大讲座

《北大讲座》编委会

北京大学出版社
PEKING UNIVERSITY PRESS

图书在版编目(CIP)数据

北大讲座.第十九辑/《北大讲座》编委会编.—北京:北京大学出版社,2008.12
 ISBN 978-7-301-14604-0

Ⅰ.北… Ⅱ.北… Ⅲ.①社会科学-中国-文集②自然科学-中国-文集 Ⅳ.Z427

中国版本图书馆 CIP 数据核字(2008)第 182039 号

书　　　名:北大讲座(第十九辑)
著作责任者:《北大讲座》编委会　编
责 任 编 辑:胡利国
封 面 设 计:林胜利
标 准 书 号:ISBN 978-7-301-14604-0/G·2486
出 版 发 行:北京大学出版社
地　　　址:北京市海淀区成府路 205 号　100871
网　　　址:http://www.pup.cn　电子邮箱:hlgws0380@sina.com
电　　　话:邮购部 62752015　发行部 62750672　出版部 62754962
　　　　　　编辑部 62765016
印　　刷　者:北京宏伟双华印刷有限公司
经　　销　者:新华书店
　　　　　　650mm×980mm　16 开本　20.5 印张　315 千字
　　　　　　2008 年 12 月第 1 版　2011 年 9 月第 2 次印刷
定　　　价:36.00 元

未经许可,不得以任何方式复制或抄袭本书之部分或全部内容。
版权所有,侵权必究
举报电话:010-62752024　电子邮箱:fd@pup.pku.edu.cn

北大讲座

季羡林

《北大讲座》编委会

主　　任：许智宏
副 主 任：张　彦
成员单位：北京大学党委宣传部
　　　　　北京大学学生工作部
　　　　　北京大学教务部
　　　　　北京大学教育基金会
　　　　　北京大学科学研究部
　　　　　北京大学社会科学部
　　　　　共青团北京大学委员会
　　　　　北京大学艺术学院
　　　　　北京大学出版社

《北大讲座》(第十九辑)编委会

主　　　编：韩　流
副　主　编：郑清文
执　行　主　编：于明明
执行副主编：庄姝婷
编辑委员会：(按姓氏笔画排序)

赖琳娟　申禹杰　李　果　陈　特　胡　吉　钱　涛
马梦璇　张友谊　何方竹　黄世哲　姜　铭　李　可
刘　健　马　畅　孙　硕　熊　丹　徐　杰　薛　元
袁　瑛　张　媚　孙宪明　黄劲草　林雪红　黄世哲
王大林　王怡丹　李贤真

目 录

以改革开放的精神创建世界一流大学 …………………………… 闵维方（1）

30年的改革开放使中国发展的辉煌成就举世瞩目,也使中国面临着国际竞争。大学不仅是一个国家科学文化和教育发展水平的重要标志,在当今的激烈国际竞争中,更是影响到国家核心竞争力的关键因素。因此,创建世界一流大学应该是国家长远发展的战略重点之一。一流大学除了必须有世界一流教学科研成果和强大的物质技术基础等硬指标之外,还必须特别强调宽松活跃的学术环境和追求真理、创新知识的科学精神。中国的大学必须以改革开放的精神,坚持科学发展,进一步解放思想,在教育理念、办学战略、用人制度和管理体制等方面进行改革创新,突破旧体制的束缚,实现跨越式发展,并要以开放的心态,善于借鉴国际高等教育的发展经验,形成广阔的世界眼光和深刻的国际理解,积极参与国际学术竞争,才有可能达到世界一流的水平。

中国经济改革30年 …………………………………………… 张维迎（16）

演讲者讲了以下几方面的内容:(1)中国改革开放30年的成就;(2)中国的改革进行的具体过程:价格自由化;(3)中国的改革进行的具体过程:国有企业改革;(4)中国的企业家;(5)未来30年改革预测。

是否存在一个中国模式 ………………………………………… 姚 洋（48）

演讲者从正面的角度总结中国改革开放30年两方面的历史意义:第一,总结过去,面向未来,思考今后我们应该怎么走,建设一个什么样的国家;第二,就是向世界展现一个正面的中国,过去30年中国取得了巨大的成就。演讲者认为,有中国经验但没有中国模式。

制度激励与人的自由选择
——从凤阳思考我国农村30年变革 ·················· 王曙光(70)

演讲者从经济学中的契约与制度安排的角度认识中国改革开放的历程,同时结合凤阳的案例来说明激励机制的设计与人的自由选择在改革中的作用。

中国经验对于世界的启示 ····· 姚 洋 王曙光 刘民权 苏 剑(89)

30年改革的回顾与展望 ························· 曹和平(104)

(1)改革开放的动因是什么?(2)1981年以后重大改革事件回顾;(3)中国崛起的未来远景。

改革开放30年回顾与思考 ······················· 雎国余(121)

演讲者主要从经济学角度对改革开放30年所取得的成就和今后面临的困难和问题做了分析和探讨。

从中国经济发展数字看改革开放30年 ············· 王其文(146)

刑法知识的转型与刑法理论的演进 ··············· 陈兴良(175)

演讲者认为,我国刑法学在新时期走过了30年,我国的刑法知识是在学术的废墟建立起来的,这30年已经有了很大的进步,但与德、日、英、美相比,还处于向它们学习的阶段,我们还需要不断提升我国的刑法知识,为推动中国的法治发展做出应有的努力。

近十年刑事司法的改革与反思 ··················· 陈瑞华(199)

(1)十年来中国刑事司法改革的三条线索;(2)刑法司法改革不成功的原因;(3)自动自发的改革目前的现状和未来的生命力;(4)对未来的司法改革前瞻性的预测。

被忽略的私人力量
——公司董事服务合同的文化解释 ·················· 蒋大兴(219)

从地震的视角审视中国的崛起 ··················· 朱 锋(249)

演讲者讲了三个问题:第一个问题是2008年对中国外交意味着什么?第二个问题分析欧洲对中国态度转变的原因;第三个问题是"5·12"汶川大地震对2008年的中国意味着什么?对中国与世界的关系带来了怎样的影响?

市场化进程、通货膨胀与可持续发展 ………………………… 蔡志洲(260)

  (1)改革开放以来的市场化进程;(2)市场化改革对经济发展的影响;(3)深化市场改革与可持续发展。

当前世界经济危机与中国未来 …………………………………… 李民骐(272)

  演讲者认为,在今后的5到10年时间里,美国、欧洲与日本会遇到相当严重的经济危机,首先表现为比较严重的经济衰退,经济处于停滞状态,而就中国的经济情况而言,经济危机对中国经济近期的影响不会太大,但在2020年前后或稍晚的一段时间,很有可能在能源问题上遇到不可克服的困难。此后的中国将会发生深刻变化。

中国税收制度改革:问题与对策 ………………………………… 林双林(284)

  演讲者主要讲了以下几个方面的内容:(1)中国传统的财税思想;(2)近现代的税制改革、财政状况;(3)现在的税制存在的问题;(4)对税制改革的建议。

在改革开放中前行的中国保险业 ……………………………… 孙祁祥(303)

以改革开放的精神创建世界一流大学

■ 闵维方

[演讲者小传]

闵维方,男,汉族。1950年10月出生。现任北京大学党委书记,兼教育学院院长。1978年2月—1982年1月,北京师范大学教育系本科学习;1982年1月,考取国家公派出国研究生,赴美国斯坦福大学深造;1984年6月,获斯坦福大学高等教育学硕士学位;1985年12月,获斯坦福大学组织社会学第二硕士学位;1987年6月,获斯坦福大学哲学博士学位(教育经济与管理);1987年6月—1988年8月,美国得克萨斯大学博士后研究;1988年8月—1991年8月,聘为北京大学高等教育科学研究所副教授、副所长;1991年8月—1992年10月,世界银行总部进行教育投资与效益研究;1992年10月—1994年5月,北京大学高等教育科学研究所所长、教授、博士生导师;1993年5月—2002年4月,北京大学校长助理、副校长、常务副校长、常务副书记,兼教育学院院长。主要著作与成就有:《教育投资的社会经济效益》、《高等教育的发展形势与办学效益》、《职业技术教育的经济效益研究》、《高等教育的管理效益》、《中国高等教育财政研究》、《21世纪的信息经济与大学的作用》、《向社会主义市场经济转轨过程中高等教育发展战略问题》等。先后十多次获国家级和省部级教育科学与社会科学研究成果奖;1991年被评定为国家级有突出贡献的中青年专家;1995年被评为全国优秀教师;2000年被评为"北京市先进工作者"等。

大家好,今年正值改革开放30周年,距北京大学正式启动创建世界一流大学计划也有近10年了。今天,我们就来谈谈如何以改革开放的精神创建世界一流大学。

中国的发展正在进入一个新的伟大时代。与之相适应,中国高等教育也进入了一个伟大的新时代。这不仅是一个呼唤高等教育大众化和教育公平的时代,更是以时代强音呼唤代表中国科学技术发展水平和高等教育发展水平的世界一流大学的时代。自1978年底开始的30年波澜壮阔的改革开放历史进程使中国在经济、社会各个方面的发展都取得了举世瞩目的伟大成就。中国正在不可逆转地走向世界,世界也正在不可阻挡地走进中国,使中国面临着激烈的国际竞争。建设创新型国家、发展自主创新能力是一个国家的核心竞争力所在,而其关键就是由世界一流大学培养出来的具有世界一流创新精神和创新能力的学术领军人物和拔尖创新人才。在经济全球化浪潮日益高涨的今天,在我国深化改革、扩大开放的新时代,创建世界一流大学是关系国家发展的根本性战略问题之一,也是实现科学发展的客观要求。

首先,创建世界一流大学是改革开放时代最重要的强国战略。

在当今世界,国际竞争日趋激烈。竞争涉及国家硬实力和软实力等各个领域,包括经济、政治、军事、文化、教育等各个方面。在这一竞争中,影响到一个国家核心竞争力的关键因素之一就是大学。中国加入世界贸易组织后,开放程度进一步提高,面临更加激烈的竞争。在国际竞争中,最具有战略意义的要素,如科学、知识、技术、人才等都是跨国界地流动着的,都是跨国界地组织着的。在这样的国际环境下,要增强我国的国际竞争力,实现科学发展,创建世界一流大学的意义非常深远。

可以从一定意义上说,美国在政治、经济、军事上的优势是以其学术优势和科技优势为基础的。一位诺贝尔奖获得者曾经说过,美国真正的实力并不在于造了多少汽车和飞机,而在于美国是一个大学林立的国家,具有四千多所高等院校和上百所世界知名的研究型大学。2002年,美国联邦储备委员会前主席格林斯潘在一次谈话中也强调了美国大学在国际竞争力中的重要作用。他认为,美国大学在全世界高等教育中具有领导地位,吸引了世界各国大量优秀人才。统计资料显示,1972年美国工程技术领域中,35岁以下的年轻教授只有10%是外国人,而到1985年这个比例就上升到了55%,而工程技术领域中的博士后研究人员中外国人所占比例高达三分之二。这是美国工程科学院1986年给美国政府的报告。在这些来自国外的工程技术专家中,有75%的年轻教授都在申请美国的公民权。该报告指出,这对于美国的科学技术和经济发展及国际竞争力有着至关重要的意义,美国政府在制定移民法规的时候一定要特别重视这一点。世界一流大学的根本功能之一就是汇聚各方面的杰出人才,探讨人类社会和科学发展的前沿。美国以其众多的世界一流大学从全世界吸引了大量的人才,不仅从发展中国家吸引了大量拔尖人才,也从其他发达国家吸引了大量优秀人才。据统计,欧洲国家每年去美国留学的青年学子中,有一半的优秀人才留在了美国。国际竞争力中的核心要素之一,即各个学科拔尖创新的领军人物等都是跨国界流动的。他们倾向于流动到最有利于发挥他们效用的地方。一流大学为他们的发展提供了相应的学术环境和制度环境。2001 年在北京大学召开中英大学联席会议,就连一些英国的大学校长也抱怨人才外流,流到了美国,他们也面临这样的问题。因此,我们一定要把创建世界一流大学作为汇聚增强国家核心竞争力的各方面领军人才、建设创新型国家的根本措施。

从这个意义上说,创建世界一流大学必须也应该是一种国家战略、一种国家行为,必须由国家重点支持。德国前总理施密特很明白这个道理。他曾经比较含蓄地表达了这样一种看法,就是当德国的大学是世界上最好的大学的时候,也是德国的国势在世界上最强的时候。我想他是指1870 年前后那几十年,在那几十年中,德国的大学引领着世界高等教育的潮流。接着他说:"显然,如果我们的大学停留在二流或三流的水平,德国就无法取得绝对一流的研究成就。现在德国没有任何一所高校能够与斯坦福、哈佛或美国、日本的其他一流高校抗衡。我这样说并非没有根据,因为我经常访问那些高校。从世界水平对比来看,现在德国没有任何一所高校拥有第一次世界大战前,甚至魏玛时期德国高校的那种声望。我们的高校在当时是处于世界领先地位。"同样,从对美国高等教育的分析中,也可以看出发展一流大学的国家行为特征。冷战时期,美国通过的最有深远影响的法案之一是 1958 年《国防教育法》(National Defense Education Act)。美国是第一个把国家安全同大学建设联系起来的国家。《国防教育法》的历史背景是在冷战时期,1957 年苏联卫星上天,美国朝野震动,它做出的反应之一就是把国家安全与加强高等教育联系起来。《国防教育法》中有这样的话:"国会在这里宣告,国家安全要求充分发展全国青年男女的智力资源和技术技能;目前的紧急状况要求提供更多更好的教育机会;美国国防取决于掌握由复杂科学原理发展起来的现代技术,也取决于发展新原理、新技术和新知识。"这一段话体现了他们作为一种国家行为支持高等教育发展的政策取向。所以,在当今激烈的国际竞争环境中,要使中华民族屹立于世界先进民族之林,我们一定要建设能够代表中华民族发展特色和水平的世界一流大学,这应该成为国家战略。在世界历史上,无论是英国、德国、美国或者其他国家,大学的发展都是与一定的国家政策取向联系在一起的。美国的大学在总体上成为世界一流还是在二战以后。1900到1930年间,世界上92位诺贝尔奖得主中美国只有4人。到1941年底,全世界的120多位诺贝尔奖得主中,只有10%左右在美国。而二战以后这几十年来,大部分诺贝尔科学奖获得者都是在美国大学里学习或工作过的。例如,从1989到1998这十年间,诺贝尔奖获得者美国学者占了三分之二,欧洲学者13人,美国学者26人。这与美国的国家科技政策与高等教育政策密切相关,即把一流大学的建设同国家发展与国家安全紧密地结合起来。美国通过其众多的世界一流大学囊括了世界上大量的优秀人才。因此,在目前的高等教育国际化环境下,在中国创建世界一流大学并不是具体哪所学校的事情,而是涉及国家长远发展根本利益的关键战略问题。要真正建设创新型国家,实现科学发展,就必须把这个问题提到更重要的高度来认识。1998年5月北京大学百年校庆后,国家开始实施的"985工程",使得中国高等学校创建世界一流大学的努力正式上升为国家战略,这在我国高等教育发展史上具有重要意义。

其次,创建世界一流大学必须以改革创新的精神实现跨越式战略发展。

我们必须十分清醒地看到,我们在努力创建世界一流大学,在建设,在发展,在前进。发达国家的大学也在建设,在发展,在前进。我们计划用20年达到一个什么标准,但是他们20年后可能会达到一个更高的水平。他们现在前进的步伐并不比我们慢。所以,一流大学的标准是动态的(dynamic),而不是静态的(static)。这里涉及一个很重要的问题,就是要想真正赶上去,就必须比别人发展得更快,真正通过改革创新有一个"跨越式"发展,使得我们的一流大学同世界一流大学的差距不断缩小,而不是越来越大。"跨越式"的发展说起来容易,做起来并不简单。尤其是在办学理念、办学思想上的跨越,在整个大学发展体制上的跨越,是实践跨越式发展的关键。同时,大学要服务于国家战略,还要在办学实践中实现文化科学技术的不断创新和跨越。

尽管不容易,但跨越式发展是必要的,也是可能的。跨越式发展是原有的旧平衡的突破和新格局的形成。因此,按照辩证法的思想,跨越式发展是规律性的东西。从中世纪第一所大学——意大利波隆那(Bologna)大学诞生到17世纪,国际高等教育中心和科学研究中心一直在意大利和法国等欧洲大陆国家。18世纪,英国的大学在工业革命的浪潮中实现了跨越式发展,在许多方面超过了欧洲的老大学。而19世纪德国教育家洪堡(William van Humboldt)提出并在德国的大学中采取了新的教学科研相结合的思想,使得德国的大学实现了跨越式发展,成为其他国家学者所向往的学术高地。就是在那个时候,美国学者开始了长达六七十年的留学德国的浪潮,为美国高等教育后来的跨越式发展以及超越欧洲大学奠定了基础。

19世纪以前,德国的大学并不是世界上最好的大学,但是在19世纪这一相当长的时期内,德国的大学应该说是世界上最好的大学,引领世界高等教育发展的潮流。为什么呢?因为当时德国大学的办学思想与当时的英国牛津、剑桥大学培养绅士的办学思想相比,在办学理念和大学制度上实现了一种跨越,即德国人提出的"洪堡思想"带来的大学实践上的创新。"洪堡思想"强调学术自由,强调教学与科研的有机结合,强调在人才培养的同时进行知识的创造,在办学思想上向前跨了一大步,在世界高等教育史上具有非常重要的意义。相应地,德国的大学也就向前跨了一大步,成为非常好的大学。美国也是一样的,现在几乎没有人不承认当今美国的著名大学是世界上最好的大学。用任何一种指标体系来评价,美国的大学都排在前面。美国在19世纪,特别是1860年以后,学习德国洪堡的教学与科研相结合的办学思想,并先于德国在大学里建立了强大的研究生院,这就把洪堡思想制度化了;而这种制度又内化为美国研究型大学的一种共享价值观,从而又实现了制度的思想化。这就是一种跨越。这种跨越给美国高等教育的长远发展奠定了基础。可以说,从1860年到1900年,这40年对美国来说是很重要的,接下来的40年是美国高等教育的"巩固成形时期"(Formative Period),为其下一步跨越式发展做好了准备。跨越式发展需要一个过程,即使是美国这么有经济实力的国家,也不是短期内就可以建成世界一流大学的。美国是通过对教育的大量投入才实现今日美国大学的一流地位的。1862年《莫里尔法案》(Morrill Act)使得美国对高等教育的投入增加了很多。到1900年,美国的第一个40年跨越式发展成功实现并告一段落之后,从1900年到1940年的40年中,美国的大学还没有在人才培养和科学研究上取得世界领先水平。那个时候还不能说美国大学是世界一流的。美国的大学真正取得世界一流地位还是在第二个跨越时期之后,即二战以及二战以后的时期。《美国研究型大学的崛起》(*The Rise of American Research Universities*)这本书,描述分析了美国大学崛起的历史进程。可以看出,美国大学达到世界一流水平经历了一个不断跨越的漫长过程。第二步跨越是很要紧的,是与国家战略有密切关系的。这种跨越不仅是投入和硬件建设,不仅是办学规模和学生人数,更重要的是办学思想、理念、体制上的跨越。研究国际高等教育经验可以得知,美国和其他发达国家都经历了这么一个发展过程,其中理念和体制是特别关键的因素。耶鲁大学的亨利·汉斯曼(Henry Hansmann)教授曾经撰文讲到,曾经作为西方文明珍珠的欧洲大陆的大学在"二战"后的一个时期由于体制问题而"令人惊讶地衰落下去了"。剑桥大学校长艾里克·布劳厄斯(Alec Broers)前几年到北大演讲,他说他自己在美国工作了18年,他认为现在英国的大学在某些方面比不上美国的最好的大学。他卸任后,美国耶鲁大学的副校长理查德到剑桥大学当了校长。牛津大学前校长科林·卢卡斯(Colin Lucas)原来也在美国芝加哥大学工作过。可见,德国的大学相对于英国,美国的大学相对于德国,都有过一个跨越式发展的历史进程。当然,现在英国和德国的大学也都在不断前进,不断取得新的发展。特别是近年来,欧洲国家已经意识到其高等教育在"二战"后的一个时期存在的体制问题,采取了一系列改革措施。

跨越式发展在中国高等教育史上也有过先例。如果说北大在20世纪中国的社会历史进程和高等教育发展中做出过具有重要历史意义的贡献,也是由于北大经历了几个跨越发展的阶段。从1898年建校到辛亥革命后的一段时间内,北大的发展状况并不是很乐观,学术气氛沉闷,学术水平很低,而且封建腐朽思想在校内蔓延。1916年蔡元培来到北大后,推动北大进行了一系列重要变革,领导这所大学实现了一个伟大的跨越发展。他借鉴德国的洪堡思想和世界各国大学的办学经验,强调大学的"学术自由",主张对不同学派"兼容并包"。在当时旧思想占统治地位的半殖民地半封建的情况下,蔡元培的主张兼容了新思想,具有很大进步意义。特别是在用人体制上,蔡元培上任之初就辞掉很多没有学术才能的人,并在很短的时间内把李大钊请来任图书馆馆长,陈独秀任文科学长,理科学长夏元瑮是中国第一个研究相对论物理学的人,还有著名科学家李四光等人。陈独秀等人在当时是喊"民主"、"科学"最响的人。李大钊则是在中国第一个举起马克思主义的旗帜,系统地接受、传播和实践马克思主义的人。他在蔡元培的支持下成立北京大学马克思主义研究会,宣传进步思想,引导社会潮流。这一步跨越非常重要,从办学理念到管理体制到用人机制上的跨越,使得北大有了一个很明显的变化,不仅推动了学校的改造,也推动了整个社会的改造与进步,使北大成为当时我国新文化运动的中心、五四运动的策源地和最早在中国传播马克思主义的基地。正如著名学者冯友兰先生所说:"蔡元培所领导的新北大的出现,好像一座灯塔,使全国的人们看见了光明,认识了前途,看清了道路,获得了希望。"北大在50年代院系调整以后也实现了一次在当时条件下的历史性的跨越式发展。改革开放以来,特别是百年校庆后实施的"985工程"以来,北大又同全国高等院校一道实现了一次新的跨越。对于我们这样的发展中国家的大学,"跨越式"发展是非常重要的。"跨越式"发展就是要通过改革创新在办学理念、办学战略、用人制度和管理体制等各个方面突破原有的范式(paradigm),达到一个新的更高的层次,不仅努力在人才竞争和科技竞争中占领优势地位,而且在更深层次的竞争中,就是在管理体制和运行机制的竞争中掌握主动权。我们的大学现在努力从世界各地吸引人才,一定要创造出相应的体制和环境,使他们能够真正地发挥出聪明才智和创新潜力。前些时候,我们调查了从国外留学回来的教师的情况,他们觉得有时办事还是比较难,体制性约束较多,说明我们的大学体制改革和创新的任务还很繁重,我们要保持清醒的头脑。国际经验值得我们借鉴,改革创新和跨越式发展是创建一流大学的关键。

创建世界一流大学与发展先进的文化科学技术是密不可分的。前者是后者的载体。因此,通过改革创新实现跨越式发展,不仅要体现在办学理念和体制机制上,还要体现在大学日常活动的操作对象上,即文化科学技术的创新发展。这在发达国家的世界一流大学中比比皆是,那些获得诺贝尔科学奖的成果都是科学技术上的创新和跨越的结果。这在我们这样的发展中国家更具有重要意义。丛中笑在《最可宝贵的跨越》一文中曾经这样记载:北京大学的王选院士说,1997年他看到一则报道,著名科学家钱学森于1956年回国后,建议中国先搞导弹,后研制飞机。当时有些同志觉得很奇怪,中国是不发达国家,飞机是西方国家已有30多年生产历史的成熟技术,我们也许可以赶人家;至于导弹,连美、苏当时都还没有洲际导弹,中国怎么有能力去发展呢?钱学森当时回答得很妙:"搞飞机难,搞导弹容易"。因为飞机载人,长期反复使用,中国基础工业薄弱,发动机、材料等一系列困难在短时间内解决不了,而且需要长时间的疲劳试验。导弹是一次性的,这点比飞机要容易得多,但导弹要准确命中目标,要有高超的制导方法和技术,而中国人的聪明才智是能够在较短时间内攻克这一难题的。后来的事实证明了钱学森的远见卓识。采用最新成果,实现技术发展的跨越,有时意味着用创新的设计,绕过常规方式发展会遇到的巨大困难,走一条高效益、事半功倍的捷径。这就是打破常规,改革创新的跨越式发展。和钱学森绕过飞机研制导弹一样,王选院士正是绕过了照排的二代机和三代机在机械、光学等方面的巨大技术困难,大胆选择了别人不敢想的第四代激光照排,才取得了成功。西方从1946年发明第一代手动式照排机,花了40年的时间,经过二代机和三代机的兴衰,到1986年才开始推广激光照排机。王选院士1976年提出直接研制第四代激光照排系统,一步跨越了40年,今天看来,最可宝贵的,正是这种具有凌云气概的科学技术跨越。在当今激烈的国际竞争中,要实现创建世界一流大学的目标,这种跨越式的发展精神具有更加重要的意义。

再次,创建世界一流大学必须以广阔的世界眼光和开放的心态,参与国际交流与竞争。

大学是人类文明之花,是人类智慧的结晶。大学的许多办学要素是跨国界流动的。没有世界的眼光,就不会真正理解什么是世界一流大学,更谈不上如何建设了。一个民族一个国家能够实现"跨越式"发展,它必定是一个善于学习的民族,一个深刻认识到学习的力量的民族。翻开罗素的《西方哲学史》,开篇第一句话就是,在全部的人类历史中,最令人惊异的莫过于古希腊文明的突然崛起。作为当今西方发达国家文明源头的古希腊,为什么能够突然崛起?罗素接着写道,其实,早在古希腊文明崛起之前,文明的很多要素就已经存在了几千年了。古埃及、古巴比伦、古印度和古中国远远早于古希腊。希腊文明的崛起主要是一个善于学习的结果,并在学习中借鉴、继承、提高和发展。

因此,我们要善于以清醒的头脑学习和借鉴国际上大学跨越式发展的经验,吸收世界上一切优秀文化成果,以及国际上高等教育发展的一切先进经验。美国的大学能够实现跨越式发展,是与他们善于学习密切相关的。当德国的大学是世界上最好的大学时,很多美国人都去德国留学。在19世纪,美国的这股留学德国的潮流持续了很长时间,他们学到了很多东西。通过对美国高等教育的发展历程的分析可以看出,美国能够成为当今世界的高等教育强国,与他们的这种开放的心态是分不开的。美国的大学起源于1636年创立的哈佛学院,哈佛建校初期规模非常小。一直到1860年以前,美国的高等教育发展较为缓慢,有二百多所院校大都是按照英国大学模式建立的,以"培养绅士和传教士"为主要任务。通过学习德国的高等教育思想,19世纪60年代以后,美国的高等教育真正实现了一种"跨越式"发展。当然,高等教育的发展与国家发展是分不开的。到19世纪60年代,美国南北战争结束后,政治经济发展的体制性障碍被扫除,社会经济发展迅速。与此相适应,美国的高等教育发展进入了一个全新的阶段,一批新大学应运而生。例如约翰·霍普金斯大学(Johns Hopkins University)、芝加哥大学、斯坦福大学等都是在这个被称为美国高等教育历史上的第一个大40年(the first big forty years for American higher education)中建立起来的。而这些新建立的院校,可以说是美国新一代的大学,是按照德国洪堡思想建立起来的。它们的创校校长几乎都是留学德国的学者或深受德国洪堡教育思想影响的人。约翰·霍普金斯大学借鉴德国思想,首创大学研究生院,在美国高等教育史上具有里程碑意义。这个时期,美国其他老牌大学,如哈佛和哥伦比亚,也都以开放的心态,开始启用留学德国的学者当校长。在这一点上,美国人是很开放的,哪个国家的东西好,就把它拿来,学习借鉴,并根据美国的实际情况加以运用。按照"洪堡思想"建立的大学是新型的学校,体现一种新的办学理念。美国的大学不仅是学习了德国的洪堡办学思想,而且把这种办学思想制度化了。美国的大学把教学与科研相结合的思想理念，体现于大学研究生院的制度建设之中，实现了从思想到制度的跨越。而提出"洪堡思想"的德国人在这方面却慢了一大步，德国大学最早的大学研究生院建立于1984年，比美国晚了一百多年。

蔡元培先生能够在北大的发展过程中发挥重要作用，原因之一是他有广阔的世界眼光。他早年留学德国，并对欧美许多国家进行过深入的学术访问与考察。斯坦福大学校长来北大演讲的时候说，从一种特定的意义上讲，斯坦福大学、芝加哥大学等在办学理念上与北大具有同源性。他指出，蔡元培先生可以说是缔造北大的重要人物，他留学德国多年，在莱比锡大学和柏林大学学习，深受德国大学的办学思想影响，他对北大的贡献与他的这种学术背景是不无关系的。世界著名哲学家和教育家杜威(John Dewey)来中国两年多，其中很多时间是在北大讲学。回到美国后，他著文把北大的蔡元培和牛津、剑桥、哈佛、哥伦比亚的校长作比较。杜威说："拿世界各国的大学校长来比较一下，牛津、剑桥、巴黎、柏林、哈佛、哥伦比亚等等，这些校长中，在某些学科上有卓越贡献的，固不乏其人；但是，以一个校长身份，而能领导那所大学对一个民族、一个时代起到转折作用的，除蔡元培而外，恐怕找不出第二个。"杜威的论断是中肯的。蔡元培领导北大实现了一个跨越，使得北大成为中国第一所真正具有现代意义的大学，而且推动了整个社会的改造与进步。这与他的深刻的国际理解和开放的心态是分不开的。

第四，创建世界一流大学需要营造宽松活跃的学术氛围。

世界一流大学当然都有一流的学术声誉，若干一流的学科，一流的教师队伍和若干全球公认的学术领军人物，如诺贝尔奖获得者，一流的生源和一流的拔尖创新人才培养，一流的科学研究成果，一流的管理运行机制以及强大的财政实力和物质技术基础。世界一流大学大都还有对国家和社会进步，乃至对全人类发展的突出贡献。这些都是看得见的硬性指标。国际高等教育界对于这些指标基本上是认同的，尽管在如何测度这些指标上有一些不同的看法。

但是，仅仅这些还是不够的，一流大学更重要的还需要一流的办学理念和大学精神、一流的校园文化和软环境。目前，我们对硬件建设给予了应有的重视，对一流大学应有的良好的学术风气、学术精神、大学文化的关注还不够。大学应该有一种精神，应该有一种宽松活跃的学术氛围，使得人们能够在这里对真理进行庄严无畏的追求，使大学能够通过不断的人才培养和知识创新、理论创新去引领民族精神和社会进步。在这方面，仅靠硬件投入是不行的。

我曾经在报纸上看到一则关于杨振宁和黄昆在西南联大学习的材料。杨振宁讲，即使在办学条件很艰苦的年代里，在西南联大的六年学习生涯对他的一生的影响都非常大。他说："想起在中国的大学生活，对西南联大的良好风气的回忆总使我感动不已。联大的生活为我提供了学习和成长的机会。我在物理学里的爱憎主要是在该大学度过的六年时间（1938—1944）里培养起来的。诚然，后来我在芝加哥接触了前沿的研究课题，并特别受到费米（E. Fermi）教授风格的影响。但我对物理学中的某些方面的偏爱则是在昆明的岁月里形成的。"众所周知，包括当时组成西南联大的北大、清华、南开的校长们都有非常广阔的学术视野。梅贻琦、蒋梦麟、张伯苓都对大学精神有深刻的理解，努力在学校中创造良好的学术氛围，吸引和造就人才，发挥人才的潜力，培养年轻一代追求科学、追求真理。

对这方面的问题，我们应该做更深入的研究。在过去的近60年时间里，我们培养了多少在世界上有重要影响的、国际公认的大师级的人物？多少人文大师？多少科学大师？存在哪些成功经验和教训？这是值得我们深思的问题。在办学理念上，我们应该探讨如何形成更好的学术氛围和学术土壤，我们不但要能够吸引人才，而且要让他能够成长并开花结果，不断产生知识创新和科技创新的成果。为此我们还需要更多的努力，使得我们的大学能够对人类的思想进程，对一个国家的民族精神产生深远影响。国际经验表明，宽松活跃的学术氛围是世界一流大学成功的基本前提。我在美国斯坦福大学留学的时候，读了一本美国教授鲍尔斯（Samuel Bowles）和金蒂斯（Herbert Gintis）写的《资本主义美国的学校教育》（*Schooling in Capitalist America*）。该书尖锐批评美国的教育，指出美国的教育实际上是再生产出资本主义的阶级关系和不平等的社会结构。作者采用的分析方法可以说是非常"马克思主义"（西方马克思主义）的，是非常"左"的一本书，比我们某些人还"左"。美国大学能够容忍他们，斯坦福大学这样的例子很多。在美国，这种政治上比较保守的大学能够允许这种非常"左"的观点在他们学校大行其道,这是和他们的大学精神有关的,他们认为大学应该允许人们独立思考。这已经成为一种大学的学术原则。美国终身教职(tenure)这种制度的形成,其最初的主要用意不是说学校先与受聘者签个三五年的合同,然后看受聘者的表现是一流的教师和学者,才给他终身教职,而首先是为了保护学术自由。国际学术界和科学界的普遍观点是,在学术上光有民主还不行。民主的原则之一是少数服从多数。在学术上一边是九个人一个观点,另一边是一个人一个观点,可也许最后证明那一个人的观点是对的,他拿诺贝尔奖,别人却拿不上。这样的例子在科学史上是很多的。所以,要保护学术自由,给学者以探求真理的空间,给他创造一个良好的学术环境,这种大学的精神是非常重要的。当然,我们要在中国特色社会主义理论体系的指导下来做好这件事情,在这个大前提下来创造一个宽松的学术环境。总之,在培养追求真理和科学创新的大学精神和办学理念方面我们还需要进一步努力。

第五,创建世界一流大学必须以科学发展观为指导,发挥学校自身优势、办出特色。

纵观世界一流大学的发展过程,我们很难找到一个固定的模式。每个世界一流大学都是根据自己的国情和校情,根据自己学校的历史传统和优势,扬长避短,异军突起,出奇制胜,彰显自己的个性,办出自己的特色。斯坦福大学掌握时代潮流,独辟蹊径地提出"专家社区思想",创立与工业密切结合的科技园区,造就了"硅谷"奇迹,也使斯坦福大学成为"新思想、新建议、新科学家和工程师的源泉"。学校因此而实现了跨越式发展,跻身世界一流大学行列。而只有几十年历史的卡内基-梅隆大学是一所只有几千学生的较小的大学,但它以计算机科学技术学科和艺术学科等几个较少的学科的独特优势而扬名世界。世界上各个一流大学的学科特点是很不一样的。关于建设一流大学和一流学科,中国科技大学朱清时校长曾做过一个很好的发言,他说任何一流大学都有若干学科是一流的,任何一流大学不一定所有学科都是一流的。的确,即使是哈佛大学这样的著名大学,其工程技术学科在美国名牌大学中也不是名列前茅的。有的大学是学科非常齐全的大学,例如康奈尔大学,可能是美国学科最为齐全的大学之一,几乎所有的主要学科它都有。还有的大学是另一种办学思路:要办的学科就必须是一流的,要不就不办。例如,普林斯顿大学,没有商学院、法学院和医学院,它就把自己已有的各个学科都办好。芝加哥大学也经历了类似的过程。其历任校长的理念就是,要办的学科就一定是一流的。斯坦福大学的办学理念也是如此,它关于建筑学院的决策就是一个很好的例子。斯坦福大学以前有一个较小的建筑学院,在美国大学的建筑学院分专业排名时它总是排在第十名开外。学校做了一个研究,比较为使建筑学院进入前五名而进行的投资与将同样多的投资应用于其他学科,例如电子工程、计算机科学技术等建设的效益。结果,它的决策就是把建筑学院取消,集中精力和资源办好其他学科。这是一种突出特色的办学理念。《美国新闻与世界报道》(*US News & World Report*)在对大学进行排名时有两种分类:一种是综合性质的排名;一种是分学科排名。学科是大学的构成要素,要创建世界一流大学,学科的建设是十分关键的。

世界一流大学不仅在学科设置上各有特色,在教师队伍建设方面也是不一样的。比如在哈佛、斯坦福、普林斯顿这类学校,它们的教师队伍建设非常严格。它们只给20%左右的年轻教师终身教职(tenure),也就是说,只有20%左右的取得博士学位后到这些学校任教的年轻教师能够在这里获得终身教职。然而,在一些州立大学如伯克利(UC Berkeley)或加州大学系统的其他学校,也都是非常好的学校,它们会给50%—70%左右的年轻教师终身教职。这是差别很大的做法。在世界一流大学的学科建设和教师队伍建设过程中,由于各个大学的历史传统和方方面面的条件不同,很难找到一个统一的模式。

同样地,一流大学的管理方面也是这样。哈佛同耶鲁、斯坦福、普林斯顿在管理风格上差别很大。如果只是在这些学校当两年访问学者或者做个学生,可能感受不到这种差别。要认真地去研究它,就会认识到这种差别。它们的管理模式是非常不同的。在哈佛,学校的各个学院都是一个个相对独立的实体,而"哈佛"就像一个品牌商标(trademark)贴在各个学院之上。例如,说哈佛一年筹集了多少亿美金,其实很多钱是在各个学院之中的。商学院和医学院筹集的钱,学校是不能调到法学院或教育学院去用的。哈佛在管理上更多的是学院分权制,也就是说,学院的独立性和自主权要比在其他大学大得多。但是,在斯坦福、耶鲁和普林斯顿,校级行政管理机构(university administration)会发挥很大的管理决策和整体协调作用。英国大学的管理模式与美国大学有相当大的区别,而欧洲大陆的大学又与英国大学很不同。哈佛大学的两位前任校长,一个是尼尔·陆登庭(Neil L. Rudenstine),另一个是劳伦斯·萨默斯(Lawrence Summers),他们都曾来过北大进行交流,斯坦福、耶鲁、芝加哥、哥伦比亚、牛津、剑桥、密西根等大学的校长也多次来过北大交流访问。这使我们对此有所了解。可见,一流大学的管理也有不同的模式。在学科建设、教师队伍建设及管理方面,一流大学存在不同的特色,所以不要力求寻找一种统一的最好的一流大学管理模式。管理理论上有一个基本原则就是,"There is no best way to organize"(没有最佳的组织方式)。具体到我们的大学,没有一种最好的对所有大学都普遍适用的管理和组织方式,要根据学校各自的历史传统、学科结构、校园文化等特定情况进行管理,突出自己的办学特色。没有特色的大学,就没有自己的优势和竞争力。

我们在今天的中国特色社会主义条件下创建世界一流大学,既要借鉴国际经验,更要遵循科学发展观的原则。首先是要用科学发展观指导学校建设的科学定位,回答自己要"建设一个什么样的大学,其个性和特色是什么"的问题,以便扬长避短,发挥优势,出奇制胜。创建世界一流大学是一个长期的奋斗过程,我们必须始终坚持发展是第一要义的基本思想,通过坚持不懈的奋斗向着世界一流的目标前进,为建设创新型国家做出贡献。育人是大学最基本的功能,我们必须始终坚持以人为本,以学生为本,以教师为本,真心实意地关心和爱护师生,培养和造就高质量的师资队伍,培养和造就高素质的拔尖创新人才。创建世界一流大学的核心是学科建设。因此我们必须用科学发展观去处理好基础学科与应用学科的关系,冷门学科与热门学科的关系,长线专业与短线专业的关系,自然科学学科与人文社会科学学科的关系。在人才培养过程中,要用科学发展观去处理好德育为先与全面发展的关系,个性化教育与社会化教育的关系,专业教育与通识教育的关系。要根据当今世界科学发展既高度分化又高度综合这样一种对立统一的趋势,在专业教育中,科学地处理好"宽口径"与"专门化"的关系。在学科设置中要科学处理"综合性"与"突出学科特色"的关系。在办学实践中,要处理好教学与科研的关系,教学科研与社会服务的关系,办学的社会效益与经济效益的关系,做到统筹兼顾学校各方面的工作,使学校的发展做到全面协调可持续。

今年是改革开放 30 周年,也是实施"985 工程"10 周年。让我们以改革开放的精神,勇于创新,不断进取,把中国创建世界一流大学的伟大事业推向前进。

好,今天的讲座到此为止,谢谢大家!

(2008 年 10 月 8 日)

中国经济改革30年

■ 张维迎

[演讲者小传]

张维迎,现为北京大学光华管理学院院长,经济学教授,北京大学网络经济研究中心主任。1959年出生于陕西省吴堡县,1982年西北大学经济学本科毕业,1984—1990年曾在国家体改委工作,1994年获牛津大学经济学博士学位后到北京大学任教至今。20多年来,他以一个独立学者的立场,积极参与到中国改革实践的洪流中。他是市场经济的坚定信仰者,是国内最早提出并系统论证通过双轨制道路实现价格自由化的学者。他的企业理论及有关中国企业改革的理论成果在经济学界、政府有关部门和企业界有广泛影响。据《中国社会科学院引文索引》统计,他的论文被引用率连续多年名列第一。2000年,他获得国家自然科学基金"杰出青年基金"。2002年,他关于中国企业的核心竞争力、中国企业如何做大、如何重建社会信任和企业信誉的阐述,引起人们对这三大问题的空前关注和讨论,当选为"CCTV2002年中国经济年度人物"。他发表的有关中国经济改革和社会发展的观点经常成为媒体关注的焦点。2006年3月他发表了《理性思考中国改革》的长文,将有关改革的争论推向了一个高潮。

今年是中国改革开放30年,也是我上大学30年,这两件事并不是偶然的。从我个人来讲,非常感谢邓小平同志发起的改革开放,没有改革开放,我上不了大学,也没有机会站在北大的讲台上,相信对于在座的很多同学来说,意义也是一样。在改革开放30年之际,有各种各样的会议在回顾改革开放,大家可能记得光华的新年论坛,应该说,它拉开了回顾中国改革开放30年的序幕。

一、中国改革开放 30 年的成就

要理解改革开放 30 年对中国乃至世界的影响,我们可能要回过头来回顾过去二百年甚至两千年的历史。

下面这幅图是我从经济学家麦迪森(Maddison)教授的书里画出来的,从公元 0 年开始到公元 1820 年,中国是世界上最大的经济体,在大部分的时间里面,中国 GDP 占世界的 25% 左右,最高的时候在 1820 年,达到了 32.9%。也就是说,直至工业革命前,在近两千年的历史当中,中国是当之无愧的世界最强经济体。

那么,中国是什么时候开始落后的呢?就是在过去的二百年里。我们都知道,西方从文艺复兴到启蒙运动再到工业革命,经济取得了飞速的发展,而中国没有进行相应的变革,所以我们落后了。

从图 1 可以看到,到最低的时候,也就是改革开放前,中国的 GDP 不到世界的 5%。但改革开放后,中国的 GDP 占世界 GDP 的比重不断回升。图像显示,曲线的尾部上翘,这就是改革开放 30 年的巨大成就。

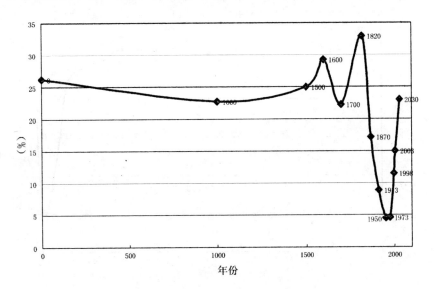

图 1　公元 0 年至 2030 年中国 GDP 占世界 GDP 的百分比

按照麦迪森教授的估计,以购买力平价计算,1998年中国的GDP占世界的比重已从改革前的不到5%上升到11.5%,2003年进一步上升到15%。根据他的预测,如果中国经济在2003年到2030年这27年之间能够保持4.5%以上的增长速度,那么到2030年,中国经济占世界GDP的比重将会达到23%,也就将成为世界最大的经济强国。可以想象,中国改革开放30年给中国乃至世界带来的变化可以说都是非常重要的。

下面我们来看看人均GDP的变化(见图2)。在过去两千年的大部分时间里,也就是17世纪之前,中国的人均GDP高于世界人均水平,但是高的不多,大致是一点零几不到一点一。事实上那个时候,各国之间的人均收入差距非常小。比如,1500年,最富的国家是意大利,当时它的人均GDP是最穷国家的3倍。而现在我们所知道的最富有的国家之一美国,它的人均GDP是现在落后国家的几十倍之多。

到了17世纪以后,随着中国人口的增长,中国的人均GDP在一路下滑,最低的时候,也就是改革开放前的1978年,中国人均GDP是世界人均水平的22%。也就是说,大体来讲,5个中国人的收入才相当于世界平均的1个人的收入。改革开放之后,中国的人均GDP有了大幅

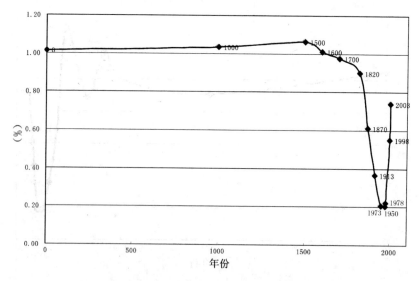

图2 公元0年至2015年中国人均GDP与世界人均GDP之比

度的提升,到了2003年的时候,中国的人均GDP达到了世界人均的73.45%,也就是说,大概一个半的中国人的收入相当于世界平均水平1个人的收入。

我们经常能看到一些统计数据显示中国现在是世界第四大经济体,排在美国、日本、德国之后。这是按照官方汇率计算的。按照官方汇率计算,改革开放初期,中国是世界第十三大经济体,我们花了20多年的时间从第十三名变为第四名。事实上用购买力平价来算,中国已经是第二大经济体,并且与第一大经济体美国的差距并不是很大。

在下面这个图(图3)中,蓝色是按汇率计算的GDP总量,深红色是按购买力平价计算的GDP总量,我们可以看到,按后者计算,美国是13万亿多美元,中国是10万亿多美元,也就是相当于美国的75%左右,远远高于日本、德国、英国等国。

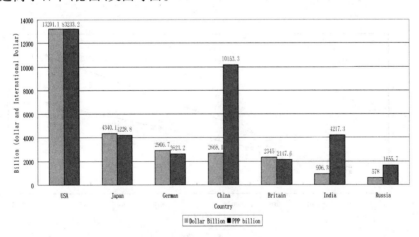

图3 2006年国际GDP比较

按麦迪森教授的估计,中国的GDP总量在1993年已超过日本,在2015年将达到美国的1.07倍,超过美国成为世界第一大经济体。

当然,如果按人均GDP来说,中国即使到2015年甚至到2030年,仍然是比较落后的。2030年中国人均GDP只能相当于美国的34%,即三分之一,日本的52%,德国的98%。当然,这样的情况我们还是印度的两倍多。

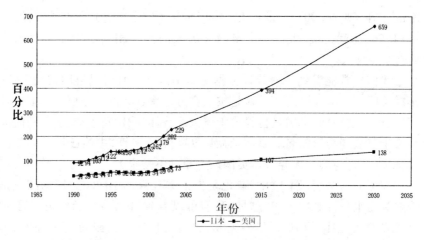

图 4　中国 GDP 相对美国、日本的百分比

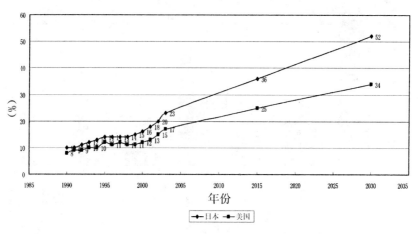

图 5　中国人均 GDP 相对美国、日本的百分比

中国何以取得这样大的成就呢？我们看统计数据可以得知,在过去 30 年里,中国有着人类历史上,在大国之中最长时期的高经济增长的历史[①]。

---

①　以下所有统计数据除特别说明外,均来自《中国统计年鉴》。

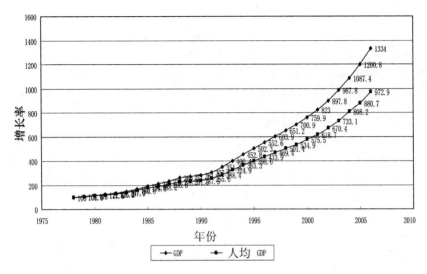

图6　1976—2007年中国GDP的年增长率

在改革开放初期,邓小平设立了一个目标,就是工业生产总值到2000年翻两番。当时很多人怀疑这个目标是否能实现。事实证明,他当时的预测还有点保守,中国的经济成长比邓小平预测的还要快。

大致来讲,一个国家的GDP年增长率7.2%,每10年可以翻一番;如果年增长率10%,每7年可以翻一番。中国在过去30年来,GDP的平均年增长率是9.7%,也就是说在不到8年里,中国的GDP可以翻一番,而人均GDP的增长也达到8.5%,9年左右可以翻一番。现在中国的人均GDP是改革开放初期的10倍多。

再来看看每年的增长率,见图7。在过去的30年里,大体来说,有15年的时间增长率高于10%。还有一个现象很有意思,在1993年之前,中国经济的增长波动很大,最高的时候达到将近15%,最低的时候不到4%。但在过去的15年里,也就是从1993年开始以后,经济增长的波动就非常小,最低的时候也能达到7.8%。

由于如此高的增长速度才导致了前面所讲的一系列中国在全球经济中的地位变化。

我很有兴趣再给大家看一个图(图8),这幅图是中国高速公路增长

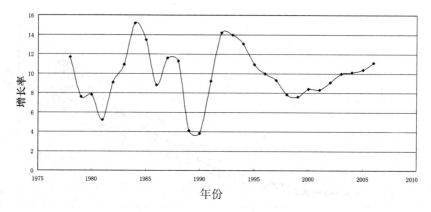

图 7　中国 GDP 的增长速率

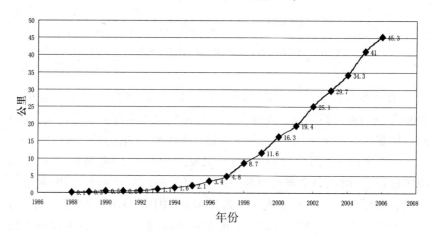

图 8　中国公路里程数(千公里)

里程图。大家知道中国是从什么时候开始有的高速公路吗?是1988年。那时候,全中国只有100公里的高速公路。到了1990年,中国的高速公路也不过是500公里,但是在2006年,已经达到4.5万公里,2007年以后,达到了5万公里以上。高速公路的发展使得运费成本大大降低,使得整个国家的联系更加密切,交易更为发达,从而使每个人都能享受到很多好处。比如我自己,1978年上大学的时候,从我老家陕北到西安要3天时间,现在只用6个小时就可以到达。那时要到西安,我要先到山西再转回陕西,现在不需要了,我可以通过高速公路直接到达西安。这对于中国经济的发展有着非常重要的意义。

以上是我简单概括的内容,中国改革开放30年取得的成就可以用统计数据来看。

二、中国的改革进行的具体过程:价格自由化

接下来是我们今天讲座的重点:中国是如何取得这些成就的?中国的改革是怎么进行的?

中国的改革一般认为是从计划经济向市场经济的转轨,或者说是转型。

我们首先来认识一下什么是计划经济,什么是市场经济?它们之间的最大区别是什么?在我看来,有两个区别,第一个是资源配置的方式:是由政府的计划指标配置资源还是由市场价格配置资源?第二个区别是所有权:经济是以国有企业为主,还是以非国有的包括私人的、股份制等这样的企业为主?在计划经济下,资源都是由政府计划配置的,企业的主体是国有企业;而在市场经济下,资源由价格配置,企业的主体是非国有企业。

可以说,我们国家过去30年的改革最重要的部分有两方面:第一是放开价格,或者说价格自由化;第二就是整个经济的非国有化。当然整个过程进行得非常曲折。其他方面的改革都是围绕着这两个方面展开的。

现在回头看,有一些很有意思的现象跟大家分享。

先跟大家讲一个故事。在1980年,中国国家经委,就是当时主管整个国民经济运行的中央政府部门,邀请美国的教授给中国国有企业的厂长经理做培训。美国教授设计了一个课程表,交给国家经委的官员审核,国家经委的官员在审核后划掉了两门课:第一门课是 Marketing(市场营销),第二门课是 Corporate Finance(公司财务)。为什么呢?因为在当时的中国,Marketing 也就是"如何卖产品",对于中国企业是不适用的,因为当时中国的企业只管生产不管销售,厂长经理需要做的只是按照计划指标生产产品就可以了,企业生产出的产品都是由商业部门和物资部门直接收购走,产品定什么样的价格也全部由政府物价部门决定,企业没有定

价权。所以说,市场营销这门课在当时的中国没有用处。公司财务也没有用,因为所有企业都是国有的,国有企业是由国家统一预算管理的,也就是说需要的资金全部由政府财政提供,创造的利润全部归政府所有,在这种情况下,比如怎么投资、如何获得资金,是发行股票还是债券等等,这些对当时的国有企业来说都不是问题,所以 Corporate Finance 就完全没有用。

而今天,这两门课程已经成为我们商学院学生最重要的两门课,可以说这个管理课程的变化显示了中国经济的两个重要改革:第一是价格改革,第二是企业制度的改革。

下面,我给大家具体谈谈这两个改革。

以我自己的判断,大致来讲,在过去30年中的前15年,中国基本完成了价格自由化,后15年中,中国基本完成了国有企业改革。我说基本完成的意思是,在改革开放政策实施15年之后,也就是到1993年之后,价格已经不再是中国经济改革的"关键",因为大部分产品的价格都已经放开了;到了2008年,国有企业改革也已不再是中国经济改革的"中心环节"了。当然,在这之后,这两个方面的改革我们还有很多事情要做,但是改革的基本思路已经很清楚,新的体制已经上了轨道,剩下只是技术性的问题了。比如,今天的国有企业还需要继续改革,但有了股份制和产权多元化,剩下的问题就简单多了,如什么时候将国家仍然持有的股票卖出去,如何改变董事会的构成,都是些操作性的技术问题,走的快慢的问题。这已不再是像10多年前,我们还不清楚中国国有企业应该怎么办的状况。

我们先看一下价格改革是怎么完成的。

在计划经济体制下,所有的价格都是由政府规定的,大到钢材、水泥、木材、石油等生产资料,小到针头、火柴、洗衣粉等日用生活资料,价格都是物价局规定的。但是我们若要搞市场经济,价格就要由市场供求决定,实现价格自由化。这个价格自由化的过程大致用了15年的时间完成了。过程很复杂,充满了艰难曲直,甚至惊心动魄,但结果很简单。我先给大家看三张反映定价机制变化的图表(图表9、图表10、图表11)。

首先,我们来看一下零售业的统计数据情况。在1978年,零售业按交易额算的97%由政府定价,到了1993年,93.8%的零售额由市场定价,也就是说政府定价的比例降到了6.2%,其中包括政府指导价和直接定价两个部分。这个趋势很明显。到1993年之后,政府定价的比例已经

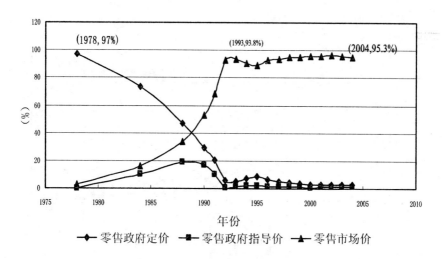

图9 零售市场价格机制的变化

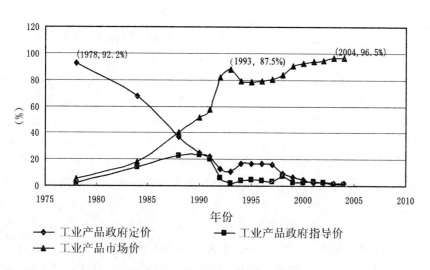

图10 农产品价格的改变

不大,也就是说1993年之后,零售物价改革基本完成。①

---

① 有关价格机制变化的数据,引自成致平《价格改革30年》第163页。

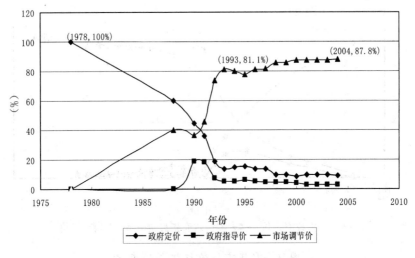

图11　生产资料价格的变化

再来看农产品的收购价格情况。在计划经济体制下,几乎所有的农产品包括粮食、油料、农作物、棉花等全部是由政府定价。统计显示,在1978年,92.2%的农产品是政府定价的,还有一小部分黑市及自由市场的交易。而政府定价的比例在改革开放之后急速下降,市场定价的比例急速上升。到1993年,87.5%的农副产品收购环节由市场定价,政府定价包括政府指导价和直接定价的比例降到了12.5%。到2004年,市场定价的比例占到了96.5%,也就是说政府定价降到了3.5%。从图10看,尽管1993年之后有一定波动,但是绝大部分的农副产品都是由市场定价。

第三,我们来看看生产资料的出厂价格。1978年,100%的生产资料出厂价格由政府制定,到了1993年,81.1%的产品由市场定价,也就是说政府直接定价和指导价的比例加起来不过18.9%,到2004年,87.8%的产品由市场定价。剩下的仍然由政府定价的产品,主要是垄断行业的产品和基础设施,比如成品油、天然气、水、电力、电信的价格等等。这些问题以后还要解决,但1993年后,大部分产品是由市场定价格,剩下的就是技术性问题。现在如果要调整价格、放开价格,就要开听证会,但不是政府改革的重要议事日程,只是业务部门需要做的事情。但在1993年之前,价格问题是需要政治局讨论的事情,而不是业务部门的事情。在20世纪80年代的时候,一盒火柴要从2分涨到3分,中央政治局开了好几次会,最后还是不敢涨,因为上涨50%怕老百姓受不了。现在的价格已经不是中央领导人考虑的主要问题了。

刚才用三张图说明,在改革开放的前15年中,中国已经基本完成了价格改革,接下来回头来讲讲价格改革是怎么走过来的。

我最近专门写了一篇关于中国价格改革的文章。中国的价格改革是一个循序渐进的过程,它不是像东欧、苏联那样一次性放开。更具体来说,中国走了一条"双轨制"价格改革道路。为什么走"双轨制"这个渐进的改革道路?我分析的原因是:中国改革一开始并不想搞市场经济,而只是想完善计划体制。如果从改革的一开始就想搞市场经济,那么我们选择的道路是会和现在完全不一样的。在改革初期,我们并不认为计划经济在本质上就没有效率,而是认为我们的计划经济之所以没有搞好,是因为政府在制定计划时没有尊重价值规律。所以,改革的指导思想是把计划建立在"价值规律"的基础上,而不是实行市场经济。就价格体制而言,在改革开放初期我们都知道很多产品的价格不合理,比如原材料价格偏低、制造业产品价格偏高等等,但是大家并没有从根本上怀疑国家的定价能力,价格不合理只是被认为是国家在定价的时候没有尊重价值规律。如果国家在定价的时候尊重价格规律,那么价格就会合理。因此,当时所谓的价格改革,就是怎么通过行政手段调整价格的问题。这就是到1985年以前中国价格改革的基本思路。当然,当时经济学家和政府主要领导人也认识到国家不是万能的,一些与国计民生关系不大的小商品的价格不应该由国家决定,所以在20世纪80年代初期,一些地方相继将此类小商品的价格放开了。但是在1985年之前,对决定国民经济活动的重要原材料及生产资料的价格,主流的观点还是认为应该由国家制定,很少有人从根本上怀疑过政府对这类产品的定价能力。那么价格不合理怎么办?只有调整价格。为此,在1981年的时候,国务院专门成立了价格研究中心,这个中心是当时的国务院总理亲自指示成立的,由著名经济学家薛暮桥牵头,全国调集了50多人,买了好几台计算机,想运用投入产出表计算出一个合理的"理论价格",根据这个理论价格,政府再调整价格。但事实上,这个理论价格一直没有算出来,或者计算出来了,得不到大家的认可。现在回过头看,这本来就是个"乌托邦",如果政府有能力计算出一个合理价格,那么就不需要改革了。

调整价格的思路在最初的几年一直没有受到怀疑,我记得很清楚,当时我在大学读研究生,价格问题是当时经济学界讨论的热门问题。怎么调整价格呢?现在你如果去查查《经济研究》等当时的主要经济刊物,经济学家争论的是按生产价格调整,还是按成本价格调整,或是按照劳动价值调整。但不论按照什么调整,制定价格都是政府的职能,价格不能由市场自发决定。

以上就是1985年之前的价格改革思路。

我自己在1982年上研究生之后认真学习了西方经济学,特别是价格理论。到1983年,我脑子里面形成了一个观念:价格是不能由政府制定的;只要是政府定价,价格就不可能合理。然后我就开始考虑中国的价格改革,并发现了当时许多很有意思的现象:在企业有了生产上的自主权之后,特别是在乡镇企业蓬勃发展之后,政府实际上已经管不住计划外产品的价格;生产资料的黑市交易很多,这些交易的价格基本上是由供求决定的,高出国家定价很多,政府不断发文件进行价格检查,要求各地和企业严格遵循国家价格,但检查来检查去,问题还是解决不了,黑市依然存在。我当时思考的一个问题是:既然政府管不住计划外,为什么不放开呢?我在1984年4月写了一篇文章《以价格改革为中心带动整个经济体制的改革》,这篇文章中有两个核心观点:第一是价格不能由政府决定,只能由市场决定。政府定价即使定的时候是合理的,过一段时间又不合理了,经济现象的变化很快,政府不可能每时每刻都在调整价格;第二是如何从计划价格转向市场价格?就是采用逐步开放的"双轨制"思路。什么是"双轨制"?就是分步放开价格管制。具体讲,先管住计划内,放开计划外,计划内的产品按照政府定的价格交易,计划外的产品按照市场价格交易,形成双轨体制;然后再逐步放开计划内产品的价格,有些实行"先调后放",最后建立统一的市场价格体制。当时企业生产的产品有一部分是计划内的产量,另一部分是计划外的超产部分,比如钢铁企业有500万吨钢材的计划生产指标,实际却生产了600万吨钢材,多生产的这100万吨钢材就是计划外的产量,但当时无论是计划外还是计划内,都要求执行国家制定的价格,尽管实际上做不到。那么"双轨制"就是先将计划外产品的价格放开,也就是说那500万吨钢材仍然执行国家制定的价格,但是超额生产的那100万吨则按照市场定价。之后再分批将计划内的500万吨的价格也逐步放开,直至放完为止,实现完全的价格自由化。

在"莫干山会议"(即1984年9月3—10日在浙江莫干山召开的全国中青年经济理论工作者研讨会)后,这个以放为主的"双轨制"思路被政府高层接受,成为1985年之后中国价格改革的主体思路。也就是说,1985年之前,我们是在计划价格范围内讨论如何调整价格,1985年之后,我们才转向从放开价格的角度去考虑如何改革价格体制,也就是价格的自由化。这是一个非常重要的改革思路的转变。到1985年1月14日,国家物价局和物资部正式出台文件:计划外生产资料的价格全部放开,不受政府的控制。之后又放开了一些消费品的价格,包括名烟名酒的价格。这样,双轨制由一种自发的市场行为变成了自觉的政策行为!

采纳双轨制价格后出现了一些问题。一是腐败。因为一种产品有两种价格,那么有权力的人就可以拿到计划内的指标在市场上倒卖赚得利益。当时出现了很多"官倒",引起社会的不满。第二是有了"双轨制"价格之后,国家的生产计划难以得到严格执行。比如原来国家计划规定的生产任务,企业在生产出来之后要按计划价格出售交给政府指定的地区和企业,但是生产企业会尽量不交、少交或者拖延合同的执行。这样,计划合同就难以得到执行,当时的概念叫"经济秩序混乱"。由于经济秩序的混乱和腐败问题,到了1988年春,价格问题在第七届全国人代会上变成了反响最大的问题。当时的总理李鹏给邓小平同志汇报工作的时候,邓小平问什么是代表们意见最大的问题,李鹏回答说是价格问题。邓小平同志说,价格问题长痛不如短痛,所以要下决心搞"价格闯关"。从4月份开始,一系列的价格改革政策出台,国家相继放开了副食品价格、名烟名酒价格。同年8月中旬,中央政治局开会讨论通过了《关于价格工资改革的初步方案》,并要求防止价格改革中可能出现的意外情况。价格闯关成为很大的社会事件,造成了紧张的社会气氛。在该方案公布的当天,全国各地出现了触目惊心的抢购风潮,银行存款急剧下降。10天之后,国务院做出了稳定价格的决定,价格闯关停止。不久,中央决定开始实施三年的"治理整顿",整顿一直到1992年。这三年的治理整顿是一个保守的过程,一些已经放开的价格又被重新收回控制。直到1992年春天,邓小平的南方谈话中说要搞市场经济,于是,政府放开了大部分的商品价格,双轨制基本上变成了单轨制。

从1988年价格改革闯关失败到1992年价格放开的成功,说明中国价格改革常常是一个歪打正着的过程。刚才提到的三年治理整顿以及1989年北京政治风波之后的整个政治气氛其实是不利于改革的,但是这三年的治理整顿恰恰为1992年的价格放开奠定了基础,因为治理整顿把经济的增长速度压了下来,1990年达到最低,只有3.8%的速度,是改革之后增长速度最低的一年,结果是,很多产品的市场价格也随之降低,市场价和计划价的差距就越来越小。这样,1992年放开价格就比较容易,没有引起大的社会震动。所以,治理整顿客观上为改革创造了条件,尽管初衷不是为了改革。整个来看,中国改革开放30年一直都有类似的现象,就是经济发展的自发力量在起作用。改革成功了,并不一定有多么的高瞻远瞩,恰恰是因为政策能顺其自然,将自发的市场力量变成自觉的政策,把改革变成一个循序渐进的过程。比如,"双轨制"变成政策之前,黑市价格已经存在,1985年的政策无非是因势利导。既然有黑市,干脆就承认黑市价格,黑市合法了,问题也解决了。这就为中国的价格改革找到了一条出路。到了1993年,价格的自由化就已基本完成。当然,如果没有邓小平1992年的南方谈话,价格的自由化就不可能这么快得以实现。这是第一方面的改革:价格改革。

三、中国的改革进行的具体过程:国有企业改革

接下来,我来讲讲第二个方面的改革:企业制度改革。

企业制度改革又可以划分为两大阶段:

第一阶段是1992年之前,是整个经济的非国有化,即在改革的前15年,主要是通过发展非国有部门,包括乡镇企业和私人经济,使得整个经济中的国有比重降低,同时仍然保持国有部门的成长。第二阶段,从1993年开始,中国才真正触及国有企业本身的产权问题,即国有企业的非国有化问题。

就国有企业的改革而言,在1992年前,我们一直是在保持国有的前提下谈国有企业改革,这与1985年之前的价格改革的思路很类似,假定

国有企业是能搞好的,问题是如何搞好。这样的思路既有意识形态的原因,也有认识方面的原因。1992年之后这个思路才发生变化,不再假定国有企业一定能搞好,采取国有企业非国有化的道路可能是更好的选择。

国有企业改革最初是两大措施:(1)扩大企业自主权;(2)实行利润分成,建立奖金制度。这两项政策到1986年后演变成经营承包制,就是国家和企业之间签订合同,完成合同后剩下的利润可以分成,利润分成有很多办法,但是所有措施的前提都是保持国有企业。

当然,1992年之前的国有企业改革也是非常重要的,最重要的是证明了在国有企业的框架内是没有办法解决国有企业的问题的,搞了十几年的政企分开、自负盈亏,但政企还是分不开,国有企业就是没有办法做到自负盈亏。所以,1993年之后,国有企业改革的思路转变为放开企业,使国有企业非国有化。官方的说法是"建立现代企业制度"、"股份制改造"、"公司化改造"、"产权多元化",等等。这一转变的直接原因是,1992年之前,国有企业是国民经济的支柱、地方财政的主要来源,但是随着非国有企业的发展和地区之间竞争的加剧,国有企业越来越没有竞争力,亏损越来越严重,成为地方的包袱。在1992年邓小平同志的南方谈话确定了市场化的改革方向,特别是1993年十四届三中全会确立了"产权清晰,权责明确,政企分开,管理科学"的改制原则后,很多地方开始了非国有化的过程,地方控制的企业,特别是县及县以下政府控制的企业(包括乡镇企业和其他形式的集体企业)开始了大范围的产权改制。1995年,江泽民总书记提出了"抓大放小"的方针。当时非常有名的一个故事是,山东诸城市因为把市属的50家国有企业都卖了,市委书记得到了"陈卖光"的称号。到了1998年,中央的企业也成为中央政府的包袱。特别是1997年亚洲金融危机后,国有银行不再给国有企业发放"安定团结贷款",中央企业也不得不开始非国有化改革,当时的口号是"结构性重组"、"减员增效"、"解困"。在这些口号下,大量的企业,特别是中小企业被甩出去了。政府同时还启动了大型国有企业的股份制改造,将国有企业变成股份制公司,优质资产剥离后重组上市,这是非常了不起的举措。很多人认为朱镕基是保守的,喜欢在计划体制下做事,朱镕基本人也曾说国有企业的问题是管理问题而不是产权问题,但事后回过头来看,他是很了不起的,是他将中国的国有企业问题解决了。

2003年后,不仅国有企业,处于"技术性破产"的大型国有银行也开始股份制改造,引进战略投资者,在海外和国内股票市场上市。可以说,通过股份化改造和投资主体多元化,到2008年,国有企业改革的基本制度性问题已得到解决,国有企业改革不再是中国经济改革的"中心环节"。接下来的问题是,国家持有的股份如何减持,什么时候减持,这是个技术性问题,时间选择问题。

下面我们用一些统计数字看国有经济成分的变化,中国经济的非国有化过程,证明我前面的结论。

1979年,80.7%的工业产值由国有企业生产,非国有只占19.3%(城镇集体企业生产)。之后,工业产值中国有比例逐步减少,非国有比例在逐步增加。从图12可以看出,交叉的那一年是1993年,即30年的改革进行到一半的那一年。这一年之前,国有产值比重大于非国有产值的比重;这一年之后,非国有产值的比重大于国有。1993之后继续变化,到2006年,整个工业产值里,国有部门生产的仅占9.7%,不到10%,而非国有占到了90.3%。按照产值,工业部门产品基本是非国有制造。当

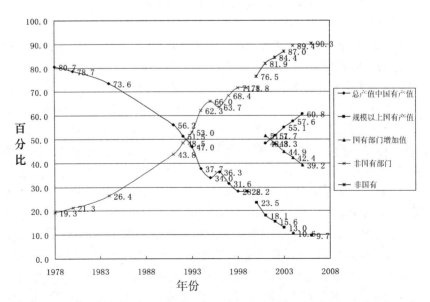

图12 国有部门和非国有部门工业产值和增加值的比例

然,按照工业增加值看,国有企业占到了近40%,仍然比较高,这是因为国有企业仍然控制着要害部门。

从GDP比重来看,国有部门占不到40%,非国有部门占到了60%。也就是说,从对国家GDP的贡献来看,国有部门已经不是主导部门,非国有部门变成主导性部门。

从就业情况来看,在城镇就业人口当中,有多少人在国有部门,多少人在私人部门呢?在1978年,78.3%城镇就业人口在国有部门,21.7%在非国有部门(集体企业)。改革开放后,国有部门的就业率逐步降低,在1989年之后,有几年是相对停止的,即刚才讲的治理整顿的那几年,非国有部门的发展停滞,国有部门发展继续加强。1993年后,特别是1998年后,非国有部门的就业比重迅速上升。到2006年,城镇就业人口中,国有部门就业的只占22.7%,而非国有部门达到了77.3%。特别是,新增就业人口基本上都在非国有部门。

再来看看国有企业数量的变化,改革开放初期中国有8万多家的国有工业企业,之后逐渐增加,到1996年达到最高的12.16万家,1997年之后大幅下跌,到2006年只有2.5万家国有及国有控股企业,不到改革初期的30%。

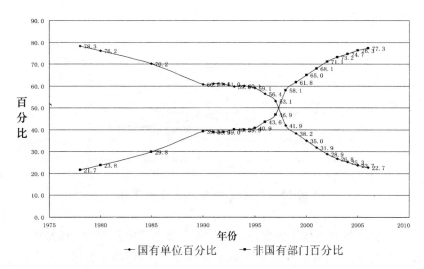

图13　城镇就业国有部门和非国有部门比例变化

33

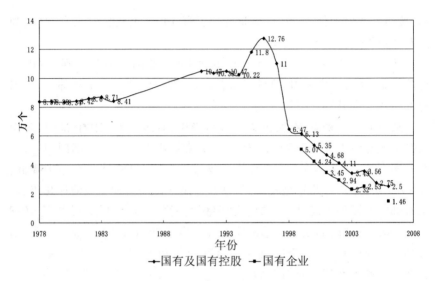

图 14 国有工业数量变化

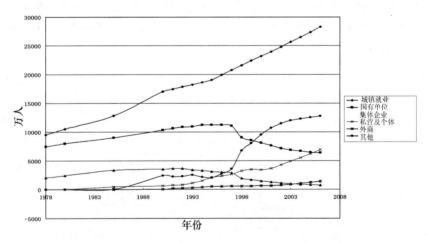

图 15 各类经济体就业人数变化

再看看各类经济体的变化。在改革开放之后的前 15 年,城镇就业人数稳步上升,国有单位的就业人数也在稳步增加,但增加的速度显著低于非国有部门。还有必要注意到,国有部门就业人数的增加更大的比例发生在政府和公共服务等非经济部门。国家党政机关人员由改革开放前的400多万达到2006年的1000多万。1978年,国有职工80.2%在经济部门,到2006年有60%左右已经不再是经济部门。就经济部门而言,国有企业职工数量1978年为5979万增加到1992年达到顶峰的7958万,之后随着国有企业改革转向产权制度改革,国有企业的职工人数开始迅速下降,到2005年下降到2572万,为1978年的43%,1992年的32%。国有企业职工人人数减少最多的是国有企业脱困政策——"减员增效"开始实施的1998年,这一年经济部门国有职工减少了将近2000万人,2000万人口已经是一个不小的国家了,我们国有部门这一年就减少了如此多。

接下来谈谈分行业国有部门职工的变化。在1993年前,政府还在加强国有部门,尽管国有部门的比重在下降,但是职工总人数还在增加。从1978年到1992年,除了农林牧从一开始下降之外,大部分部门国有企业职工数量上升,但1993年之后开始下降。制造业的变化最为显著,改革开放初期有2449万国有企业职工,顶峰期的1992年达到3500多万,之后下滑到2005年的不足599万,不到1978年的1/4。国有企业职工人数比改革初期增加的只有电力、煤气、水等公用设施部门。

这些统计数字与我们前面分析的国有企业改革思路的转变是完全

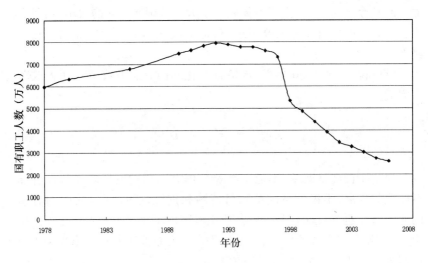

图16　经济部门国有职工人数

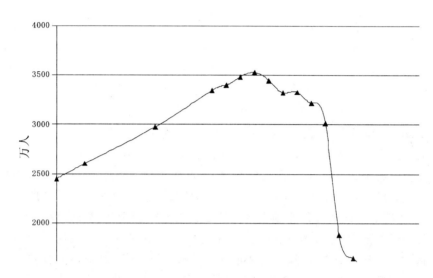

图17 分行业国有职工变化

吻合的:1993年之前在保持国有制前提下搞国有企业改革,所以国有经济部门的规模仍然在不断扩大,尽管在国民经济中的比重在下降;1993年之后转向国有企业的产权制度改革,所以国有经济规模开始大幅度收缩。改到今天这一步,我们不仅完成了大部分国有企业的改革,而且已经找到了剩下的国有企业的改革思路,即继续在国有企业的非国有化的道路上前进!

所以说,在过去30年里,价格自由化和国有企业改革这两大改革基本完成。

四、中国的企业家

讨论中国经济改革,不能不涉及非国有部门的发展。如果没有非国有企业的发展,不仅价格改革不可能顺利进行,1993年之后的国有企业的非国有化也不可能顺利进行。非国有部门不仅接手了大量亏损的国有企业,将死资产变成活资本,而且接手了国有企业改制释放出来的大量下岗职工。

非国有经济的发展,在最初也不是政府有意为之,而是在政府没有办法提供就业机会和没有办法控制的情况下自发产生的。乡镇企业和城市个体经济就是典型的例子。无论是个体经济还是私人企业，都是先从某些地方自发产生，然后往往通过高层领导人的讲话肯定，之后党代会确认，最后全国人大立法确认。过去的中国，大的政策变化都遵循这一套路。每到开党的全国代表大会的时候，总会产生新的说法，每一个说法都会推动中国往前走。举私有企业的例子来说，私有企业主要从农村开始发展。邓小平讲让一部分人先富起来，意味着中国可以有私人财产了，之后个体户就有了合法身份。与此同时，20世纪80年代早期，各地开始产生自发的私有企业，但1988年之前私人企业是不合法的。在1982年的时候，温州有一个大案，从事私人企业活动的"八大王"7个被逮捕，1人逃跑，他们唯一的罪状就是雇人生产一些人们愿意买的小商品赚了钱。在1984年十二届三中全会后，温州市政府为他们平了反。1987年，十三大承认个体私人经济是社会主义经济的"有益补充"。第二年春天，全国人大修改宪法。从1988年开始，才可以在工商局注册私人企业。1992年2月邓小平南方谈话，10月十四大确定发展"社会主义市场经济"，接着第二年全国人大修改宪法，私人企业开始迅速发展。

还有一个故事是安徽芜湖"傻子瓜子"。"傻子"年广久由于他瓜子炒得好，卖得好，于是就雇人，但是马上出现了"是否是剥削"的问题。当时的经济学家从马克思的《资本论》上找到了答案：雇工7人以下不算剥削，8人以上才算剥削。这在当时是很重要的，当时是只允许个体经济，并不承认私人企业，超过8人就算是违宪，是犯罪。"傻子瓜子"当时雇员超过140人，于是就被归于剥削，检察机关要把年广久抓起来。当时这个案件上报到了邓小平同志那里，邓小平同志说不要抓他，一个"傻子"掀不起大的波浪。年广久后来还专门写信给邓小平，感谢他救了自己。这件事现在听起来是一个笑话，但在当时是事实。

浙江万向集团的鲁冠球，早年自己办乡镇企业。1984年，他把自留地上的树苗作抵押，与镇政府签订承包合同。承包第一年，按照合同他可以拿到8.7万的奖金，结果有人将他告到了国务院，最后他只敢拿了应得奖金的10%，也就是8700元，并把另外90%还给了企业。1988年私有企业合法化后，鲁冠球将企业的一半资产送给政府，将剩下的变成自己的私有企业。现在，万向集团是全国很大的民营企业之一。可以看到，非国有企业发展道路其实是非常艰难的。

非国有企业的发展过程也是中国企业家成长的过程。一个国家最重要的资源配置是最聪明人的配置,最聪明的人在干什么,决定着一个国家的经济发展。有两件事最适合聪明人做:一是政府官员、政治家,二是企业家。在中国改革开放之前的一千多年里,从隋唐开始,科举制度使得最聪明的人都在政府工作,这种激励机制使得最聪明的人有机会能够"一人之下,万人之上"。这个状况直到改革开放之前都没有改变。我将中国的企业家分为三代:

第一代是农民企业家。1978年之前,中国最聪明的人或者在政府,或者在农村。由于户口管制,农村出身的人只能当农民,没有机会当工人、干部,因此农村也聚集了一批聪明人,他们只能当生产队的党支部书记、革委会主任等村干部职务,当不了这些村干部的人就只能投机倒把,最后可能坐牢。

因此,改革开放的第一代企业家,就是农民转变的企业家,农村的能人。由于在1988年之前,私有企业是非法的,企业家没有社会地位,因此除了农民和在城市找不到工作的人以外,没人愿意干个体户,没有人愿意办企业。当时个体户和私有企业主的地位很低,连找对象都很难,尽管他们钱可能赚得很多。在1985年的时候,可以说,个体户的经济地位已经跃居第一,但是社会地位却排在倒数第二,仅比农民好一点。第一代做民营经济的基本上就是这样一群人。可以说,中国的户口管制为我们保留了企业家的火种,为中国的改革准备了人力资本条件。没有这些农民企业家,中国的改革会非常的困难。

第二代企业家出现在1988年之后,特别是90年代,主要是党政干部和事业单位的知识分子"下海"。有几个原因:一是1988年私有企业合法化;二是1989年的北京政治风波,有一批政府官员,失去了政治前途,于是他们需要找寻别的出路。三是邓小平南方谈话和"社会主义市场经济"目标的确立,他们就"下海"了。1992年这一年,中国有12万党政干部"下海",从此之后这个运动就没有中断。

最近有一本畅销书叫《野蛮生长》,作者是万通集团董事局主席冯仑,他是我的大学同学,原来在政府工作,后来没有工作了,于是开始给人打工,后来创办了万通企业。

第三代是海归派和高科技出身的企业家,是过去10年随着高科技产业发生的事情。比如百度的李彦宏、搜狐的张朝阳等等,主要是高科技产业领域的人才,他们多是名校毕业,海外留学,并有在国外工作的经历,回国后带回了大量的风险投资。

我给大家看一个统计。我想了一个办法是将中国富人榜的前200名的背景做了一个详细搜索,将他们的创业时间和背景做一个分析。如下表所示,在第一个10年里创业的人,55.3%的人是农民和无业人员,17.1%的人是港澳同胞,实际大部分是移民出去的内地农民,只是他们有亲戚在港澳。所以,大体上有72%左右的第一代企业家是农民和无业者出身。第二个10年创业的企业家中,71.9%的人是国家干部和国企职工出身。第三代企业家中,9个人里有5人有海外留学和高科技背景。

中国首富前200名创业时间和个人背景

创业时间	农民和城镇无业者	政府官员,国有企业管理者	港澳同胞,新加坡和澳大利亚居民	留学回国人员,高科技背景
1978—1987年	14(55.3%)	21(27.6%)	13(17.1%)	0
1988—1997年	14(15.7%)	64(71.1%)	6(6.7%)	5(5.6%)
1998—2008年	0	4(44.4%)	0	5(55.6%)

如果你现在还是农民,没上大学,要当一个好的企业家的机会不大,但在30年前、20年前情况就不同了,当时没上大学的人不是因为不聪明,而是因为没有机会,但现在如果是聪明人就应该考上大学了。

这里我要再次强调中国社会激励机制的变化。第一个10年创业的人基本上都处于社会的最底层,用今天的话讲就是所谓的"弱势群体",没有机会到政府和国有企业工作,或者因为投机倒把坐过牢,所以只好自己创业。第二个10年激励机制发生变化,80年代之前要装电话、坐飞机、坐软卧都必须是政府官员,但之后私营企业主坐的车、住的房子可能比政府高级干部还要好,这就是激励机制的变化。政府工作的人员"下海"是社会的巨大进步,对国家的贡献要比他们在政府工作大得多。第三个10年吸引了很多海外归国人才,这与中国的更开放、自由,产权更好的保证有很大的关系。

三代企业家在推动中国社会改革和经济成长方面是有着不同的作用的。第一代农民企业家的企业主要在制造业、商业方面有所建树,因为他们视野不宽。第二代企业家搞房地产、金融,他们有的在政府工作过,受教育程度较高,出过国眼界开阔,能够对国家发展趋势作出预测。第三代企业家搞高科技、互联网,他们具有国际视野,能拿到国际资本。

每代企业家所从事的产业,代表了那个时代推动中国经济成长的主导产业。改革后的第一个10年,中国经济主要是靠制造业和商业活动推动的。第二个10年,主要靠房地产和金融业推动。房地产产业对于当时的中国经济贡献非常大,因为它将死资产变成活资本,中国城市土地的价值在第二代企业家手里发生了转变。比如20世纪80年代在北京闹市区可能有个小工厂,生产的东西卖不出去,工资发不出去,但那块地本来是黄金地段。有了第二代企业家,地产搞活了,开始进行土地置换,将最值钱的土地用于最有价值的用途。置换后工人就有工资发了,地价也涨了,政府收入也提高了。在80年代,舆论批评地方政府没有积极地进行基础建设,到了90年代,地方政府却表现出积极性过热。房地产搞活了土地,使得政府有钱搞基础建设了。上海这个中国最现代化的城市,所有的高楼都是1990年之后建设的,几乎没有一幢高楼是在1990年之前建设的,1990年前,上海的市政建设比北京要差的多,北京有政府投资,上海没有;90年代之后,没有过几年,上海就发生了翻天覆地的变化。土地可以交易了,财富就产生了。我相信,农民的宅基地可以交易后,会带来一个新的发展机会。

这就是私人企业家在过去30年的作用。没有他们,中国的经济改革不可能如此顺利!

五、未来30年改革预测

过去30年基本上完成了经济体制的转轨。现在看看未来30年,我们应该做什么?

我非常粗浅的看法是:未来30年,中国改革的重点转向政治体制的改革。前面提到中国经济改革的两大任务是价格改革和国有企业改革,所有其他方面的改革都是围绕这两项改革进行的。现在两大改革基本上已经完成,接下来改革应该转到政治体制改革;只有在政治体制改革完成以后,才能巩固经济改革。希望我的这个推测会有道理。

政治体制改革也可以分成两个15年。第一个15年,主要任务是建立相对独立的司法制度,减少政府部门的权力,也就是一个法治社会。法治社会就是约束政府,政府必须按照规则办事,不能有太多自由裁判权。怎么能够让政府按规则办事呢?必须要有一个相对独立的司法机关。老百姓可以同政府打官司,个人、企业与政府在民事上是平等的,这一点非常重要。只有法院本身是相对独立的主体才可能做到这一点,否则,如果法院按照政府领导人的意志办,法律就无法约束政府。最近已经出现了很多这样的好的趋势变化,比如在南京有人起诉政府不提供有关的资料,违反了信息公开法,最后赢得了官司。这样的事我觉得进步很大,就是法院能够对政府的行为进行判定。如果做得到这一步,未来30年的前15年改革就很了不起了。

第二个15年主要是要建立民主选举制度。现在一些地方在搞基层选举试验,相信以后选举的范围会不断扩大,逐步完善。这样,再过30年,即改革开放60年后,中国的改革就基本完成。

我记得唐德刚说过大的制度转型需要二百年左右的时间。这样从1840年鸦片战争开始算到2040年刚好二百年,也就是再过30年,经过大约二百年的时间,中国的社会转型和制度转型就会基本完成。我的意思是说基本构架完成,也就是说,再过15年后,看司法制度问题就跟现在看国有企业的问题一样,剩下的是技术性问题而不是体制性的问题;再过30年看政治制度也是一样,剩下的是技术性问题了。

总结一下,中国过去30年的改革历史包括两个方面:价格自由化和经济的非国有化及国有企业的非国有化。中国之所以采用渐进的改革道路,是因为一开始不想搞市场经济,但在改革的过程中逐步明确目标,因势利导,最后回过头来看,成就很大。这实际上反映了制度演进的自发特征。当然,邓小平对这条改革道路可能比所有其他人更胸中有数。我在1993年的时候讲过一个寓言:中国的改革是从马背上画白道道到变成真斑马的过程。一个以马为牲口的村庄,马很懒,都不干活。村长听说邻村的斑马很适合干活,想把村里的马换成了斑马,但遭到大部分村民的反对。村长的一个办法是,晚上在村民们入睡之后,在一些马的背上涂了一些白道道。第二天,村民们质问村长为什么把自己的马换成斑马,村长解释说没有的事,马还是原来的马,自己只是给涂了颜色而已。村民仔细一看,确实如此,也就没有当回事。村长每天晚上继续做同样的事情,村民也渐渐习惯了。直到有一天,村民突然发现,他们原来的马都被村长换成真的斑马了,但确实很好。我们的改革不论是价格改革还是国企改革都是这样一个过程,包括股份制改造,产权多元化等等,都是把假斑马换成真斑马的过程。这就是中国过去的30年,而未来30年就很难讲了。以上就是我个人的一些想法。谢谢大家。

现场答问

问:中国制造业今年面临很多困难:原材料价格上涨,劳动力成本上涨,导致企业竞争力下降,能谈谈最重要的做法是什么?

答:这个问题是中国很现实的问题,我想有些事我们无法左右,好比国际经济局势的变化,但是最重要的是不要自己犯错误。比如去年新颁布的《劳动合同法》中的一些规定,严重地导致了企业用工制度的僵化和劳动成本的人为上升,这些原因我想可能要通过政策的调整,法律的调整来解决。

对于中国企业来说,很多时候是"置之死地而后生"的,经过这次"洗刷"留下来的企业就是以后最有竞争力的企业。从历史上来看,在1989年到1991年,当时倒闭的乡镇企业很多,三年后仍然留存下来了一些效率较高的乡镇企业。就是这个道理。中国企业现在大部分还是靠低成本竞争,但是未来的竞争必须靠技术创新和品牌的建设。

问:1997年亚洲金融危机时,中国经济未受较大影响;此次全球金融危机,中国的抗击能力世界有目共睹,你认为这是什么原因?克鲁格曼对中国的预测为什么没有实现?

答:克鲁格曼今年获得了Nobel经济学奖,但是他对中国的了解很少。中国的经济成长起步晚,追赶别人还有很长的一段路,别人已经有的技术知识我们可以直接拿来用,这是所谓的后发优势。再过10年、20年,我们就不可能还有这么快的增长速度了,因为能模仿来的技术我们都已经有了,下一步就看我们自己是否具备技术创新能力了。

亚洲金融风暴我们其实是因祸得福。当时没有受到很大的打击是因为我们的资本市场不是太开放,金融产品不全面,才没有受到很大的影响。所以大家不要看别的国家像看笑话一样。就好像我们坐着拖拉机看飞机,我们很羡慕,突然飞机掉下来了,我们很开心。我们还是要坐飞机,即使飞机有可能掉下来,飞机的出现还是人类的一大进步。(笑声……)

所以我希望中国不要因为经济风暴而放慢经济改革的脚步,包括金融创新。当然每个国家都要在改革上坚持循序渐进,不能走得太快。这次金融危机发生的一个重要的原因就是:技术发展的速度超过了管理技能发展的速度。我们用电子计算机创造了很多的金融产品,但是没有很多人真正理解这些产品。未来十年二十年,当我们的管理技能提升后,运用这些金融产品就可能不是大的问题了。

中国值得一提的是银行体制的改革,过去几年的改革使得银行的资本充足率和管理水平在得到了非常大的改善。

这还令我想到了另一个问题:国有企业为什么在1998年后改革变化那么大?

这其实与亚洲金融危机有关。亚洲金融风暴的一个重要原因是亚洲的银行出了问题,中国银行当时的坏账也很大,技术层面上已经破产,这时政府就很紧张,下令银行不允许再进行"安定团结的贷款"。这之前,国有企业一有困难就向银行要钱,银行不能不给,因为政府要确保安定团结。亚洲金融危机使中国领导人认识到,如果再不放弃"安定团结贷款"的话,中国也可能发生金融风暴。一旦到了这个时候,就会有很多国有企业活不下去,就不得不改制。所以说,有时候外国的危机对国内的改革带来了更好的机会。这令我想到了改革时机的问题,中国的情况是经济发展好,"左"的势力就抬头;经济出现问题,就不得不继续改革,过去30年就是这个套路。

问：国有企业经济绩效低于私营企业的根本原因是什么？

答：这就是激励机制的问题，进一步讲是长远的激励机制问题。

举例来说，好比有一辆自行车，如果它是一个公共品，就是所有人都可以自由地骑，一定坏得很快，但如果这辆车这一年归你，在前十一个月你会非常爱护它，在第十二个月的时候，你就无所谓了。但如果这辆自行车永远归你了，那你一定保护得更好。

这就是说，将财产的未来价值看得越远，财产就越值钱。对于国企来说，经理人没有真正的积极性来关心企业的长远发展，大部分是短期行为。这又令我想到了另外一件事，大家对国有企业老总的工资争议很大，设想若国企经理人的工资和政府官员一样高，用不了三年，国有企业就会倒闭了，因为优秀的人才都跑光了。国企有一批优秀的企业领导人，他们的事业心很强，但他们缺乏安全的财产保证。

问：光华在资本市场的发展中能做些什么？

答：光华能做的就是提供有价值的知识，更好地把握经济发展规律，培养优秀的管理人才。如果你是企业的领导人，要成功就要比别人更早地看到经济发展的趋势。

问：你如何看待医改中的经济政策？

答：目前医改很大问题就是，医疗体制没有放开。任何行业只要放开，效率就会上升。医疗体制是国家集中垄断的，包括价格垄断。如果允许民间私人医院的大量兴建，就会分离大量的病人，有钱的人就可以享受高档但是很贵的服务，那么公有医院就可以为低收入阶层提供更好的服务。

问：开放在改革中起什么作用？开放重要？还是改革重要？

答：都重要。在中国，没有开放，改革不会顺利。对于国有企业来说，如果不引进外资，国有企业就不会受到那么大的压力，就没有动力进行改革。以银行为例，中国加入 WTO 以后，我们的银行在外资银行的竞争下面临生死问题，所以才开始处理呆坏账，然后注资，引进战略投资者，最后才上市。可以说，开放是中国改革的最大推动力量，这点我想邓小平一开始就看得很清楚。

问：能不能对国家未来经济发展布局做出预测？

答：我不是这方面的专家，但是可以看到一个趋势。我国经济发展从沿海开始，扩展到内陆，今年经济发展最强劲的是内蒙古自治区。沿海加工业的发展对上游产业提出高需求，包括原材料等等。现在内蒙古、陕西、河南等地的经济发展比你们想象的要快很多。所以我对内地未来的发展形势很看好。

问：国企萎缩会继续吗？能谈谈对国民素质、文化创新方面的见解和思考吗？

答：会，只要继续搞市场经济。

我有一个理念：一个和谐的社会一定要每个人遵守规则，要有核心价值观及相对稳定的中产阶级。因为中产阶级他们是一个负责任的团体，一个一无所有的人对什么事都不会在乎。经济学上有种说法叫"廉价投票权"，假如让我们来选美国总统，大家一定胡投一气，只有投票结果与自己有很大关系的时候，才会认真思考投下神圣一票。在政治改革上，必须有强大的经济成长，然后再考虑政治改革。

对于国民素质问题，我认为教育是非常重要的，否则民主会变成民粹化，经济民粹主义是很糟糕的，比如拉美国家的情况。经济学最基本道理就是没有免费的午餐。经济民粹主义就是在免费午餐的诱惑下产生的，每个人都以为是别人请客吃饭，最后没有人付钱。

问：国企改革与国有资产流失之间的关系是什么？

答：国有改制中，国有资产流失的情况肯定是有的，这一点不容否认，但如果没有市场化，不会了解流失的情况。现在有些人所讲的国有资产流失通常是指这样一种情况：将企业100万卖给别人之后，企业的价值变成200万或300万。其实这不一定是流失。100万到200和到50万两种情况不一定那一种是流失。价格是谈出来的。要交易就是对双方都有利可图的，如果不拿100万卖给别人，可能过两年后就什么都没有了。比如美国一个地主将土地的一半送给州政府办学校，但是最后他剩下的土地价格上涨了好几倍。这就好比对外企的优惠政策对地方发展来说也是更好的选择,并没有侵害地方利益。同样的,100万卖给别人,最后值50万,不代表不流失,因为也有可能一开始企业应该值200万,是买的人后来把企业搞坏了。

前段时间热烈讨论银行贱卖,金融危机后又没人讨论了。不能仅仅看经济泡沫期的资产价格。为什么中国能抵挡这种冲击?国有银行引进战略投资者是非常重要的,有了战略投资者,银行的管理水平就会大大提高。国有企业改革给整个国家的发展带来的变化是很大的。

问:未来15年如何减少政府的权力?
答:进一步加改革大力度,特别是审批制改革。最近几年在宏观调控的名义下,政府又加强了很多权力。

问:缩小贫富差距的最有效的办法是?
答:我们来看一下一些有意思的现象:
(1)国有企业比重高的地方贫富差距大;
(2)财政支出占GDP比重高的地方贫富差距大;
(3)市场化程度低的地方贫富差距大。

收入差距的一个原因是不确定性,比如炒股票,即使两个人起步相同,事后一个人可能是大富豪,另一个人可能变成穷光蛋。就中国来说,政府制造的不确定性太大,因为政府的权力太大。而作为企业家,大量的精力需要花在应对政府的不确定性上,如果和政府关系好,企业投资的风险就小,但是有政府资源和胆子大的人都是少数人。所以说,政府经济管制导致不确定性,导致收入差距变大。为什么浙江贫富差距小?因为政府管得少,市场环境好,竞争使得利润率很低。内地一些地方有关系和胆子大的人暴富,因此贫富差距大。又回到刚才讲的,要更多市场自由,减少政府政策和行为的不确定。

企业家在做两件事:应对不确定性(uncertainty)和创新(innovation)。不确定包括:市场不确定性和政策不确定性;创新包括:技术商业创新和制度创新。

中国的企业家和西方不同,西方企业家主要做的是技术商业创新和应对市场的不确定性,即如何更好地满足市场的需求。中国企业家主要应对的是和政策不确定性和制度创新。比如,柳传志当年做联想,大量的时间花在了改制上面。

今天的讲座到此结束,感谢同学们的参与。

(2008年11月5日)

是否存在一个中国模式

■ 姚 洋

[演讲者小传]

姚洋,北京大学地理系1982级本科生,管理科学中心1986级研究生。1996年获美国威斯康星大学博士学位,此后任教于北京大学中国经济研究中心,目前为中心教授、副主任,《经济学季刊》主编。主要研究领域为中国经济发展和制度转型,在国内外出版专著或编著十余种、论文数十篇,并在《读书》、《南方周末》等杂志和报纸发表许多通俗文章,是我国中青年经济学家中的领军人物之一。

今天我要讲的题目是"是否存在一个中国模式?"为什么要讲这么一个题目呢?今年是中国改革开放30年;30年不是很长,但也不是一个非常短的时间。1978年我才上高中,现在工作也已经十多年了,所以这也是我自己走过的一段非常重要的路。最近出现了很多对30年的反思,大家如果经常看报纸的话,就会发现很多反思的文章,各种各样的观点都有,仁者见仁,智者见智。有些人的观点是很不对的,对30年改革开放所取得的成就几乎持完全否定的态度,他们的理想是回到计划经济时代,有人甚至提出要继承"文化大革命"的遗产等等。

我今天要从正面的角度来讲,从正面的角度反思中国的改革开放。这有两方面的意义:第一,总结过去,面向未来,回头看看我们走过的路,思考今后我们应该怎么走,建设一个什么样的国家。这是非常重要的。"文化大革命"把我们国家弄得天翻地覆,一切规矩都被打乱了。过去的30年我们基本上都在埋头搞建设,我们很少回头想想,或展望未来,思考我们的国家该成为什么样的国家。在改革开放以前,确实存在着一些好的东西,这也是有些人愿意沉湎于过去的一个很重要的原因。那个时代我们虽然穷,但是我们确实能拿得出一些独特的东西来,让世界上的许多人为之倾倒。他们从这个角度来反思这30年,这也是对中国主流社会提出的挑战。他们所说的东西我们不赞同,但我们能不能拿出正面的东西来,告诉全体人民,说我们这30年走的路是对的,对在什么地方,未来又应该怎么走下去。

第二,我觉得更为重要,就是向世界展现一个正面的中国。所有的外国人,哪怕是敌视中国的外国人,都承认这一点:中国在过去30年取得了巨大成就——人类历史上绝无仅有的成就。但另一方面呢,有一些人的观点很尖锐。他们说我们的成就是以牺牲我们的人民,牺牲我们的环境来换来的——甚至是以独裁的体制换来的。我自己到过很多国家,包括一些发展中国家。看了这些发展中国家,我感觉中国这条路的的确确是走对了,不仅走得对,而且走得非常好。我后面会讲一下我到印度的观感,现在讲一个简单的例子。有个朋友去前苏联的中亚地区做生意,结果发现根本就做不下去,因为那里的贪污、腐败已经猖狂到了无以复加的地步。他们的官员,小到警察、大到部长,都是靠钱买来的,而且明码标价,比如做半年是多少钱,做一年是多少钱。花了这笔钱,他就要挣回来,所以就贪污、腐败,所以生意根本就没法做。这个朋友只好回来,从新疆过边检的时候都要喊"中国万岁",因为反差太大了。我们在国内,往往容易看到很多负面的东西,毕竟身处这个环境里,总希望中国能更好一些。我们的比较对象是谁呢?都是我们想象中的发达国家。其实发达国家也不都是无可挑剔的。我举个例子。我刚从美国学术休假回来,去年下半年我在康奈尔大学访问了半年。康奈尔大学在纽约州的中北部,阿巴拉契亚山脉的山沟里面,进出非常不方便。我往往出来一趟,回去就要坐从费城飞出的最后一班飞机。飞机很小,只能坐十几个人。一次我上飞机之后,飞机只剩一个座位了。但这时上来一个地勤人员,说某某女士,请你下来,因为下面还有一对老夫妇没上来,需要一个人下去。那个被叫到的女士很胖,年纪也有点大了,一听就哭了,只会说"我有票,为什么要我下去?"但她还是下去了。后来飞机上的乘务员跟地勤人员说了一下,才又让她上来。但地勤人员必须叫一个人下去,因为下面还有人没上呢。所以他又叫了一个名字,这回是个华裔女孩,她只好乖乖下去。我们一直说美国是消费者的天堂,其实并不一定是这样,反而在中国,消费者意识增强得非常快。我举这个例子,并不是说我们已经达到了美国的地步,或者说美国不好,我只是想说,在很多情况下,我们所想象的西方生活,不一定是真正发生的事情。我们跟外国人打交道的时候,特别是和敌视中国的外国人打交道的时候,很明显能看出他们的潜台词:你们中国这样的制度,总有一天会完蛋的。一个形象的比喻是,中国就像上下四车道的高速公路,平平整整,但是走到尽头却是万丈深渊。相比之下,他们对印度的比喻是什么呢?印度是坑坑洼洼的小路,但是这条路是永远可以走下去的。当然这还是说得客气的,说得不客气的是:中国还生活在中世纪,而印度已经是一个民主国家。这是一个印度人跟我说的。等一下我谈民主的时候,还要谈印度的民主是怎么样的。我们在国外的一些人,也在跟外国人说同样的事情。他们要么对中国不了解,要么投合外国对中国的偏见。

我们总是说民族复兴,要重新屹立在世界民族之林。我们老一辈的人,包括孙中山、毛泽东、邓小平,多半讲的只是经济,他们从鸦片战争开始的中国历史得出的教训是,落后就要挨打,落后就要被开除球籍。但是中国要在世界民族中占有自己的一席之地,我想不仅仅是经济增长的问题。日本的经济增长是一个奇迹,但是日本人给世界贡献了什么呢?说不出来。最终,世界的竞争,是思想的竞争。我这里说的思想不一定是某个思想家提出的思想,它有可能是做出来的。我们在过去30年,甚或过去一个世纪所做的一切,实际上都是可以为世界贡献思想的,只不过我们往往沉浸在一种悲情里面,沉浸在失败者的情结里面。毕竟,自打鸦片战争之后,我们是被西方打败了。所以,当谈到中国的时候,我们往往要翻出老皇历来,说我们的文化如何如何伟大,我们的孔子说了什么什么;从来没有人说,我们在过去一百年间做了什么贡献,因为我们感觉我们是失败的。但是,我们过去的百年史的确是对世界有所贡献的。站在改革开放30年后的今天,我们有理由,也有信心来总结一个中国的发展模式。我今天要把自己的想法和大家分享一下,谈一下我对中国模式的思考。

一

我从为什么我们的经济发展会成功来探讨这个问题。讲这个之前，还要回顾一下我们过去30年取得了哪些成就。这些成就有三个方面：一是经济高速的增长，二是贫困人口数量的下降，三是社会的相对稳定。这些都不是随便哪个国家都能做到的，它们是伟大的成就。在经济增长方面，过去30年我们的年均GDP增长率是9.7%。这个速度是个什么概念呢？一般而言，用70除以年均增长率就可以算出一个国家经济翻番需要的年数。这样说来，在过去的30年里，我们基本上达到了7年或8年翻一番。邓小平在20世纪80年代初提出，到20世纪末实现我们的人均收入翻两番的目标，也就是四倍。这个目标其实我们在1998年就达到了。这个增长速度是惊人的。展望未来，我们看到中国经济没有减速的迹象，主要在于我们巨大的人力资源。尽管再过15年，我们的劳动力会出现短缺，但是15年之内我们的劳动力还是非常宽裕的，源源不断的劳动力与技术的提升相结合，中国经济增长不会减速。很多人都不相信我们的技术在提升。但是看看我们出口的产品技术含量的提升，就知道我们的技术提升非常明显。看看珠三角，刚开始也是小打小闹，弄些低技术产品，现在呢，主要是以电子产品出口为主，已经不完全是劳动力密集型了。所以，我非常有信心，在未来的15年里，中国保持8%的速度增长，问题是不大的。这意味着什么呢？意味着8到9年，我们的GDP就将翻一番。在我们的沿海地区，像我们宁波这样的城市，经济增长速度肯定是超过10%的。现在宁波的人均收入是多少呢？好像是4000到5000美元，再过7年，就应该达到8000到10000美元。大家在座的不管是年轻还是年长，都有希望看到人均收入达到20000美元的生活，也就是台湾地区今天的水平。现在，我们的GDP按现行汇率计算，是美国GDP的五分之一到四分之一，到2035年，我们的GDP将会超过美国，成为世界第一大经济体。这是按现行汇率计算的，还不是按购买力平价计算的；如果按购买力平价计算，我们超过美国的时间还会提前，因为我们的物价水平比美国低。但是，在人均收入方面，我们跟美国还是会有一定的差距。我们要在人均水平上达到他们的程度，在座的多数人可能看不到了。这是一个漫长的过程,因为我们现在的人均收入只有美国的二十到十六分之一。但是无论如何,我们可以相信,到本世纪中叶或更早的时候,我们的经济总量完全可以超过美国;中国在世界上的地位,不可同日而语。

第二个成就是贫困人口的大幅下降。有人说我们是靠压榨老百姓来获得高速经济增长的,这不符合事实。我们看一下数据。在改革开放之初,当时我们不到10亿人口,却有20%到30%的人是生活在绝对贫困线之下。改革开放30年,特别是前十几年里,我们的贫困人口下降了2亿,这是巨大的成就,而且绝对和改革开放有关系。有人说农村移民到沿海地区来打工,是在受剥削。可是,他们的生活水准的确是提高了,否则他们就不来了;他们之所以来,是因为生活水平有了提高。我们现在的农村贫困人口还有两千万到三千万,而且还有很多人会返贫;我们的城市里还有两千多万的贫困人口,拿着低保。因此,并不是说我们完全解决了人口的温饱问题,但我们在尽力。城市低保覆盖两千多万人,农村地区也在推行低保。当我们的收入达到一定程度的时候,我们可以做得更好。这在世界上是极其有意义的事情。实际上,在做世界不平等分析的时候,把中国加进去和把中国拿掉,世界的不平等变化趋势会很不同,因为中国的减贫成就实在是太大了。对比一下印度,我们会感觉非常骄傲。印度1947年独立,基本上和我们在同一个时期建国。在50年代的时候,我们还不如印度,但现在我们的人均收入已经是印度的两倍。它的贫困人口占它的总人口的35%,它的文盲率是40%,而我们的文盲率是10%左右。中国取得这样的成就,我们有理由为自己感到骄傲。每一次国外来调查民众对中国政府的满意度,发现满意度都在70%以上。很多外国的评论家说中国的数据不真实,老百姓都被愚弄了。但是,有个印度裔美国人扎卡内尔,是《新闻周刊》国际版的主编,非常有名的年轻人,他就说,中国取得这样的成就,中国人有理由骄傲,中国人有理由为他们的政府骄傲。中国人过去的30年,是他们自打鸦片战争以来最好的30年。

第三个成就是社会的基本稳定。我不是说我们没有波动,我们社会的波动也很多。但是波动是正常的;如果社会没有一点不同的声音,那社会就不正常了。热物理学有一个很重要的发现:一个复杂系统比一个简单系统更稳定。复杂系统里的活动很多,力量相互抵消;一个简单系统,碰到一个小的冲击,就垮掉了。相比其他发展中国家,我们应该为我们社会的基本稳定感到欣慰。非洲我们不用谈,非洲在很长一段时间都处于战乱之中。看看南美、南亚和东南亚,我们的社会比它们的要稳定得多。有人可能会说,中国的稳定是表面的,是被压制的结果,但是,看看民众对政府的满意程度,我们就必须承认,我们的稳定是发自民众的。

基于以上三个成就,我们必须承认中国是一个奇迹。有人说中国不是奇迹,因为中国的经济增长没有超出日本和东亚四小龙的水平。但是,这些经济体本身就是奇迹,中国的经济增长速度赶上它们,正说明中国也是奇迹。再者,我们中国这么大一个国家,高速增长更是不容易。日本只有一亿两千万的人口,比我们一个河南省大不了多少。中国这么大,经济增长速度那么快,贫困人口数量急剧下降,社会基本稳定,中国是个奇迹,应该是毋庸置疑的。

二

有些人(如哈佛大学的帕金斯教授)认为,中国奇迹的发生,从原因的角度说不是一个奇迹,因为中国所做的都是标准教科书所教的内容。标准教科书说高储蓄率和投资率是经济成长的动力,我们看一下中国过去60年的积累率,基本上在30%到40%之间。我们省吃俭用,把储蓄拿去投资了。什么是经济增长?本来今天要消费的东西没有消费,留了下来,这留下来的东西能生产出比留下来的更多的东西,经济不就增长了吗?所以,储蓄和投资在经济发展早期是非常重要的,而我们做到了。标准教科书说较高的人力资本是经济增长的动力,我们中国也做得很好。印度籍经济学家阿马蒂亚·森获得诺贝尔奖的时候,有人问他,比较中国和印度,为什么中国发展那么快,印度发展得那么慢?他回答,中国在改革开放之初的教育水平就高于印度,中国人的人均寿命也高于印度。人均寿命不仅说明你能活多长,而是一个测量生活和医疗条件的综合指标。我们的人均寿命高,说明我们更健康,我们的人力资本更多。标准的教科书还告诉我们,市场是配置资源的最好工具。中国过去30年的改革,其实就是一个市场化的过程,是国家放弃权力、市场获得地位的过程,中国经济已经是一个市场经济了。

由此看来,中国经济的高速增长就没有什么奇怪的了。但是问题在于,为什么多数国家没有采用好的经济政策?为什么只有中国采用了?或者,为什么在这段时间里只有中国采用了好的经济政策?标准教科书没有回答这个问题,多数经济学家也没有回答这个问题。中国的特殊性在哪里?我们既有高速的经济增长,同时也完成了从计划到市场的转型,我们这个转型非常平稳,我们是在发展和转型两个方面取得了重大的成功。为什么我们能做到这一点,这是我今天要重点探讨的问题。我在这里要讨论中国经济增长的政治经济学原因,核心是提出经济增长的"中国模式"。

这个模式有四个主要内容:第一是中国政府是中性政府。什么是中性政府呢?它是一个以社会长远利益为追求目标的政府。这里说的是社会的"长远利益",这很重要,等会儿我会详细解释。多数发展中国家的政府都不是中性政府,它们要么被少数精英集团所控制,要么被极端民粹主义所左右,陷入短期再分配,不是国家的长远发展。第二是财政分权。像中国这么一个大国,要解决中央和地方的关系很难,很多联邦制国家都解决得不是很好。中国是一个单一制的国家,是一个共和国,不是联邦国家,但是我们很好地解决了单一制国家内部的财政体制问题。财政分权带动了地方的积极性,因此成为中国经济增长的重要动因。第三个是我们探索了一条新的民主化道路,为发展中国家的国家治理,开创了一个新的模式。有人可能会问,在中国,现在谈民主是不是太早了?这个我下面也会具体谈到。第四个是务实主义的政党。务实主义,我主要指的是中国共产党对待意识形态和对待现实变化的务实态度。正因为邓小平所确立的这种态度,我们的改革在遇到阻碍的时候,才不至于停顿下来。比如1989年之后,比如国有企业改制过程中,我们都没有停下来,就是因为我们有务实的态度。下面我就分别来讨论这四个因素。

三

要讨论中性政府,我们必须回顾一下奥尔森的理论。奥尔森是一位伟大的思想家,如果不是英年早逝,肯定会得诺贝尔奖。他在1982年写了一本书《国家的兴衰》,从分析利益集团着手,探讨国家的兴衰成因。他认为,那些停滞的国家——包括二战之后的英国和古代印度等——之所以停滞,是因为它们有顽固的利益集团,这些利益集团只关注如何得到更大的分配份额,而不管国家的长远发展。比如,古代印度的停滞主要是因为种姓制度。种姓制度是怎么产生的呢？非常有意思,它是几千年前,由职业产生的。当时祭司是最高等级,再下来是农民等等。处于高层的人不想失去自己特殊的地位,就要通过神化的东西把职业固定下来,好让子子孙孙都能够继承,衣食无忧。种姓制度由此产生,并成为一种世袭制度,而且是神化了的世袭制度。社会没有了流动性,就变得非常僵化,从而停滞。种姓就是一种利益集团的表现,利益集团的特点是多分配,少发展。那如何解释一些国家的发展呢？奥尔森提出了泛利性组织的概念。什么是泛利性呢？就是一个组织的利益跟社会利益的重合度,重合度越高,则这个组织的泛利性就越强。当你是一个具有较强泛利性组织的时候,你的政策就会更有利于这个社会,因为社会的福利就是你的福利。一个人数众多的组织当然更容易成为一个泛利性组织,但也不尽然。一个反例是在庇隆统治下的阿根廷。庇隆是在20世纪40年代通过政变上台的军人,他的执政思想是民粹主义和法团主义。民粹主义的表现很多,也有不同的定义,一般而言,指的是照顾老百姓的短期利益,多分配,少投资。比如印度,在过去的几十年里,对农民的补贴上升了,但对农业的投资却下降了,农民可能在短期内受益,但长期而言却失去了生产能力,生活水平得不到提高。但是,由于短期分配可以讨好民众,因为民众对未来没有信心,所以更关注短期利益。法团主义是由意大利法西斯主义发明的一种社会组织形式,就是把全社会通过一系列具有从属关系的组织控制起来,庇隆使用的组织就是工会。他实行高福利、高工资政策,从而获得了工人的支持；他的夫人埃娃设立了一个基金会,逼一些大企业捐款。但到头来经济却陷入停顿,最后把阿根廷葬送了。阿根廷在20世纪初的时候,是全世界第三富的国家,现在排全世界五十多名。如果从人数来看,庇隆应该具有泛利性,但他的民粹主义政策损害了他的泛利性。人数并不是一个重要的指标,组织的代表性才是重要的。

　　我在奥尔森泛利性组织的基础上引申出"中性政府"这个概念。一个中性政府具有两个重要特征：一个是它具有广泛的代表性,不偏向社会的任何一个部分；另一个是它把社会的长远利益摆在首位,能够抵制民众对于短期分配的要求。这样的一个政府让一个国家选择有利于经济增长的政策。那么什么情况下会产生这样一种以全社会长远利益为考量的中性政府呢？我认为有三个方面的因素。

第一个因素是代表性。如果一个组织的成员来自社会的各个阶层，则这个组织更可能组建一个中性政府。一个组织的政策要通过组织成员之间的互动产生，最终的结果必然是成员之间的一种妥协，因此，组织成员的来源越广泛，则组织的政策越有利于整个社会。中国共产党就是这样的一个组织。中国共产党的党员来自各行各业各个阶层，它的成员来源决定了它的代表性。第二个因素是社会的平等程度。我们想象一下，如果社会是极端不平等的，那么一个政府要长期执政，它会怎么办？它的一个选择是找一个强势集团结盟，依靠它把权力掌握在自己手里。另一个选择是走向极端的民粹主义，希望得到老百姓的支持。南美所发生的，就是在这两个办法之间的摇摆。先是民粹主义，搞个十来年，不行了，军人政变，变成了右翼独裁。右翼独裁依靠一些大资本家来治理国家，把普通老百姓的利益放在一边，也不可能产生一个以全社会长远利益为根本利益的政府，这样民众又不干了，起来推翻右翼独裁，重新回到民粹主义。反过来，在一个比较平等的社会里，政府和任何阶层结盟都可能导致它失去政权，因为其他阶层很容易联合起来推翻它。另一方面，一个平等的社会里对民粹主义政策的呼声会低一些。在很多情况下，民粹主义诉求来自于民众和知识分子对极端不平等的不满，因为社会被少数人控制，财富被少数人控制，多数人却过着贫困的生活，因此大家才希望多分一些，尽快提高多数人的收入和财富。所以，一个平等的社会有利于中性政府的产生。第三个因素是政府的镇压能力。如果一个政府的镇压能力很强，不怕民众的反抗，它就往往不太容易成为一个中性政府，比如非洲和拉美的军人独裁政府。

我举两个例子来说明中性政府。一个是蒋介石和国民党。国民党从建党开始就是一个汉族精英政党，是一个民族主义政党，反清色彩很重。孙中山先生的"联俄联共，扶助农工"政策因为他的早逝而夭折，国民党失去了扩大代表性的机会。相反，1927年蒋介石上台之后，不仅在很短的时间里整合了军阀力量，而且加强了和商界的关系，整个国民党的基础，在农村是地主阶级，在城市是大资本家。蒋介石本人，那个时候把妻子送到美国去，然后与宋美龄结婚，其实他是很有考虑的，他要找靠山，找宋氏家族这样的大资本家。难道蒋介石不知道民众的重要性吗？他知道，但国民党的出身让他无法替民众着想，而且，他所拥有的军事力量也让他放心和大资本以及地主结盟。到了台湾后，情况就两样了，国民党政府变成了一个非常中立的政府，原因是它在台湾没有任何社会瓜葛，而且它的军事力量被大大削弱了。我们谈台湾的经济起飞，不要忘记，台湾的土改是起了很大的作用的，农民的生产积极性一下子提高了，把粮食问题解决了。顺便说一下，关于对毛泽东和蒋介石的评价问题，我觉得黄仁宇的评价是非常中肯的，他说，毛泽东和蒋介石都想改造中国，蒋介石想自上而下改变中国，但他失败了，而毛泽东是自下而上，领了一帮什么都不会失去的穷人起来革命，因此成功了。这里就有一个阶级基础的问题。

另外一个例子是印度的国大党。国大党很像我们的国民党，因为它也是一个由上层精英主导的民族主义政党，目标是印度独立。不要忘记，甘地和尼赫鲁都是婆罗门，印度的最高种姓。我这里要谈一个人，他的名字是安倍卡尔。他是贱民出身，现在被印度贱民像神一样供奉。当他年轻的时候，受到很多歧视，因此就跑到美国读书，在耶鲁拿了一个经济学博士学位。可是回印度之后，他找不到工作，因为他是贱民。于是他又跑到英国，在伦敦经济学院拿了个法学博士，想回来可以做律师——律师是最受人尊重的，可是回来后他还是找不到工作。他参加了国大党。他和甘地有一个关于种姓问题的争论。他要求种姓平等，而甘地的回答很有意思，他说："种姓有什么不好，不就是社会分工吗？社会的发展就是要社会分工啊。"可以看出，国大党至少在早期，是一个高种姓控制的政党，它没办法背叛自己的阶级。所以印度在过去的几十年间喊了无数次，要土改，但直到现在，也没有把土改完成，至今仍然有11%的农村人口没有土地。

那么，为什么说中国政府是中性的呢？我举几个例子。一个是"增长共识"，就是我们改革开放之初，形成了经济增长第一位的共识。这当然有历史原因。我刚才说了，从孙中山到邓小平，我们的几代人都有极大的耻辱感。中华民族在过去的两千年间领先世界。领先到什么地步呢？我举两个例子。一个是我们在秦始皇时代就发明了铁犁。有了铁犁就可以深翻土地，提高土地的生产率。铁犁在西欧是什么时候产生的呢？大概在15世纪才有的。另一个例子是我们在南宋的时候就发明了水泵。

水泵的原理是在水泵里面制造真空,靠空气压力把水压上来。南宋时候没有电,只有靠人力制造真空,但是比水车要省力多了。而且,当时的水泵是铜铸的,说明我们当时的铸造工艺已经到了一个很高的水平。所以,中国的几代领导人都有很深的责任感,他们觉得,中国的伟大复兴就在于搞经济建设。改革之初,斗争很激烈,邓小平避开意识形态争论的锋芒,号召把党的一切工作的重心转移到经济建设上来,让持有不同意见的人无话可说。从那个时候开始我们就有了增长共识。不能说增长共识带来的全是好的结果,但至少它凝聚了民心,把全国人民的认识再一次统一起来。"文化大革命"的破坏力量实在是太大了,使得我们谁都不相信谁——连枕边人都没法相信。增长共识让我们有了共同的目标,有了过去30年的改革。

　　第二个例子是价格双轨制。价格双轨制是不得已而为之的制度。1984年有一个莫干山会议,召集了许多经济学家,讨论城市改革的方向,最后价格双轨制成为一个折中方案。企业完成计划的部分,按国家价格销售,超过计划的部分,按市场价格销售。这就给了企业很大的动力,也给了非计划企业,特别是乡镇企业很多的机会,才有了80年代末90年代初乡镇企业的蓬勃发展——没有价格双轨制,乡镇企业的发展是不可想象的。但是价格双轨制也产生了很多问题,最主要的是寻租问题。比如现在的桑塔纳轿车,价格是八九万多元吧!但在那时候卖多少钱?24万一辆——如果我没记错的话。你只要拿到桑塔纳的指标,就很容易赚钱。当时就有人把桑塔纳出口,然后再进口,就赚很多钱。这就造就了一批既得利益者,就是那些掌握内部资源的人,他们当然不愿意放弃价格双轨制。但是,到了90年代初,我们还是放弃了价格双轨制。我们走过来了,并没有停滞在部分改革上。西方很多人说,中国的渐进改革会被利益集团所左右,无法进行到底。但我们没有停止,我们走过来了,我觉得这跟我们的中性政府是有关系的。

　　第三个例子是企业改制。这项改革是最关系到老百姓利益的,也是争议最大的。一个问题是国有资产的流失,另外一个问题是就业。我想着重谈就业问题。在20世纪90年代后半期,有2000多万国有企业职工失去了工作,这对社会造成了很大的冲击。更深层次的,还有一个中国共产党的合法性问题,因为中国共产党的阶级基础是工人,而改制似乎把工人抛弃了。这是党要面对的一个很大的难题。如果不改制,企业就会生存不下去。1999年我去顺德调查那里的企业改制。顺德是最早改制的地方之一,那里的政府官员对我说:"我们的改制是止血工程。"在没有改制前,国有资产就流失得非常严重,因为国有企业多数是亏本的。比如,90年代中期建的一个厂,厂子建成之时就是关门之日,因为技术落后,没办法跟私营企业竞争。不改制,我们的企业就不可能有活力,就不能参与全球化的竞争。但是,另一方面改制要涉及很多人的就业问题。我自己深有体会。1989年我硕士毕业,回到西安电力机械制造公司——我们国家最大的输变电设备制造公司——下面的变压器厂企管办工作。我刚到的时候,办公室只有两个人,加我是3个人,两年后等我走的时候,那个办公室有7个人,1994年我回去看了一下,那个办公室有十几个人了。可见国有企业的冗员程度有多高。我自己做过研究,发现改制不是造成失业的原因,相反,改制企业跟没有改制的企业比,就业率下降的幅度小得多,差距有十几个百分点。为什么会这样呢?90年代后期,不管是国有企业还是改制企业,都在实行"减员增效",但是改制企业的效率提高了,有了新的产品,新的市场,因此就会留更多的人,减员的速度就低一些。改制只是把国有企业的隐性失业表面化了。党因此必须面对老百姓的质疑:为什么改制的成本都由工人阶级承担了?面对这个质疑需要很大的决心和勇气。我觉得我们做得还是不错的。一方面坚持改制,另一方面加大再就业培训,建立城市低保制度,渡过难关。21世纪初的头几年,几乎天天都在讲怎么安置下岗职工,现在讲的少多了;经过这七八年的消化,我们解决了这个问题。这说明我们的政府是一个以中国老百姓的长远利益为重的政府。

  为什么中国政府在过去30年能变成一个中性政府?我觉得有四个方面的原因:第一个是历史原因。刚才我说了,鸦片战争以来屈辱的历史让几代领导人认识到经济发展的重要性。第二个原因是1950年到1978年的教训。最重要的教训是政治上不能搞阶级斗争,经济上不能瞎指挥。从1957年反右开始,我们经历了1958年错误的大跃进,其后是三年灾荒,接着又是十年的"文化大革命"。我们有多少时间是真正投入到经济建设上了?没有多少。在我的记忆里面,20世纪70年代是最灰暗的时代。当时我在西安,也就十岁多点儿,冬天的时候早晨4点多就去排队买红薯,因为粮食不够吃。这是惨痛的教训。第三个原因是社会的平等。1978年的中国大概是世界上最平等的社会了,这样的社会有利于让政府变成中性政府。第四个原因是中国共产党的执政能力。这是台湾的一个朋友提示我的。党的执政能力和党的纪律性有关,它保证了中央政策的贯彻落实。这四个原因使我们的政府变成一个中性政府,变成了为老百姓长远利益着想的政府。

四

我现在讲第二个内容,财政分权。财政分权在我们国家是全世界最彻底的,不仅中央和各省分权,省和市、市和县、县和乡、乡和村,都是分权的,分权到了极致。分权的好处有两个。一个是给地方提供了发展经济的积极性。改革之前,地方财政受中央控制,地方财政多了要交给中央,这样地方就失去了发展地方经济的积极性。20世纪80年代开始的财政分权大大提高了地方积极性,而1994年的财税改革划分了中央税种和地方税种,把分权制度化了。分权产生的后果是政府直接参与经济建设,这是中国的特色,没有一个国家是像中国这样的,政府对经济的干预那么深。比如乡镇企业,就是政府办的,或者政府和能人合资一起办的。这样的现象有很多的弊端,造成了很多的腐败现象,但另一方面又可以集中很多财力来办事情,很多市场不能解决的问题,可以通过政府来解决、来协调,这就造就了一批关心地方经济的政府领导。分权的一个后果是加强了市场力量,一开始是把一些事情交给市场来做,但是市场打开缺口就不断自我繁殖,不断要求新的市场。

分权的另一个好处是为一个大国的财政体制创造了新的模式。中央和地方的财政关系是和平时期所有大国都必须面对的重要问题,涉及一个国家的国家架构。中国在政治上是一个单一制的共和国,但在财政上却是高度分权的,很好地平衡了中央和地方的关系。就分权本身而言,我们要看到它也有负面作用,许多国家分权的效果并不是很好。菲律宾是一个例子。20世纪60年代菲律宾是世界的明星,亚洲的希望,但是现在你看菲律宾已经落后于中国了,我们的人均GDP已经超过它了。菲律宾的停滞原因很多,一个原因和它的分权体制有关,地方都被家族力量所控制,家族势力经济、政治通吃,成为地方的独裁者。我们是怎么减弱分权的负面作用的呢？我们用的是中央政府的政治权威,这是政治单一制的好处。中央政府有权威来调动省、市级干部,这给了基层干部很多激励,让他们仍然想着国家的整体利益。

五

中国模式的第三个内容是新的民主化道路。首先我想说的是,自由民主是人类发展的必然。前一阶段北大一位老师在《环球时报》上发了一篇文章,说我们到了和西方进行意识形态抗衡的时候了。我不反对这样的提法,但要说明一点,如果你不承认自由民主,你只会成为世界人民的笑柄,而不可能和世界相抗衡。我为什么这么说呢？回顾一下,自由民主是历史的必然。帝王制度存在好几千年,肯定有其必然性。在人类文明的早期,帝王并不是不可侵犯的,他是人们抗衡不确定性的工具。商朝有一个皇帝殷商,在执政的时候遇到大旱,老百姓搞不明白为什么,因此要他到天上去讲理,要把他烧死。你不是真命天子吗？那好,你就上天去和天神理论吧。殷商说,好吧,我去。他就沐浴更衣,坐在一大堆柴火上,准备升天。正要点燃的时候,突然惊雷四动,乌云密布,瓢泼大雨倾天而降,殷商免于一死。并不是中国一家,世界很多地方都发现,所谓国王,其作用就是给老百姓带来不确定性,带来平安。为什么后来有了民主呢？就是社会变得越来越复杂,人们发现皇帝根本不能带来确定性和平安了。社会分工复杂后,每个人面对的风险都不一样,君主解决不了,大家只好自己决定自己的命运,所以就有了民主。这是从民主的功能意义上讲的,当然,启蒙运动后人性的觉醒也是产生民主的重要原因。但是,民主要成为一个稳定的体制,它就必须拥有一定的功能。比如计划经济,理想很好,要实现一个平等的社会,但它不具备功能上的优势,不能很好地发展经济,因此只能被放弃,回到市场上来。

我们必须认识到,人类社会正处在从君主制度向民主制度过渡的伟大时期。这个过程是非常漫长的,如果从宗教改革算起的话,已经好几百年了,也许还需要一两百年的时间,全世界才能过渡到完全民主的新文明。《环球时报》还刊登了一篇文章,说21世纪将产生新的文明,最大的可能性是在亚洲产生。这是没有历史眼光的。自由民主,这个文明我们亚洲还没有真正实现,何谈新文明?我们不能因为民主产生于欧洲就排斥它,民主是人类文明的必然前景。

当然,通向自由民主的路是有很多条的,中国所经历的,可能为探索新的民主化道路打开了一条新的道路。去年我去了一趟印度,回来给《南方周末》写了长篇的文章,在凤凰卫视的《世纪大讲堂》也做了节目,谈印度民主。大家都对印度很关注,关注印度就是关注我们自己。印度表面上看是民主的,在全国范围也能看到民主在工作,有一个正常的选举,基本上是平稳的交接权力——这是民主的好处,但到基层去看,看不到民主的好处,民主没有给老百姓带来真正的实惠。所以当我跟一些印度的知识分子谈的时候,他们会说印度根本不是一个民主的国家。孟买的达拉维是亚洲最大的贫民窟,那里的人均面积是1.8平方米——不仅包括住房,而且包括道路和其他公共设施的面积。这是什么概念?就是你躺下来那么一点儿大的地方。我们去看政府帮他们建的房子,15平方米的一间房子,往往要住3家人,一家5口人的话,就要住15口人。晚上都是铺着席子直接睡觉,看不到家具。贫民窟里污水横流,没人管,要选举的时候政客们才来,说给你们修个厕所,那大家就都投他的票。可是,厕所越修越难办。为什么呢?厕所没人管,两个月后就成了污染源。孟买有一百多万人是在露天解决大小便的。在孟买如果坐早班车进城,你可以看到好多妇女在铁路边解手,因为白天没地方解手。民主按理说应该是政府向老百姓负责,但实际上在印度却看不到。

许多发展中国家,都在两个极端摇摆,一端是民粹主义,另一端是右翼独裁。民粹主义搞多了,右翼的大资本家就不干了,要夺权;独裁搞得时间长了,民粹主义势力又上升。发展中国家的民主之路要走好,应该在这两个极端之间找到一个平衡点。回想一下发达国家民主的产生,并不是一夜之间完成的,老牌的资本主义国家,如英国,用了240年。英国的民主可以上溯到1688年的光荣革命,到了20世纪20年代,妇女才有了选举权,所以你看它的民主化进行了多少年。我当然不是说我们要重复它们的路,但至少可以看到,民主是一个漫长的过程,是个学习的过程。中国需要时间,我们要把这条路走好。中国现在正在探索一条平衡的道路,这条路不是完美的,但至少我们在尝试,比如村庄的选举。很多人说村庄选举根本没起作用,拉票、贿选都有。对,这没错,但我也可以举出很多例子,说明村民选举之后,村庄变得更好了。我自己是做过研究的,发现村民选举后,收入分配均衡了,公共投资更多了。这说明选举还是有用的。而且,这是一个学习过程,学习民主的过程。什么叫民主?民主就是不同的阶层各自表述各自的利益,最后达成妥协。民主就是妥协。所以我不同意有些人说,因为农村教育水平低,不应该搞民主。比如印度有40%的文盲,他们照样搞民主。所有人都知道怎样表达自己的利益,这和教育水平无关。关键是如何实现妥协。为什么会有战争啊?非洲为什么那么多战争呢?就是因为没学会妥协。1960年肯尼迪对尼克松的竞选,肯尼迪本来应该是输定了的,但他是怎么赢的呢?和2000年的选举一样,1960年的选举也是靠一州定胜负,不过不是佛罗里达,而是伊利诺伊。芝加哥市长威廉·达利是民主党人,白道黑道通吃。眼看肯尼迪要输了,他连夜发动工会,填了十几万张死人票——就是死人的投票,让肯尼迪当选了。尼克松的助手劝他向最高法院起诉,尼克松想了一夜,说:"我不想做酸葡萄,我还年轻,我还有时间。"到了早上8点,他准时给肯尼迪打电话,祝贺他成功。为什么?这是个政治文明的问题,就是妥协,为国家的长远利益牺牲自己的短期利益。到了1968年的时候,尼克松就当选了。这是要学习的,但不是提高了教育水平你就能学会。

另一方面,我们在高层也在学习民主。一个是区县人大代表的直选。当然我们现在还不能完全做到代表的普遍提名,但是我们看到,我们选出来的人大代表的代表性在增强,人大的权力在增加。我访问过浙江瑞安,那里的教育局长告诉我,在大的预算方面,是要通过人大代表表决的。区县的人大权力在加强。在国家层面,全国人大、政协也在朝着职业化方向发展。

在中间层面,我们看到公民社会有了很大的发展。以我自己住的世纪城为例,市民社会的因素增长很快。世纪城有自己的网上论坛,论坛上不准谈政治,但是,当发生关系自己利益的事情的时候,大家就都很积极。比如,政府原来打算在世纪金源购物中心旁边的温榆河岸上建一条酒吧街,但世纪城的许多居民不同意,怕影响这里的安静,就发起了一个活动,要求政府停止酒吧街的建设,政府最后果然没有建。现在,他们又在讨论未来的地铁站问题,有些人反对在世纪城建地铁站,有些人支持,在网上讨论得很激烈。另外,有些热心人组织大家搞各种集采——就是集体采购,从电影票到香蕉、苹果、饭店打折票,什么都有。去年还搞了一次儿童奥林匹克运动会,好几百个孩子参加,从筹划、拉赞助,到组织,全是志愿者做的。这就是公民社会,是民主的基石之一。我们的民主化从基层开始,上层配合,中间打基础,可能走出一条独特的路。维持这条路的关键因素之一是我们有一个中性政府。这样的一个政府不仅有利于经济发展,而且给中国社会带来很大的弹性空间。国外的人不能理解这一点,以为中国是铁板一块。我们走的是有控制的民主化道路。这条路看似漫长,但却能做到一步一个脚印,每走一步都是进步。像印度和菲律宾这样的国家,名义上实行民主了,但民主却没有给老百姓带来民主所许诺的东西,反倒是让民主失去了可信度,民主化道路变得更艰难。所以我在《世纪大讲堂》上说,我对中国的民主化进程有信心。

六

中国模式的第四个方面是务实主义。"与时俱进"时下成了一个打趣的词,但它恰恰是务实主义的很好概括。我这里想强调的,是我们在意识形态方面的务实主义。在过去30年中,中国共产党进行了一系列大大小小的意识形态调整,它的累积效果非常显著。也许中国共产党的核心信念——建设一个强大而平等的中国——没有改变,但关于社会应该如何组织起来才能达到这个目标的主张,却发生了巨大的变化。中国共产党将自己从一个工人阶级的先锋队变成了全民的先锋队和中华民族的先锋队。从1978年到2006年,我们可以确定三波意识形态的转变。第一波发生在1978—1987年期间。从真理标准问题的讨论开始,我们的意识形态开始转变,1978年12月召开的十一届三中全会确定了"解放思想,实事求是"的思想路线,从而放弃了"文化大革命"中激进的意识形态,拉开了改革的序幕,在经济体制上采取了实用主义的态度。这是巨大的进步。在改革之初,邓小平有两个著名的说法:一个是"不争论",打开了实践的大门;另一个是"让一部分人先富起来",这个很重要,过去都是说走共同富裕的道路,让一部分人先富起来,就是要靠市场的力量。1987年召开的党的第十三次全国代表大会肯定了1978年以来的改革,并提出了

"社会主义初级阶段"的理论。这个理论强调中国仍处在社会主义初级阶段,因此应该采取比较灵活的经济体制。第二波转变开始于1993年并结束于2002年。1989年北京政治风波之后,中国的改革进程停滞,直到1992年春邓小平的南方谈话发表之后,改革再次掀起高潮。1992年中共十四大提出了"社会主义市场经济"的概念,从而为90年代的改革清除了意识形态障碍。90年代是中国改革攻坚的时候,80年代是改革的准备阶段,真正动真格的改革发生在90年代。2002年下半年召开的十六大提出了"三个代表"重要思想,为这波意识形态的转变画上了一个句号。从此,中国共产党不再仅仅代表无产阶级,而是代表"先进生产力发展的要求、先进文化前进的方向,代表中国最广大人民的根本利益"。也就是说,中国共产党从此变成了整个国家的政党,而非仅仅工人阶级一个阶级的政党。以20世纪90年代发生的变革来看,这个转变其实并不新鲜。第三波意识形态的转变才刚刚开始,其标志性事件是2006年十六届六中全会上提出的"和谐社会"理论。按照官方的说法,和谐社会的特点是"民主法治、公平正义、诚信友爱、充满活力、安定有序、人与自然和谐相处",而关键词是"公平正义"。在过去的30年里,增长共识累积下来了许多没有解决的问题,其中最重要的,就是逐步拉大的城乡收入差距——城市人均收入已经达到了农村人均收入的3.3倍。从城乡差距或沿海—内地差距的角度来衡量,中国是世界上隔离最严重的国家。这一波意识形态转变的目标,在于纠正高速增长的负面影响。一些人倾向于认为这个转变标志着向民粹主义的回归;但是,极端不平等从理论和实证上讲都是对经济增长有害的,中国共产党的这个新转变仍然是与它的中性政府的角色是一致的。

七

最后我谈一下中国模式的世界意义。我前面说了,中国要重新屹立于世界民族之林,必须贡献自己的思想。中国模式充满了对世界的挑战,对成见的挑战。第一个挑战是政府在经济发展早期的作用。西方国家的学者和政府官员,或出于意识形态成见,或为了掩盖自己的目的,往往要求发展中国家有一个小的,但是有效率的政府。但是做到这点是很困难的,相当于让马儿跑得快却不让马儿吃草。中国政府对经济的参与程度,与东亚模式相比,有过之而无不及。我们知道东亚模式都是政府干预经济,但没有中国政府干预得那么深,但我们做得较好,挑战了西方的主流观点。

第二个挑战是国家治理方式。所谓民主,就是所有的人都做符合程序的事情。民主给了每个人表达利益的权利,每个人都想争取自己的利益,最后大家只好根据程序办事,就是在法律面前人人平等——只有有了民主之后才有法治。但是,光按程序来办事就可能没有表现了,就像印度的民主一样。中国政府把所有的合法性都放在表现上,就是要给老百姓提供实惠,因此经济增长很快。但是,这里也产生很多问题,比如政府在某种意义上说变成了一个商业机构,环境问题考虑较少,社会问题考虑较少,等等。怎么在程序和表现之间找到一个平衡?这也是对世界提出来的一个挑战。

最后一个挑战是民主化的道路。什么样的民主化道路对发展中国家是有利的?西方发达国家的民主化走过了漫长的过程,你不能要求所有的发展中国家一步到位成为一个民主的社会。像非洲这样的地方,刚刚脱离部落社会,急于建立一个现代民主是不可能的。印度、菲律宾的民主是非常初级的民主,在很多情况下,老百姓的生活没办法得到保障。所以在民主这条路上,我们和印度、菲律宾这样的国家处在同样的探索阶段,只不过我们走的是不同的路,它们是一下子放开,我们是慢慢来。我们会殊途同归,但我们走一条不同的路。这条路当然还没有完全形成,还在探索过程中。这也是我今天要求教各位的,我把我的一些思考呈现给大家,想听到大家的回应。谢谢大家!

现场答问

问:中央推行的大部委制,对于制度经济学来说,有怎么样的指标性意义?

答:大部委制可能会减少一些交易成本。以前一个东西该归谁管,都要争,会有很多内耗。建立大部委制有一定的好处。但是呢,这个部太大了,可能也有问题,就要看你管的事情了。一些部门合并后,有些事情要少管。就像我们的发改委,是个小国务院,它的副主任就有十几个。如果造一个这样的超级大部,估计也不是个解决问题的办法。

问：对于当前非常引人注目的新《劳动合同法》实施所引发的所谓企业成本上升的问题，您能不能从经济学家的角度来谈一谈？

答：我觉得这是一个非常重要的问题。我的一些经济学朋友说，发达国家就拿劳动标准这些非关税壁垒来卡我们，提高对我们出口产品的要求。但我觉得恰恰是由于国外的压力，提高了我们工人的福利。会不会有些企业就因此跑掉了呢？可能会有一些跑到更廉价的国家去。但是你也要看到其他的国家，是拿劳工标准作为一种竞争优势的。这方面我自己也做过研究，就是看环保指标好的企业是不是效益也好，确实好。环保达标，就更容易拿到订单。国外的商人，要求高的环保标准，所以搞环保可以成为一个竞争力。我正在为世界银行写一个调查报告，题目就是《企业社会责任是企业的竞争力》，的确是这样的。

问：您提到了中国模式的民主化道路，提到村级直选，人大代表的职业化道路，显得过于零碎了一些。您能不能从整体上对这个模式有一个概括性的描述？

答：就像我说的，这还是一个探索的过程。我们要在这个过程中找一个平衡点，就是在表现和程序之间找一个平衡点。我觉得我们的平衡点应该更向程序那端挪一些，也就是说，我们现在太注重表现了。当你太注重表现的时候，你就往往会说，为了经济增长，我们可以做一些不太合规的事情。这是地方政府，包括中央政府经常用的一个托词。那么怎么往程序那端挪一挪呢？我觉得最好的办法是在现有的宪法框架之内，加强人代会的作用。四川搞过镇长的直选，我自己感觉是有噱头的成分，避重就轻。我们有时对民主的理解是错误的。比如让老百姓给政府打分，连续两年打分最低的局长就要下课。连续两年谁的得分最低啊？大家一想就知道，城管部门。谁愿意去填这个打分问卷呢？除非你挨过罚了。所以城管的得分低。这不是民主。我们要做的，是限制政府的权力，因此要多一点程序的东西，发挥好人代会的作用。

问：财政分权，使得地方有了积极性，但是不是也可能让官员队伍庞大，官民比例越来越高？

答：这当然有可能，但不完全是因为分权所造成的。我所了解的是，官员队伍膨胀最厉害的地方是乡镇一级。不知道大家有没有这种感觉。农业、农林、师范院校的毕业生必须分配——农村里这种学生特别多,省里不要,市里不要,县里不要,乡镇里必须兜底,机构就膨胀了。所以财政最困难的是乡镇这一级。这几年怎么样我不知道,在上个世纪末,不发达地区的乡镇大部分都入不敷出。膨胀的问题,我觉得不是官员自己愿意增加这么多人。经费是有限的,官员恨不得人少点,他就可以多分点,是一些政策造成了机构膨胀。

问:中国这几年的发展有四个透支,比如透支了农民工,透支了老祖宗,透支了外国人——这里指的是知识产权,透支了后代人——指的是环保方面的问题。不知道您怎么评价这个问题?

答:我同意最后这个透支,透支了我们的环境,透支了我们的子孙后代。我们对环境的考量,确实是少了一些。这跟分权有关系。至于对农民工的看法,我自己是不愿意使用这个词的,用"新移民"或"农村移民"更好一些。我不认为我们在透支这些移民,我们不需要廉价的怜悯。我说过了,30年后,我们的经济总量将要赶上美国的水平,在座的人均收入可能达到3万美元——按现价计算。但是居住在农村的人生活水平还是差一些,因为耕地面积摆在那里,还是很穷。所谓的"三农"问题是长期的问题,是历史问题,从两千年前就有了这个问题,人多地少。再加上过去30年的制度造成了城乡隔离,这个账我们是要还的,需要几代人。

问:目前在中国是否出现了从中央向地方分权改变为地方向中央集权的现象?

答:我们在1994年搞税制改革的时候的确有一次中央集权。90年代初期,中央所掌握的资金已经非常少了,整个税收收入占GDP的12%,中央的收入只占全国收入的30%。之后呢,反过来了。中央占60%,地方40%。在过去15年间,中央的确是通过税制改革有了很多的集中,但总的来说,分权的体制是没有改变的,因为划分了中央税、地方税。我认为解决这个问题的最好办法就是立法,中央多少,地方多少,固定下来。

问:作为经济学的专家,您如何评价2008年的经济政策?

答: 经济学有很多门类,这个是宏观经济学的问题。我不是搞宏观经济的,我是搞制度经济学、发展经济学的,所以,对于这个问题我没有多少发言权。但我的感觉是,通货膨胀还会持续一段时间,但不会持续很久。美国经济衰退是极有可能的。美国"次贷危机"的影响,可能我们都估计不足,有可能演变成1929年那样的大危机。因为它涉及的面太广了,极有可能演变成一次深刻的经济危机。中国的出口量会下降,对缓解我们的通货膨胀,却是有利的。我不是搞宏观的,只能说到这里。谢谢!

(2008年5月9日)

制度激励与人的自由选择
——从凤阳思考我国农村 30 年变革

■ 王曙光

[演讲者小传]

王曙光,男,1971年生,1990年考入北京大学。先后在北京大学获得经济学学士、硕士和博士学位。1998年留校任教,2001—2002年赴美国明尼苏达大学访问研究。现为北京大学经济学院副教授,兼任中国农村金融学会常务理事,中国工合国际委员会委员,北京大学中国金融研究中心秘书长。主要研究领域为金融发展理论、转型经济理论、农村金融和反贫困理论。主要学术著作有:《社会参与、农村合作医疗与反贫困》(人民出版社,2008)、《草根金融》(中国发展出版社,2008)、《农村金融学》(北京大学出版社,2007)、《经济转型中的金融制度演进》(北京大学出版社,2007)、《农村金融与新农村建设》(华夏出版社,2006)、《金融自由化与经济发展》(北京大学出版社,2004年第二版,2003年第一版)、《理性与信仰:经济学反思札记》(新世界出版社,2002年)等。在《金融研究》、《北京大学学报》、《财贸经济》等核心期刊发表40余篇学术论文,主持国家社科基金等国家级项目,并数次获得北京大学人文社科优秀成果奖与优秀教学成果奖。

王曙光:

2008 年 6 月,我带着北京大学、清华大学的五位学生到安徽凤阳县进行考察调研。凤阳县虽然是经济总量很小的一个县,在全国 2800 多个县中并不起眼,但是在中国农村改革史上却是值得大书特书的一个地方。30 年前,凤阳县小岗村敢为天下先,18 个农民冒着极大的风险在一张包产到户的约定上按下了手印,从此揭开了中国农村改革的序幕。可以说,凤阳是农村改革的发祥地和里程碑。要研究中国农村改革史，不到凤阳县是不行的。凤阳县为我们展开了一幅30年农村改革的长卷，这其中所有的波澜起伏、快意伤痛、经验教训、矛盾纠葛都可以在凤阳深切感受到。凤阳就是中国农村改革的一个具体而微的缩影。

现在30年过去了，凤阳也发生了很大的变化。30年间，凤阳一直是作为一个焦点被世人关注着，它的一举一动都引起外界和政坛的极大兴趣。然而一个不得不接受的事实是，无论是小岗村还是整个凤阳县，乃至于安徽省，在此后30年的发展中，明显落后于那些发展较快的地区。这里面有很多复杂的因素，但是不管怎样，这个事实总是让敢为天下先的凤阳人感到有些难以接受。凤阳有丰富的历史资源、文化资源、矿产资源、旅游资源和农业资源。如何整合这些资源，实现凤阳在新的历史时期的跨越式发展，追赶先进地区，已经成了凤阳县领导层和老百姓必须思考的课题。

近年来，尤其是在2007年7月《农民专业合作社法》颁布之后，凤阳县一直致力于扶持农民合作社的发展，并在政府扶持体系和政策框架、合作社规范化章程和内部治理结构设计等方面，做出了很多有价值的创新。凤阳县委和县政府的主要领导都非常关注农民合作社的发展，把农民合作社视为凤阳农村改革的新起点和新抓手。当年凤阳靠包产到户出了名，现在凤阳与时俱进，积极推进农民合作，真是应了那一句古话：天下大势，合久必分，分久必合。

今天我演讲的主题是"制度激励与人的自由选择"，是从经济学中的契约与制度安排的角度来认识中国改革的历程，同时结合凤阳的案例，来说明激励机制的设计与人的自由选择在改革中的作用。

一、制度是重要的，但制度变迁是要付出成本的

中国的改革开放走过了30年。这弹指一挥间的30年，说起来并不轻松。这30年间，既有堪称波澜壮阔的大改革，也有润物无声的融于日常生活的细微变迁。但是不管怎样，中国人走过的这30年是值得纪念的，值得感叹的，值得反思的，也是值得骄傲的。

1978年，中国开始涌动一股清晰可见的改革的潮流。这股潮流，有

些是暗流，发生于民间，如各地一直在偷偷尝试和孕育的，但一直未被最高决策层肯定的一些基层体制变革；也有些是明流，那就是在最高决策者之间不断酝酿的一整套新的变革的前奏，这股明流，从思想解放运动开始，几乎在一夜之间颠覆了原有的思维模式，也颠覆了决策者一贯遵循的教条。30年之后，再来回顾这场以思想解放运用开启的变革，我们应该承认：任何变革，必定要首先爆发头脑中的革命，不同思想之间的交锋、碰撞、交流、切磋，最终使改革的目标得以清晰。30年后，我们似乎还需要更深刻的思想解放。对改革开放30年的反思，也将成为这场新的思想解放的前奏。

作为出生于20世纪70年代的人，我对农村改革还有点"亲历"的记忆。在70年代末和80年代初的时候，胶东半岛的农村也与全国农村一样，实行着一场"分田单干"的变革。我清楚地记得村里在一段时间里重新丈量土地，然后把集体财产都通过拍卖的方式转移到农民手中。从集体的房产、农机具，到集体养的牲口，牲口可是那个年代最重要的生产工具之一，都一一通过"叫行"，也就是拍卖而成为农民私有的东西。当村里的大喇叭喊"叫行啦"，村民们都急急忙忙从家里跑出来，到大队所在地参加公开拍卖。村民脸上那股兴奋劲儿我至今还记忆犹新！集体在一夜之间归于溃散，经营了20年的人民公社制度以及依附于这个制度的财政制度、分配制度也一夜之间烟消云散。村里面开始有了商品小卖部，农民在自己的土地上，确切地说是在拥有承包权的土地上，焕发出与在公社土地上劳作时完全不同的工作热情，磨洋工的人不见了，农业的生产效率大幅提高，土地仿佛一夜之间被唤醒。我清楚地记得，在1980年之后，我们的饭桌上的食品有了变化，冬天可以有棉鞋了，村里开始有人买电视机了……

人还是那些人，劳动资料还是那些劳动资料，土地还是那片土地，只是由于产权制度结构的调整，只是由于农民与国家之间的契约关系的变化，就使土地和人焕发出如此惊人的活力。反之，在改革之前，正是由于不合理的产权制度的束缚、正是由于农民和国家之间不合理的契约关系的束缚，才使农业劳动生产力的提升遭到了阻碍。通过30年的改革，我们似乎上了一堂最为生动、最为有说服力，但同时也是代价作为高昂的一课，通过这一课，我们才明白：制度是重要的，但是制度的变迁是有成本的。

现在的大学生在学习中国当代改革史的时候，容易产生一个错觉，似乎农村变革是在一夜之间发生的，农村联产承包责任制是在国家号令之下，自上而下一夜之间推行的。这是一个严重的误解。实际上，农村变革，是一场酝酿时间很久、绵延时间很久的变革，经历了曲折的过程。1956年就有浙江温州、四川江津等很多地区开始试验包产到户，但一直未获得中央的肯定。在20世纪70年代末期和80年代初期，安徽、广东、内蒙古、河南等地的地方政府和农民都冒着巨大的政治压力尝试包产到户，中央虽有激烈的争议，但基本还是采取了宽容和鼓励的态度。1980年5月30日，邓小平明确指出："农村政策放宽后，一些适宜包产到户的地方搞了包产到户，效果很好"，对包产到户给予了明确的支持，这句话我们可以在《邓小平文选》上看到。

1978年底的十一届三中全会尽管提出了发展农业生产的一系列主张，但在《中共中央关于加快农业发展若干问题的决定》中明确规定"不许包产到户"。到了1979年4月，中央批转国家农委召开的七省三县座谈会《纪要》，提出"深山、偏僻地区的孤门独户，实行包产到户，也应当允许"；并指出其他地区搞了的，"如果一时说不服，也不要勉强纠正，更不能搞批判斗争"。1979年9月，中共十一届四中全会通过三中全会的农业决定，提出除某些副业生产的需要和边远山区、交通不便的单家独户外，"也不要包产到户"。1980年9月，中共中央召开省市区第一书记会议专门研究农业生产责任制，会议意见分歧很大，多次修改后的文件指出，现行体制"可以使群众满意的，就不要搞包产到户"；对边远山区和贫困地区，"群众对集体丧失信心，因而要求包产到户的，应当支持群众要求，可以包产到户，也可以包干到户"。

这种情况一直持续到到1981年冬起草、1982年下发的中共中央一号文件，也就是第一个一号文件发布，在全国包产到户实践突破了按发达、边远落后地区划线的政策限制之后，才明确肯定了包括包产到户在内的"家庭联产承包责任制"的普遍合法性，并针对农民怕变的担心，宣布责任制"长期不变"。从1982年到1986年，中共中央连续发出五个一号文件，一再肯定包产到户政策长期不变，并审时度势地把体制改革推向农村的各个方面。对这个曲折的过程，杜润生先生作为亲历者与参与决策者，在《杜润生自述：中国农村体制变革重大决策纪实》中有着生动而翔实的描述。

一项涉及农村最根本产权制度的变革,最终经历了五年而终于完全被国家合法化,但是等到这项制度最终以法律形式确定下来,实际已经到了 2002 年,也就是改革开放实行近 25 年之后。2002 年,全国人大通过了《农地承包法》,确立了农户家庭承包责任制的法律地位。按照这部法律,全部农地的使用权、收益权和转让权,都长期承包给了农户;"集体"仍是农地在法律上的所有者,但它的全部经济职能就是到期把所有农地承包给农民。农民在这个过程中获得了一系列的权利,这些清晰界定且长期具有法律效力的产权给农民一种长久的激励,使他们愿意在土地上长久地投入各种生产要素。在这个过程中,农民、基层政权和国家,都经历了长久的博弈过程。但一项束缚生产力的制度,不论其背后有多么顽固的力量在支撑,都将不可避免地被新的制度框架所取代。

二、制度变迁是一场缔约,但缔约前提是主体的自由选择权

与企业改革相比,农村变革似乎成本是很低的。确实,在这场渐进的改革中,几乎找不到受损的一方。国家、地方政府和农民,都从这场变革中获得了收益。国家从改革中获得了农民的拥护,促进了国家的稳定,并使国家从粮食短缺的阴影中走出来,进入了一个粮食供应相对充足的时代。当然,更重要的是,执政党由于开启了这场改革并使改革获得了空前的成功,奠定了 30 年改革顺利推行的牢固基础,因此其执政的合法性也空前稳固。地方政府从农村变革中获得了更多的财源,尤其是允许乡镇企业的发展所带来的巨大财富,也乐于在改革中支持本地区的改革势力。

农民是最大的受益者。农民从这场改革中取得了难得的土地承包权、经营自主权以及其他与土地联系在一起的一组权利。与人民公社相比,他们的自由太多了。分田单干之后,他们终于可以自己决定什么时候出工,而不必按照全村统一的铃声出工;他们终于可以决定在自己的土地上投入多少劳动力、肥料、技术和其他要素,而没有必要听命于一个统一的发号施令者;他们终于可以决定在自己的土地上种什么、种多少、怎么种,而没有必要按照上头的方法去统一种植一种东西;他们终于可以自己

决定把粮食卖给谁,而不是按照统购统销的原则被迫把粮食卖给国家,这是在1985年统购统销政策结束以后的事;他们甚至可以决定到城市里打工,可以决定自己是否参与创办一个乡镇企业。农民从改革中所获得的自由,使他们的内在能量极大地被调动出来,而这些能量,成为支撑中国30年改革开放的重要基础。

虽然国家、地方政府和农民在这场改革中都是受益者,那么是不是我们的结论——制度变迁是要付出成本的——就是错误的?非也。从农村改革之后的结果看,确实各方都没有受损。但是,从人民公社制度确立到向农村家庭联产承包责任制度变迁的漫长过程中,不论是农民还是支持农民分田的地方干部和中央政府,都付出了巨大的成本。

一是农民在高度僵硬、没有任何自由选择权利的农业生产体制下,被迫在非常短的时间内由初级社向高级社再向人民公社过过渡,生产积极性严重下降。20世纪50年代土地改革之后,农业合作化的推行非常迅速。当大多数农民还刚刚感受到土地改革带来的好处,多数人的愿望要求还停留在互助合作阶段时,农业就在批判"小脚女人走路"中匆忙完成了合作化;初级农业生产合作社建立后,又没有经过一段时间的巩固,就急忙完成从初级社向高级社的转变,有的农民是从互助组甚至是个体单干而直接跨入高级社的。而如此迅猛的所有制变革,并没有经过农民的同意,而是自上而下推行,严重违背了农民的意愿。初级社评工记分和股份分红,较好地体现了按劳分配原则和按生产要素分配原则的结合,调动了农民的积极性,使社员的个人利益与集体利益达到统一。在高级社中,生产要素退出分配领域,社员集体劳动,评工记分,按工分进行分配,已经有平均主义"大锅饭"倾向,但主体毕竟还是按劳分配,因此也能够在一定程度上调动农民积极性。而人民公社却实行供给制与工资制相结合的方式,这种分配方式实际上是奖懒罚勤,严重挫伤了农民积极性。加上"共产风"、"命令风",不自由的生活集体化,更使得农民对人民公社的优越性有所质疑,大家如果要了解这些的话,可以去看罗平汉的《农村人民公社史》,里面都有写到。

农民在这场"穷过渡"和"大跃进"过程中,付出了很大的代价,有时甚至是生命的代价。首先是农民的个人财产受到极大的损害,"一平二调"就是无偿平调农民的劳动力和各种财产。根据《农业集体化重要文件汇编》中记载,湖北沔阳县海通公社,在"一平二调"和"共产风"中乱调劳动力349个,土地8082亩,房屋1512栋,资金53万元,粮食53万斤,农具35040件,耕牛84头,木料84万斤,砖瓦147万块,家具24906件。广西邕宁县五塘公社,被"共产风"刮走的东西包括土地1.17万亩,鱼塘316亩,劳动力651个,耕牛94头,马47匹,猪52头,鸡鸭321只,房屋44间,砖9万块,木材7000多条,胶轮木车352架,粮食24万多斤,拆毁房屋235间。"共产风"使农民物质利益受损严重,农民非常不满,形容"共产风"是"见钱就要,见物就调,见屋就拆,见粮就挑,上至树梢,下至浮土,什么东西都刮到"。

"一平二调"的"共产风",必然是通过强迫命令实现的,农民不仅在财产上遭受损失,而且人身安全也得不到保证。

1959—1961年的大饥荒导致的大面积非正常死亡是农民付出的最惨重代价。1960年人均粮食消费比1957年下降23.9%,猪肉消费下降72.7%,由于口粮不足和营养不良,全国农村出现了大面积浮肿和非正常死亡。这个严重后果,主要是由"大跃进"和人民公社制度的弊端而引起的。

农民和一些干部在尝试分田单干的漫长过程中付出了沉重的代价。农民是最理性的,与那些政策执行者和推动者相比,他们随时都是清醒的,因为任何政策都涉及他们的实际生活,是好是坏要到实际生活变化中去检验,让实践来说话。因此,农民对大跃进、大食堂、穷过渡、一大二公的人民公社体制,不断提出尖锐的意见,也不断有农民尝试包产到户,但是所有这些尝试,都被扣上"右倾"或者"修正主义"的帽子,受到激烈的批判。对人民公社体制和大跃进提出质疑的地方干部和中央干部也为此付出了惨重代价。庐山会议上,彭德怀和张闻天等对"大跃进"和大食堂提出批评的党内干部被猛烈批判,庐山会议后被重点批判和划为"右倾机会主义分子"的干部和党员有300多万人,是一个极其惊人的数字。我5月份到庐山,参观庐山会议旧址,真是感慨万千。50年过去了,中国发生了翻天覆地的变化!另外,当时一些尝试搞生产责任制的地方干部,如安徽省委书记曾希圣等也被扣上"修正主义"的帽子而被批判撤职。明确支持包产到户的中央农村工作部负责人邓子恢以及一些更高层的领导等也受到了激烈批判和不公正的待遇。

以上这些,都可以视为在农村变革中付出的成本。当我们在安徽凤阳小岗村参观大包干纪念馆时,对这个制度变迁成本的理解就更深了。当年,小岗村的18户村民,是在秘密分田的契约上按了红手印的,他们冒着被抓进监狱和杀头的危险,尝试了一件对以后的中国农村改革有深远影响的事情。回顾20世纪50年代到70年代的历史,我们就不难理解,为什么他们要立下这个生死契约,以及立下这个生死契约要付出什么代价。现在的人,很难想象那个时候的农民到底承担着多么大的政治压力。30年过去了,这沉重的一页终于翻过去了。

可以说,农村改革的过程,是不断赋予农民更多自由权利的过程。从经济学理论的角度来说,农村改革的过程,是农民通过签订承包合约而使自己的产权不断得到清晰界定的过程。这句话似乎有问题,清晰界定的产权是各缔约方达成一项合约的基础,如果各方的产权都难以界定清楚,双方如何缔约?这个经济学常识似乎每个人都明白。但是,农村联产承包责任制以及其他一系列农村改革,却以完全不同的逻辑展开的:当缔约双方的产权界定还不清楚的时候,双方就已经开始缔约的博弈;而在缔约的过程中,双方的产权界定却越来越清晰。这样看来,似乎先有缔约,后产生清晰的产权界定。而这个看似悖论的逻辑展开顺序,恰恰是中国农村改革乃至于整个改革成功的奥秘所在。

最近看了周其仁教授在芝加哥大学"中国改革30年讨论会"上的发言,题目是《邓小平做对了什么》,其中有一段话就谈到这个看似奇怪的"中国逻辑":

> 中国人创造的这个经验,让我们想起了科斯在1959年提出的一个命题:"清楚的产权界定是市场交易的前提"。我们可以说,产权界定也是合约的前提——要不是双方或多方各自拥有清楚的资源产权,他们之间怎么可能达成任何一个合约?可是,中国的实践却提醒人们:恰恰是承包合约才清楚地界定出农民对土地的权利,因为在订立承包合约之前,作为集体成员的农户究竟对集体土地拥有何种权利,通常是模糊不清的。这是不是说,农户的产权是经由合约才得到界定的?在这个意义上,我认为可以得出一个新的结论:合约缔结与产权界定根本就是不能分开的同一回事。

周其仁教授所指出的这个问题,确实是中国农村改革的一个关键所在,即在合约缔结的过程中逐步使农民基于土地的产权清晰化,从而使更普遍的产权制度得以在中国农村确立。但是一个更深层次的问题是:在合约缔结之前,比清晰界定的产权更为重要的是参与缔约主体的自由选择权。也就是说,参与缔约的各方,必须有足够的自由选择权,可以在缔约之前或缔约过程中选择以何种方式缔约以及缔结何种形式的合约。如果缔约的一方根本没有这种自由选择权,那么再清晰的产权界定都是无效的。

因此,改革是一组新的契约取代旧的契约的过程,本质上是一个重新缔约过程,但缔约的前提是缔约者的自由选择权。我在凤阳调研农民合作社的过程中以及后来写的数篇札记中,都强调合作社是"自由人的自由联合"。我国自20世纪50年代到70年代的农民合作化过程,从反面说明了在农村变革中,在农村合作化的过程中,如果不尊重农民的自主选择权,合作社就注定是要失败的。农民选择组建不组建一个合作社,以及要组建何种形式的合作社、何种层次的合作社,都应该有自己的自由。他们必须出于自己的理性判断和成本收益计算,来决定自己是否加入一个合作社,而且在加入之后,仍旧可以保留自己的退出权。这是合作社的灵魂所在。

但是,在我国50年代后期以来的合作化运动中,农民的自主选择权基本被忽视了。农民被剥夺了话语权,当他们的土地、劳动力、生产工具、生活用品被以国家和集体的名义征用的时候,他们没有说话的权利,没有反对的权利。公社无偿征用农民的土地和物资的时候,也不必征得农民的同意。我的外祖母曾告诉我,大炼钢铁的时候,不仅家里的铁质农具和铁锅要拿出来炼铁,就是门把手也得贡献出来。我们小时候多少次无偿为公社劳动,那些不足十岁的小孩子,当然不知道他们还应该有自己的权利。就是在这个农民集体"喑哑"的时代,合作化运动就按照国家的意志、领导人的意志轰轰烈烈开展起来了。但是,农民需要的不是"主义"或是"觉悟",而是馒头。当小岗村的农民集体逃荒的时候,当他们抛弃了人的基本尊严而到外地乞讨的时候,其实就已经孕育了变革的种子。

而我国农村改革30年的主要经验,就是尊重微观行为主体的自主选择。改革成功推进的过程,就是不断赋予农民各种合法权利的过程。当农民有了自由选择权的时候,缔约才真正可以称得上是公平、正义的,缔约的合法性才存在。

三、制度的功能是激励人有做好事的自由,而加大坏人做坏事的成本

1962年7月7日,邓小平在接见出席共青团三届七中全会的全体与会者时说:

> 现在出现了一些新情况,如实行"包产到户"、"责任到田"、"五统一"等等。以各种形式包产到户的恐怕不只是百分之二十,这是一个很大的问题。……这样的问题应该是百家争鸣,大家出主意,最后找出个办法来。
>
> 生产关系究竟以什么形式为最好,恐怕要采取这样一种态度,就是哪种形式在哪个地方能够比较容易比较快地恢复和发展农业生产,就采取哪种形式;群众愿意采取哪种形式,就应该采取哪种形式,不合法的使它合法起来。……就是有些包产到户的,也要使他们合法化。

以实践为准绳,不断把人民的意愿变成合法的行动,这就是邓小平的思维方式,这也是整个中国改革开放的逻辑。在这30年中,国家不断将人民的成功实践合法化,使之上升为法律和正式的制度。

制度是做什么用的?无外乎是激励人有做好事的自由,而加大坏人做坏事的成本。如果本来很好的合理合法的事情,公民却没有权利做,那么这种制度必然是没有效率的,是应该被取代的。在这种情况下,好人没有做好事的自由,因为他所要做的事情不被目前的法律框架和政策框架所认同,那么这种制度也就在鼓励两个后果的出现:或者鼓励人们以秘密的变通方式做他们认为合法的事情,以此来规避政府的管制和惩罚;或者当他们做好事的通道被阻塞之后,他们只好做坏事。也就是说,此时的制度实际上是在鼓励人做坏事。因为这个时候,做好事和做坏事一样都是非法的,那么就使得做好事的收益大大降低了。人们何必还来做好事呢?

可以举两个例子。一个例子是对地下钱庄的管制。当民间资本丰裕而民间的资金需求旺盛的时候，就意味着办理存贷业务的钱庄或私人银行业有利可图。但是，政府对私人银行业或钱庄是严格管制的。20世纪80年代初期，温州等民间资本丰裕且资金需求旺盛的地区自发产生出很多地下钱庄和互助会，这实际上是政府鼓励举办钱庄、吸引民间资本、解决中小企业融资的最佳时机。但是由于对私人银行业的极度不信任，恪守严格抑制钱庄的政策惯性，我们的监管部门并没有适时地使地下钱庄合法化和规范化，而是采取严厉打压的态度。这种制度框架使得所有地下钱庄成为非法机构，得不到政府的法律认可，从而也就缺乏正式制度的产权保护。后果是很明显的：地下钱庄不得不以各种隐蔽的方式存在，同时由于不管什么样的地下钱庄都是非法，那么很多地下钱庄一个方便的选择就是去做真正不合理也不合法的事情，比如参与洗钱，因为即使规规矩矩做存贷交易也是非法；另外，地下钱庄不得不寻求各种非制度化的产权保护方式，即与各种黑社会势力相结合，从而维持自己的贷款回收率。这样一来，规规矩矩做合理的存贷交易的地下钱庄越来越少，不规矩的地下钱庄越来越多，金融秩序也越来越混乱，私人金融业越来越不规范。此时，制度没有激励人有做好事的自由，也没有加大做坏事的成本，反而激励人去做坏事。

另一个例子就是农民在举办合作社过程中所遭遇的曲折过程。改革开放之后，虽然实行了家庭联产承包责任制度，但是农民自发的合作需求还是存在的。可是，对于合作社的发展决策者采取了矫枉过正的态度：与20世纪50年代到70年代的合作化运动中不顾客观现实、硬性逼迫农民走"一大二公"的公社化道路截然相反，此时的政府似乎对合作社有一种刻意的抵制与恐惧。农民对举办合作社有自发的愿望，他们希望能够得到制度的认可，但是无论是民政部门还是工商管理部门都不可能给这些合作社发执照，理由是没有法律可依。但是，政府忘记了，在20世纪50年代就有一部《合作社法》。于是，合作社从此进入了一个法律真空的时代。农民想做件好事、想组建一个合法的合作社的愿望就这样被搁置了。当农民没有合法的渠道致富的时候，他们就会以各种非法的手段来达到同样的目的，看看徘徊于北京大学校门口和中关村一带制作假公章、假毕业证书、假发票的农民大军，就会明白这一点了。制度不给人以做好事的自由，就从反面鼓励人做坏事。

为什么不让合作社合法化？为什么不鼓励农民的合作？这个问题，如果问所有的涉农的干部，他们都会讳莫如深。农民合作在全国已经有很多，但是农村改革30年以来，一直没有从法律层面、制度层面给合作社一个合法的承认，也没有以法律的名义对合作社进行监管和规范。决策者采取"掩耳盗铃"的方法，以为只要不理睬，那么与合作社有关的任何问题就与政府无关。

实际上，合作社只不过是特殊形式的企业，农民办合作社就应该像一个人办企业一样，只要符合一定的基本条件，工商部门都应该给予登记注册。终于，2007年，《农民专业合作社法》出台，农民组建合作社终于有了法律保障。但是，农民组建合作社之后要给合作社注册登记，还是不那么简单，工商部门会以各种理由拒绝为合作社登记。某地在合作社登记时，硬性规定合作社社员规模不得发展到多少，资金不能超过多少，粮食收购不能超过多少等，实在是匪夷所思，荒谬到极点！政府没有权利干预合作社的正常经营规模和社员规模，就像政府没有权利干涉一个企业的正常经营规模和员工规模一样！制度非但没有鼓励农民按照合法的方式做好的事情，反而处处为他们设置障碍。

政府的责任是设计一套制度框架，并通过这套制度框架来规范经济的运行，使公民知道什么事情是好的，因而受到政府的鼓励，什么事情是坏的，因而受到政府的限制甚至是禁止。在这样清晰的制度框架下，人们才会按照规则办事。而政府所应做的事情非常简单，那就是制定好的法律，让不合法的好事变得合法，让好人有通道做好事。

很多政府官员在讨论这些问题时，总是为自己的"不作为"找借口，担心农民获得权利太多会出问题。因为这些担心，他们不允许农民办合作社，不允许进行资金互助，不允许进行合作社的联合，不允许民间小额信贷有合法地位，不允许非营利组织有合法地位。在政府的心目中，已经假定如果给农民这些权利，农民就有可能滥用这些权利做坏事。结果担心越多，限制越多，好人做好事的机会越少，这个制度也就越促使人做坏事。如果工商部门在给企业注册的时候，总是假定企业会利用合法地位做一些非法生意，则不会有一个企业被注册，这种因噎废食的方法显然是荒谬的。但是一旦这种类似的逻辑用到农民身上，大家就觉得理所当然了,岂非咄咄怪事!政府的职能,应当是在当那些企业或合作社非法经营的时候,进行适时的监督和惩罚,加大他们做坏事的成本,而不能因为这些少数的消极案例而阻止所有的好人通过合法的渠道做好事。

四、新农村建设中的"肯定—否定—否定之否定"

现在,全国都在"新农村建设"的口号下积极解决"三农"问题。"新农村建设"确实是一个好口号。类似的口号在20世纪30年代被当时的国民政府提出过,然而占据乡村权威治理空间的乡村士绅体系、占据乡村行政管理空间的保甲制度、传统的宗族力量和残缺的农民土地所有权制度、政府包办式的农民合作运动等,都不足以支撑国民政府的新农村建设看似宏大的构想。

这个口号在新中国成立初期也被雄心勃勃的新政权提出来了。土地制度彻底改变,农民获得了土地的所有权;乡村治理空间发生了彻底的变化,新的政治代表人充当了村庄的权威,原有的士绅体系和宗族力量逐渐退出了历史舞台;乡村行政管理制度逐步转变为以政治控制为核心的体系,这种政治控制使原有的松散式的农村行政管理逐渐转变为集中式的农村行政管理;与此相适应的,是政府对农村合作制度的充满理想的大力推动与基本务实的工作理念。因此,在新中国成立初期的一段时间,新农村建设取得了若干奇迹般的成果,农业生产的秩序和效率都提升了,农业要素,包括劳动力、土地、生产工具以及信贷资金等要素的整合,大大提高了农业劳动生产力,使粮食产量得以维持新中国成立之后百废待兴、工业建设高潮逐步到来、新政权行政体系不断膨胀的局面。

但是从20世纪50年代末期到70年代末期,新政权所实施的农村政策由于深受当时政治体制和意识形态的影响而逐步变得僵硬和单一化。在这种僵硬单一的农村政策体系下,产生了对农民所有生产要素自由支配权的全面干预与控制,而合作化在极短时间之内的迅速升级,剥夺了农民自由选择生产制度和分配制度的权利。对农业剩余的大规模强制性剥夺以及农民在人民公社中退出权的缺失使农民对合作社制度和农村权威体系失去了信任,从而孕育了内部变革的可能性。以安徽凤阳小岗村为代表的民间力量,终于在一瞬间以一种戏剧性的方式颠覆和否定了原有的大一统的土地制度、乡村行政管理制度和治理体系,实行分田单干,揭开了中国农村改革的序幕。这是一次对传统农村土地制度和管理制度的否定,获得了务实的中央决策者的默许式激励,在一定程度上使各类农业生产要素的支配权重新回到农民手中。农民有了土地的支配权,有了自己劳动力的支配权,有了对自己生产资料的支配权,从而使农村经济焕发了前所未有的活力与生机,农业生产在短暂的几年内就超越了历史水平,粮食产量之高甚至使农村在 80 年代后期出现了卖粮难的局面。

然而,在这场"否定"之后 30 年,农村又面临着新的挑战:农村大规模凋敝、乡村治理体系瘫痪、农业生产效率和市场适应性低下,使原有的农村生产关系又孕育着新的变革和"否定之否定"。在 21 世纪初期,"新农村建设"这个诱人的口号第三次被提出。站在 21 世纪的门槛上,人们突然发现,分田单干也许只能解决温饱问题,但解决不了农民的致富问题。安徽凤阳小岗村,尽管衣食无忧,结束了讨饭的历史,但是农民收入不高,生活水准低下,人均收入竟落后于凤阳县的平均水平。当小岗村还在陷于"分"与"合"的争论中不能自拔的时候,有一些村庄已经在悄悄地行动了。凤阳县赵庄就是一个典型,这个与小岗村相隔几十里的村子,尽管名气没有小岗村那么大,但是这个村子给我带来的震撼和启发却一点也不逊色于小岗村。可以说,赵庄采取的农村建设模式是一种全方位的合作模式,也是一种全新的合作模式。赵庄的"否定之否定",或者用某些记者的用语可以说是赵庄对传统体制的"反叛",这也许代表着一个新的农村发展方向。赵庄模式是一个立体的、全方位的新农村建设模式。通过调查,我们发现,实际上我们可以把赵庄看作是一个大的合作社,这个合作社几乎将一切生产要素加以重新整合,农民通过生产要素的整合提高了农业生产效率,使分散的小农经济转变为农业的集约化和规模化经营。它是一个四位一体的模式,包括农业基础设施、工业反哺农业机制、村庄民主治理和土地制度调整四个部分,实现了全部要素的整合。

五、从分散小农到组织化的大农:凤阳的合作社之路

分散的小农与现代化农业产业化之间的矛盾,封闭的乡土社会构造与现代社会运行体系之间的矛盾,是农村发展面临的主要矛盾之一。现

代农业已经产业化,农业生产的各个系统需要高度组织化的体系与之相匹配,分散的小农在信息获取、签订契约、生产质量保证、市场开拓等环节难以适应农业产业化的要求。同时,封闭的乡土社会在人际交往方式、基层组织方面的劣势也非常明显,已经很难适应现代社会交往机制的需要。乡土社会以宗族、亲缘凝结起来的交往网络在现代的社会中已失去往日的优势,而农村现在又难以形成新的组织架构来代替原有的宗族与亲缘关系网络。因此,从农村基层治理的角度看来,为与现代产业化的农业生产制度的内在要求相适应,农村迫切需要新的组织化载体,来应对现代农业产业化带来的挑战。

这就涉及农民自组织能力的提升问题。改革开放30年来,我国农村的基层组织体系已经基本处于涣散的状态。联产承包责任制被视为我国农村改革最伟大的制度成就,这个制度在这30年中的确释放了农村的生产力,为我国改革开放的成功推进奠定了基础。但是凡事有一利必有一弊。联产承包责任制的推行,在另一方面也使得农民的组织化程度倒退到小农经济时代。我国有漫长的小农经济历史,这个长达几千年的过程造就了我国民众浓厚的小农意识。而农村大包干之后,小农经济又成为主导的经济形态。当大包干所带来的制度变迁的能量释放完之后,小农经济内在的弊端就逐渐地暴露出来了。从某种意义上来说,在农村改革30年后,农村又面临着一次新的变革,这次变革的核心是提高农民的自组织能力,重新塑造农民的组织载体,以达到与农业产业化和农村现代化的内在要求相适应。

提升农民的自组织能力不是空谈就能实现的。现在很多学者在讨论农村公民社会的建设,谈农民自组织能力建设。但是不管是公民社会也好,还是自组织能力也好,其建设必须有一个具体的、可操作的抓手。我认为合作社就是农村公民社会建设和农民自组织能力提升的有效抓手。现在,包括凤阳在内的很多地方,都在积极推行农民专业合作组织,但是在推行过程中,遇到很多困难,其中最大的一个困难是农民的认同度还比较低。农民对合作社还存在很多误解,他们不了解合作社,不了解合作的途径和意义,不了解合作社的内部治理与运行规则。我国的合作社运动,最早是一批知识分子从欧洲和日本等地将合作社的制度移植到中国来,在中国农村不遗余力地推广合作社。这批知识分子的执著、勇气与担当,是很令人敬佩的,其中不乏在中国近现代史上鼎鼎大名的人物。但是,由于合作社制度是简单地由外国引进,是典型的舶来品,因此到中国之后就不可避免地遇到水土不服的问题。自20世纪20年代以来,无数的知识分子前赴后继,对合作社的热情一直未减,但是能够办好而且能够长久持续的合作社却寥若晨星。

在20世纪30年代,当时的国民政府也积极推行合作社,不仅投入了大量的人力和财力,而且还制定了比较完善的法律法规体系,并建立了相应的政府机构来推动合作化。新中国成立后,我国政府更是积极推行农村的合作化运动,但因为当时意识形态和特殊的历史背景,导致合作化运动在很短的时期内迅速升级,由初级社到高级社再到人民公社,跨越式地进入了共产主义的"大同社会"。这种非常规的发展方式,最终导致人民公社体制在20世纪70年代的几年间就迅速土崩瓦解,几十年的合作社运动归于失败,农村仍旧回到小农经济之中。

回顾历史,教训是非常深刻的。政府一厢情愿地极力推行,不管客观的生产力条件、不顾当时农民的认识与理解水平、不顾农民的个人意愿,就强力地推行合作社,而且在短时间中进行了超常规的"过渡",这是合作社运动失败的根本原因。由于合作社的社员在当时的政治环境下丧失了"退出权",因此他们的理性选择必然是在合作社内偷懒和搭便车。人们的合作社意识逐渐淡薄,而代之以对合作社制度的消极抵制。

因此,合作社的成功,取决于三个因素。第一条,就是合作社一定要实现"自由人的自由联合"。这是马克思所设想的未来社会的重要标准。合作社也是如此,唯有实现"自由人的自由联合",唯有赋予每一个合作社社员自愿加入和自愿退出的权利,合作社才会有效率,也才会有持久的成功。如果剥夺了合作社社员的退出权,合作社社员不是自愿加入也不是自由退出,那么合作社就失去了生命力。

第二条,合作社的成功必须依赖于一定的生产力条件。在一定的生产力条件下,农民会自发产生合作的需求,借以改善自己的生产条件和市场环境。但一定不是拔苗助长式地不顾客观的生产力条件而硬性推行合作制度。超越生产力条件,不尊重农民的自发需求和自主意愿,其结果只能是与初衷背道而驰。历史上的教训不可不汲取。

第三条,合作社的成功必须有赖于农民内在的合作精神的发扬。很多办合作社的朋友说农民的素质低,难以搞好合作社。我认为实际上,不是农民的素质问题,而是农民对历史上的那种合作社心有余悸,因此对建立合作社抱有警戒心理和误解。他们担心加入合作社后会失去自由,担心合作社这种制度会剥夺他们的一些权利。农民的观望和怀疑是有道理的,这说明农民是一个高度理性的群体,他们的保守,是现有资源约束条件下和抗风险能力条件下的一种理性的选择。政府、媒体、学术界的使命,就是要向农民介绍正确的合作社理念,让这种理念逐步深入人心,发挥他们伟大的合作精神。

很多人会有疑问:中国人有没有合作精神?我认为,中国人,包括中国农民,是有合作精神的,关键是要以正确的方式来激发这种合作精神,并用合适的制度框架来保护和扶持公民的合作。农民有合作的自由和权利,政府的责任是保护这种自由和权利,并以切实的政策扶持农民合作。但是,在所有工作中,最基础的还在于教育,在于对农民进行持久的合作精神的培育。这是一项困难的工作,也是一项必要的关键的工作。没有合作精神作为根基,合作社就失其根本。有些合作社仅仅关注营销、市场与技术,而不注重以长远眼光培育农民的合作精神,不注重合作理念的灌输与渗透,实为本末倒置。

作为"农村改革第一乡",凤阳县正在继续发扬"敢为天下先"的精神,在农村改革中寻找新的突破和创新。在扶持和鼓励农民合作社发展方面,凤阳的基本经验有以下几条:一是政府管理部门有高度的认识,对发展农民合作社有上下统一的共识,这样各管理部门能够凝聚成一股力量,而不是互相掣肘;二是政府在扶持合作社发展过程中有清晰的战略目标和比较稳健的战略步骤,分步骤逐渐深入实施,使扶持行动有章法、有目标,而不是盲目行;三是政府在支持合作社发展中始终遵循着尊重农民意愿、尊重农民自发创新的原则,不搞强制、不搞包装、不搞拔苗助长;四是政府对合作社的支持最终落实到一些具体的政策框架上,从税收、财政、工商、民政、金融等各个角度对合作社提供切实有力的支持;五是在合作社支持模式中有所创新,特别是成功发挥了村官和大学生创业者的积极作用,极大地促进了合作社的发展;六是在合作社发展中特别强调其内部治理结构的有效性和内部管理制度的健全性,政府提供示范章程和规章制度示范文本,使各合作社可以结合自身情况加以借鉴;七是县政府对有关国家方针政策以及存在的弊端有清晰的认识,对于有些暂时不能解决的政策性问题,不是靠上面出政策,而是大胆探索,自闯新路,营造了凤阳发展农民合作社的"小气候"。

凤阳县的农民合作社发展正在起步阶段,但是一起步就表现出稳健、实干、创新的风格。凤阳县30年前的历史告诉我们,农民的创新精神是无穷的。这个道理现在仍然是适用的。只要从提高农民收入和发展农村经济这个基本目标出发,进一步解放思想,尊重农民的首创精神,相信凤阳县一定会在未来的农村改革中谱写新的历史篇章。

六、地方政府在制度创新中可以扮演更积极的角色

此次我们考察凤阳,尽管是走马观花,但是引发的思考却着实很多。凤阳之行触动了我们对农村改革30年的回顾和反思,迫使我们梳理过去的经验教训并审视当下的方向。在凤阳,我们看到政府的一种一以贯之、一如既往的工作逻辑:尊重农民的自主选择,勇于尝试,勇于承担责任。

从改革开放30年的经验中,我们可以看出,地方政府可以发挥积极的作用。不同的地方政府,形成了不同的工作风格,营造了不同的地方文化,构建了不同的改革氛围,而这些不同的文化与氛围,决定了一个地方的发展模式、方向以及战略。一些富于创新精神的地方政府对当地公民的创新给以鼓励和包容,从而营造了鼓励创新的小气候,使得地方经济充满了活力,如温州地方政府就是一个典型,他们总是"在内部的争议中不断获得更大的发展,在外面的争议中不断获得更大的名气"。地方政府营造的这种"小气候",很大程度上左右了地区经济的发展。

凤阳曾经以"敢为天下先"的精神创造了我国农村改革的开篇杰作,现在,凤阳的发展正处于一个关键时刻,中国农村的整体改革也正处于关键时刻。要获得持久较快的发展,一个核心的问题是,政府应该通过一套什么样的制度体系来激励人们的创业热情。通过观察凤阳农民合作社的发展,我们看到凤阳地方政府正在创造这样一套体系,通过各种正式制度和非正式制度,通过各种法律、行政以及市场化手段,为合作社发展提供一种制度化的激励。政府完全可以不必越俎代庖,也不必拔苗助长,在提

供了这套制度化的激励之后,就应该给合作社足够的自我发展的空间,让它们自然地成长。因为你要相信,它们会按照自己的方式来成长,它们会慢慢懂得学习,懂得模仿,懂得创造,懂得竞争,懂得如何在这个残酷的竞争世界里生存下来。

(2008年10月20日)

中国经验对于世界的启示

■ 姚 洋 王曙光 刘民权 苏 剑

[演讲者小传]

姚洋小传见本书第48页。

王曙光小传见本书第70页。

刘民权,牛津大学经济学博士。现任北京大学经济学院环境资源与发展经济学系主任,北京大学经济与人类发展研究中心主任,教授。曾任约翰斯·霍普金斯大学—南京大学中美文化研究中心经济学教授、剑桥大学应用经济系中国政治经济研究员、英国莱斯特大学经济系经济学讲师、世界银行访问学者。分别为美国经济学会(AEA)会员、中国留美经济学会(CES)会员,以及中国留英经济学会(CEA)会员,并曾于1992年担任CEA会长。是英国国际发展部和美国福特基金会资助项目评审专家。在多年教学与研究工作中,共对研究生及本科生讲授了高级、中级微观经济学、发展经济学、国际贸易、国际金融、博弈论等多门经济学课程。作为研究项目负责人,10年来共承担了6项重要的国际基金研究课题。

苏剑,美国布兰迪斯大学国际经济学与金融学博士,现任北京大学经济学院经济学系副主任,主要研究方向是宏观经济学、公司金融和中国经济。

主持人:很高兴今天请到姚洋老师、王曙光老师、刘民权老师和苏剑老师来参加我们这次经济社团文化节的开幕式,让我们对四位老师的到来表示热烈的欢迎。他们今天要谈的主题是改革开放30年来"中国经验对于世界的启示"。闲话不多说,有请姚老师先讲。

姚洋:说起改革开放30周年,最近回顾的会议非常多,当然因为金融危机的缘故,很多会议都和金融危机联系在一起。在这里我还是想回顾一下改革开放的历程,着重探讨一下中国经验的世界意义,中国经验到底有没有对世界做出贡献,我觉得增长对经验本身也有启示作用。

简单回顾一下中国在过去30年的成就,经济增长当然是最明显的。在过去的30年中,经济增长速度平均下来每年是9.8%,这是什么概念,这相当于GDP总量几乎是每7年翻一番,这个速度是非常快的。在世界历史上,经济增长速度持续25年超过7%的增长率的经济体就有13个,持续40年超过7%的经济体只有8个,中国就是其中之一。所以从经济增长这个角度说,中国是一个奇迹,这是从总量上来说的。第二个成就,我们在经济增长过程中完成从计划经济向市场经济的转型,这是非常了不起的成就。我们看东欧、前苏联,在经济转型前5年,GDP都下降50%左右,最严重的下降了60%左右,比如乌克兰,经济下降到1991年的39%,现在的状况也很糟糕。第三个成就是我们的增长具有包容性,没有让什么人在转型中落下来,虽然大家看到的收入差距在扩大,但我们的贫困人口下降得非常快,2亿多人摆脱了绝对贫困状态,达到吃饱肚子的阶段。从世界范围内看,在过去的30年内,如果不把中国算进去,减贫的速度是很慢的。中印两个国家减贫人数加起来占世界减贫人数90%以上,其中中国占的比重又比印度高得多。当然还有很多其他的成就,但是我们在回顾30年的成就时应该以这三个成就为基调。离开了这三个成就,反思时就会出现很偏颇的结论,比如说,我们在过去30年的增长是以低福利低工资为基础的,我认为这是没有认真看数据或者有意忽视这些数据而得出的结论。

那么我们取得这么大的成就,是哪些地方做对了呢?对这个世界有什么启发呢?很多西方人持这样一种观点,中国的经验是独特的,所有的成就是和其历史因素有关系的,对世界没有任何意义。因为中国特殊的条件,特殊的政治环境,不太可能总结出什么经验推广到全世界。而国内也有一种观点,认为中国创造了一个新的模式。我认为这种观点有点言过其实,中国所做的事情并没有超出主流经济学告诉我们的事情。比如主流经济学说产权很重要,在过去的30年,我们做的很多事是关于私有化的,加强对私有财产的保护,我们转型很重要的一点就是建立一种私人产权,过去的国有制保护,到现在私有制加上公有制。主流经济学告诉我们,人力资源很重要,中国在发展中国家中,大学生毕业人数不是最多的,比例也不是最高的,印度比我们多,但是相比印度来说,我们的文盲率低得多,印度的文盲率是40%,我们是10%,我们基本上没有新文盲,这指16岁到24岁之间的,但印度还在产生,所以就基础教育而言,在发展中国家中中国应该是在前面的。还有很多例子,比如稳定的宏观经济,比较谨慎的财政政策,宽松的税收政策,开放的国际贸易,开放的国际投资……有竞争有规律,中国实际上都做到了,只有华盛顿会议中讲的利率的自由化没有做到。中国并没有创造出一个新的模式,当谈到模式的时候,这是一个别人可以学的、成型的东西。

既然中国并没有创造出一个模式出来,那么是不是说中国就没有给世界新的东西呢?我想也不是。即使用一种模式也要很多的聪明才智,否则几乎所有的国家都可以做到。所以,没有中国模式但是有中国经验,我认为中国经验对世界的意义大概有四个方面,在讲这四个方面之前再说一个关于中国危险体制的问题。美国有人曾说中国经济建设的成功有可能将中国的危险体制推向世界尤其是非洲的一些国家。我觉得这是没有道理,中国的成功是因为一些危险体制吗?首先这是不充分的,否则中国改革开放之前为什么没有大的发展呢,要认真计算的话,中国改革开放之前,经济增长年均只有4%左右。同时那也不是必然的,我们知道世界上一些民主体制,它们的经济增长也很快。最好的例子是印度,印度自从1991改革之后,它的增长速度也能达到7%—8%,这是非常高的。所以危险体制既不是必要的,也不是充分的。说回到中国经验的四个方面,第一个应该是产业政策的两条腿走路。多数情况下按照比较优势,优势也有创新。第二是我们比较关注在开放的过程中有自己的步调,这也是和其他国家不一样的。第三是我们的政府在制定改革政策或发展政策时有一种务实的态度。这不是被动的务实,而是带有实践性的、主观能动性的务实。第四是我们的政府在过去的30年里基本上能在社会中保持较为中立的态度,是个中性的政府,不被某个利益集团左右,不代表某个利益集团。详细一点说,第一点,比较优势,这是测试经济学家与非经济学家最好的试金石。经济学家大概没有一个人反对比较优势,非经济学家大多反对比较优势。一个哪怕很左的经济学家,一个反对全球化的经济学家也很有可能将比较优势写在他的教科书里。中国在过去的30年里基本是按照比较优势走的。这有几个好处,一能充分利用资源如劳动力资源。二是按比较优势走能使经济发展具有更高的共享性,我们的比较优势在劳动力方面,我们发展劳动密集型产业就能让更多的人就业。有人认为我们发展劳动密集型产业是给世界打工,受别人剥削,划不来。这种说法似是而非,没有看到1.4亿进城的农民得益于我们的比较优势。我们回想一下当年英帝国主义是以什么方式打开中国的大门的?"英帝国主义以廉价的纺织品摧毁了我们的民族工业",我们当时是受了它的剥削。现在我们廉价的衣服鞋帽之类产品出口到其他国家,却说我们受到了它们的剥削。历史是很有意思的,过去我们受剥削,现在还是受剥削。实际上我们现在做的事情和英帝国主义19世纪做的事情是完全一样的,用产品或商品占领市场。这里面还是有个比较优势的规律,其实我们也不是完全按照比较优势来,我们有创新。我们现在卫星能上天,宇航员能在太空行走。三是看一下出口结构,也能看出技术提升非常快,90年代中期我们还是单纯的石油出口国,我们出口原油,在过去的十年间我们变成了石油的进口国。以前出口的初级品是衣服,现在出口最多的不是衣服,不是鞋子,而是机电产品。我们的技术进步很快,基本上是两条腿走路。我们国家不仅保持了现在的竞争力,也创造了未来的竞争力。

第二点,中国和其他发展中国家一个很大的不同就是中国的对外开放力度非常大。开始我们是小打小闹,搞经济特区,然后是搞沿海经济开发战略,大进大出战略,以出口为导向。人民币对美元汇率也一直在降低,从80年代初期的2.8元,一路贬,到1994年的8.4元,再到8.7元。在汇率方面我们做得比其他发展中国家好得多,这其中也有发展中国家指责我们,说我们贬得太厉害,但这也说明我们对外资的开放力度是其他任何国家无可比拟的。我们很多技术进步和外资是分不开的,我们的开放并没有按照外资机构或国际组织安排的去做。最好的例子是我们至今没有开放资本市场,这是正确的。我们有这么多的外汇储备,一方面它是我们一个坚强的后盾;另一方面,它是一个大水库,如果资本账户是开放的,很容易一泻千里,有积累就比较慢,它要决堤怎么也是几个小时的事。资本账户开放还能造成人民币的剧烈动荡,我们出口规模那么大,企业却不能用自己的货币结算,这个风险是非常大的,但美国的消费者一点风险也没有。那么维持人民币汇率的稳定,使它成为一种强势货币,最终可以以人民币来结算,就是一个值得追求的目标。这是我们开放过程中自己的步伐。

第三点是务实主义。我们看我们每一项改革,除了农村改革可能都不满意。农村改革一夜间就使农村变样了,而价格改革、企业改革,改了10年20年还没改完。但回头一看,我们都还算到位地走过来了。现在国家控制的价格已经非常少了,这就是一种务实的态度。脑子里没有一个框框,没有一个设定的路线,甚至没有一个目标,过去的制度不行了,要改革,只要有点进步就可以,这是一种实用主义的态度。但是我要强调,它又是一种实践主义的态度,纯粹的务实主义完全是被动的。我去采访浙江的企业家,他们和四川的企业家就有很大差别,四川的企业家往往会向我抱怨,在竞标时受到了政府不公正的待遇,竞争对手贿赂了政府官员,他们要去告。到了浙江,我问你们遇没遇到这种事?他们说遇到啊,我说那你们怎么办的呢?他们就会回答,自认倒霉呗,这次他们关系硬,下次我多出钱,搞比他们还硬的关系。浙江的务实主义是被动的,它们不去想如何解决这种事情,这不是正确的做法。我们中国的务实主义并没有走上这种被动的务实主义,而是不断地探索,做了很多试验。我们是有试验的务实主义,是有方向的,想做什么要改变什么,都是比较明确的。

最后一个对世界有意义的是中性政府。在世界上有很多发展中国家,但中性政府不多,它们要么为少数精英服务,要么随波逐流,要么就是混合的,像印度、巴基斯坦、菲律宾,表面上看是个民主的国家,有民主的架构,老百姓的政治参与有很大的空间,这本是一件好事,可是为什么演变为一种民粹主义呢?我这里的民粹主义指的是把国家的东西都分光,挣多少分多少,少投资,为什么会出现这种情况呢?就是因为这些国家太不平等了,少数精英把持着经济、政治和社会,老百姓起来之后第一个想法就是凭什么你坐江山坐了这么久,如果政府多投资,未来的收益也不是给我的,而是被精英拿走,所以还不如都分掉。这种精英政治到什么程度呢,在菲律宾,基本上每个省都由一个家族主导,选来选去永远是他们家。完全是一种精英把持,在民主的环境下老百姓就像洪水一样冲击他们。在拉美,情况是交替的,一段时间是右翼的独裁,一段时间又变成了民粹的左翼政府,所以中国有一个中性政府是非常不容易的。我国国有企业改革在1995年到2000年之间有好几万人下岗,这放在任何一个国家都甭想做。更别说我们的党是工人阶级的政党,改革的成本都让工人阶级来承担。那么改革的合法性何在？如果这个党是比较民粹的，这个事就没法做，要考虑它的覆盖面，怎么来赢得支持率。在这十年中，当然在一些大的垄断行业还有国有企业，但是在基层就很难看到国有企业了。同时在这十年中，我们基本完成了这4000万人再就业的过程，一方面我们为了效率要做一些对中国长远有利的事情；另一方面我们要顶住压力，稍微引申一下关于对待中国和世界应有的态度。我为什么总强调有中国经验没有中国模式呢？不仅是经济没有一个独特的模式，在社会政治各个方面中国都不存在一个独特的模式。自由民主是任何国家未来的方向，世界的潮流就是从独裁专制的古代社会向现代的自由民主社会转型，过去三百年世界发生的就是这样一件事情。我们打开国门不能说是因为西方列强用枪炮把我们的大门敲开了，只能说我们晚走了一步。我们不能用民族义愤代替理性思考，或者说把我们自己关于国家的民族的长远方向绑在一个狭隘的民族主义诉求上。在这个意义上，我想说的是中国的经验就是世界的经验，中国所走过的路就应该是世界的一步。谢谢。

主持人：两位老师对中国农村经济的整体脉络有什么评述呢？

刘民权：我觉得中国改革最初还是从农村开始，农村问题一直是一个非常重要的问题，最近的十七届三中全会把农村问题的重要性加以突出，这本身就说明了农村问题的重要性。农村的改革以及城市化后的问题，包括环境问题，在今后将是一个很重要的改革方面。实际上这不仅是改革，而且是改革和发展的问题。总体的脉络也就是这些。听听王老师的观点。

王曙光：我很赞同姚老师的观点，不能把中国的经验特殊化，它的很多经验是可以用现在主流的一些经济理论来解释的。一方面，不能完全抹杀中国自己的一些范式、模型的贡献。中国在改革开放30年中对于经济转型、经济发展有很多贡献，我觉得主要有三点：中国的改革是一种增量式、渐进式的改革，我们称为边际式增量改革。这种增量改革先扶持增量的发展，就像当年国有企业改革进展非常缓慢的时候，我们扶持增量部分，让乡镇企业、私营企业带动中国经济的增长。当增量部分上去之后，增量部分改革的迫切性就要下降。现在国有企业在GDP中的比重只占20%—30%，而私营部门的产值和它的就业贡献率超过了80%，那么，国有企业改革的迫切性就没有我们想的那么严重。另一方面,中国的改革一直采取局部试验然后推广的方式。这是中国人特殊的方法,没有把一个模式在全国范围铺开,而是在某些地方先搞试点,就像姚教授刚才讲的,在一些地方搞特区进行试验。这实际上降低了摩擦成本和社会动荡的成本,同时也给全国人民提供了一个逐步学习的机会。第三个方面我的体会是,中央政府和地方政府对于微观主体的创新比如企业创新、私人创新,不是武断地禁止,而是采取一种默许式的激励的方法,这实际上是中国特殊的地方,值得大家去分析。像当年温州发展民营经济、民间金融,政府并没有贸然取缔它们。现在我们知道这种做法是完全正确的,但当时他们顶着巨大的政治压力。这就是我说的三个特点:增量式改革,局部试验然后推广,政府的宽容政策,这是非常值得我们思考的。农村现在还是有很多问题的,存在转型的必要,比如刘教授说的发展问题、环境问题。当然也有一些整体方面的转型,比如十七届三中全会上两个大的议题,一个是土地,允许有条件的地方流转土地;第二个是在农村金融领域允许不同的金融主体加强竞争,尤其是鼓励新型农村金融机构的发展。

主持人:谢谢两位老师的精彩评述,请问刘民权老师,您可否在社会要素配置的方面阐述一下这30年来的变化?

刘民权:要说要素配置,我想农村金融就是一个很好的例子。我很高兴看到近年来政府在农村金融方面出台的一些政策,使农村金融放得更开,市场更活跃。我从2001年开始做过一些农村金融方面的研究,那时跟现在不一样,那时在浙江有各种各样的农村合作基金会,严格上来讲是不合法的,但是当时在浙江允许它们存在,而且很活跃。我们可以想想,浙江在改革中发展是很迅猛的,温州在1978年前是很穷的一个地方,而温州人在这30年中积累了大量的资金,不仅在全中国跑,还在全世界跑。他们的经济发展很快,当然这和他们有非常活跃的金融市场有密不可分的关系。温州也是个宗教信仰很有特色的地方,基督教信仰者很多,这也是很值得研究的。所以在农村金融这一块,中央放宽政策是十分的必要。我在这方面有一个观点,我们把农村合作基金会看作是非正式金融,其实还有个更主要的金融部门——农村的信用社,现在又成立了乡镇银行。信用社的改革很重要,信用社是农村金融的主力,又是能改得好的,当然应该改造。我们曾提出一个观点,应该让信用社之间相互竞争。但是现在的问题是信用社之间不能相互竞争,一个乡一个信用社,一个县一个信用联社,通过信用联社来进行经营,联社与联社之间是不去竞争的,联社的业务范围就是它那个县,不能跨界进行经营,做得好它不能扩大业务,做得不好也不能破产,这是个值得研究的问题。我就不明白,为什么放不开,让好的存在下去,差的推出市场,这样不会造成金融真空。

主持人: 谈到农村金融的发展不能不提合作社,下面请王曙光老师给我们谈谈合作社的问题。

王曙光: 先回应一下刘老师,我本身是搞农村金融工作的。举两个数字,一个是中国人民银行今年发布的中国农村金融服务报告,提到中国目前有2800个镇没有金融机构,正如刘老师讲的金融空白;有8900个乡镇只有1家金融机构,就是农村信用社。这表明我们国家在农村金融领域服务方面有很多空白,服务范围比较小,覆盖面小,很多农民想贷款贷不到。这直接影响了他们贷款的积极性,也直接影响到了他们的收入。我今天的题目是关于农民合作,中国在上个世纪20年代就有过试验,1918年在北京大学成立了消费公社,今年是90周年。这是很有纪念意义的。早期的领导人像于树德先生,梁漱溟先生,都来自北大。在中国,从现在的经济形态来讲,农村是承包责任制,简单说就是单干,这是中国30年改革的重要成果。刘老师提到的小岗村就是当年的特区,实行单干,然后在全国推广。现在怎么样了?我今年夏天和夏军几个人到安徽凤阳,在凤阳我们发现农民合作正在成为一个潮流,在全国现在有15万家农民合作社,有生产、消费、销售各方面的,还有一些专门的信用合作,我们叫做资金互助社。凤阳县长安排我们看了很多农民合作社,其中大多是资金互助社,这些资金互助社是没有经过银监会批准的,是2006年10月银监会颁布的新型农村金融机构的一种,当年银监会颁布的三种农村金融机构一个是村镇银行,二是小额贷款公司,第三个就是资金互助社。后来我们发现村镇银行发展较快,很多地方都愿意发展,但资金互助组织作为一个合作社,发展较为缓慢。有两个地方,大家可以去看,一个是江苏盐城,一个是安徽凤阳,它们都不公开地在搞资金互助社,没有经过银监会的同意,这就印证我刚才说的第三点,地方政府对市场微观主体的创新行为是采取默许的激励,这是非常重要的。我觉得中国现在的小农经济是中国经济发展的瓶颈之一。十七届三中全会上说农村土地制度的变革主要原因在于小块土地经营已经严重束缚了农村生产力的发展。这就像我以前所说的,让小农经济转化为规模化的大农经济。而合作社发展很快,我们今年搞了一个15省的调研,总体感觉农民合作是将来农村发展的一个必然趋势。谢谢。

主持人: 最后我们可否请两位老师就中国农村发展与反贫困这一议题对中国农村未来的发展做一个展望呢?

刘民权: 农村最重要的问题要排列一下的话,主要就是具体的反贫困。我们现在还有1500万生活在绝对贫困线以下的人口,而且下降的幅度还很慢。从1978年到1985年这7年中,贫困人口从2.5亿减了一半,减了1.25亿,从2000年到现在也是7年时间,从原来的3000万减了1500万,也是一半,但这不能从百分数上说,不然永远也减不完。为什么还有这么多在贫困线以下的人?从绝对数上来说,成绩和以前相比还是很暗淡。那么怎么解决这些人的贫困问题,这就不能像以前一样,给他们资金、相同的市场机会,最应该解决的是他们的人力资本、他们的教育、他们的健康问题。如果他是文盲,你给他资金他能用好吗?你给他生产要素他能使用好吗?所以关键是人力资本的问题。要给他们更多的教育,使他们有病可以治,不应因病而贫,这里涉及农村教育、卫生方面的政策。现在新的东西出来了,但是你们注意到一点没有,医改讨论了这么多年,大部分是关于城市医疗体制的改革,农村这块,大家好像还没想过这个问题。这个反差太大,在大家讨论城市医疗体制改革的时候,难道农村7亿多农民的医疗问题没有怎么认真地思考?我承认在医疗上面我们有新型农村合作医疗,新型农村合作医疗的确是一个了不起的医疗政策,很大程度上对改善农村医疗中农民得到医疗服务起了作用,但是同时不要忘了从宏观的数字来说,新型农村合作医疗实际上只是解决了整个农民的医疗费的30%,它是没有保障的,还有70%要农民自己掏腰包。从公方来说,到农村卫生院去看看,特别是在中西部农村,很多村没有或者关掉了。有了新型农村合作医疗,有了市场之后,它们又重新恢复起来了,但是条件非常之差。所以扶贫减贫要把这些和农村的人力资源有关的包括健康、教育等相关政策联系起来。其实在我的经济与人类发展研究中心,我们探讨人类发展,按照以人为本的科学发展观,教育本身就是我们所追求的,健康本身也是我们所追求的。严格地讲,这两个问题比我们拥有多少钱更重要,假如你健康有了问题,有再多的钱又有什么作用呢?健康、教育这两个问题如此重要应该继续加强,这是从扶贫的角度讲。

下面有请王曙光老师讲。

王曙光:其实刚才刘明权教授讲的非常重要,我最后讲一下阿马蒂亚·森,他是一位重要的经济学家,获得过诺贝尔经济学奖。森有两本书很重要,一本书叫做《贫困与饥荒》,第二本书叫做《以自由看待发展》,这两本书的核心观点是穷人之所以穷,是因为他们的很多权力被系统性地剥夺、忽视了。怎么让他们富呢?就是提高穷人的可行能力,给他们重新赋权。刚才刘教授谈到了受教育权、基本医疗卫生权、健康权,包括我们刚才谈到的金融权、信贷权等等,我认为这都是贫困人群基本的权利。最近以来,从中央到地方在这几个方面都有所进展,农村金融改革进展非常快,医疗方面农村推行新型合作医疗,教育方面实行免费义务教育。应该说我们中国进步非常大,但是我们需要做的事情也非常多,我们遇到的挑战也非常大,像刚才讲到的提高农民可行能力、重新为他们赋权,使他们摆脱贫困,我认为这是中国反贫困的一个角度。谢谢大家!

主持人:谢谢两位老师,两位老师的精彩对话让我们从不同的角度认识了中国农村发展与反贫困的进程,其中取得的成就、存在的问题及对未来中国发展的愿景,我们再次感谢两位老师。

下面有请北京大学经济学院经济学系副主任苏剑老师从国际宏观经济的视角来审视改革开放30年的轨迹,同时苏剑老师作为本次经济社团文化节的主办方、学友经济研究社的指导老师,将对本次经济社团文化节的开幕式做总结性致词。

苏剑:好,谢谢大家!作为学友经济研究社的现任指导老师,我对各位的到来表示热烈的欢迎,同时对姚老师、刘民权老师、王曙光老师今天的演讲也表示感谢!刚才姚老师作了一个开场白,回顾了改革开放30年来中国的改革开放历程以及它给世界经济学可能做出的一些贡献。王曙光老师和刘民权老师对农村的问题做了一个探讨,那么我既然总结,就来一个展望,也就是说姚老师回顾了前30年,我来想办法展望未来30年。当然这个展望是预测,这个预测说不准的,经济学家做的预测很少有准确的,但是不能因为不准确我们就不做预测。

我们首先就从世界经济说起,大家知道现在世界经济里面最重要的一件事情就是金融海啸,美国金融危机。美国金融危机在很多人看来只是一个短期的现象,目前的金融危机的确在几年内就会过去。问题是金融危机背后的根本原因到底是什么?现在好多人都已经对它进行了探讨,主要也是从金融方面进行探讨的,比如说银行机构的放贷程度降低了,还有一些金融创新等等。在我看来,这些都不是根本原因,美国这次金融危机的最根本原因或者它的根源其实很简单:苏联解体。为什么呢?你可以想一想,二次世界大战之后世界进入了冷战时代,美苏争霸,这两个国家率领两个阵营在军品研发领域投入了大量的人力、物力和财力,其结果就是导致了在军品研发领域出现了大量的研发成果。现在的太空计划、计算机都是当年的产物,这些最后扩散到民间就形成了现在的计算机、通讯和互联网等一系列很有生命力和前途的业务技术,并在上个世纪带动了美国和世界经济的发展,就是当时所谓的新经济。研究与开发提高了投资的收益,由于开发带来的新产品往往是最有商业前途的,那么这些商业前途就让那些商人识相,他们看重的就是当时的高收益。所以,看一下美国90年代的经济形势,当时美国的利率非常高,美国的经济增长率也很高。当然说它高也不过是3%、4%而已,和中国不能比。

那么到了苏联解体了,苏联解体后美国没有了对手,世界上只剩下一个超级大国,于是它也开始在军品研发方面减少了投入,实际上减少投入不是90年代才开始的,80年代中期就开始了。戈尔巴乔夫已经开始了新思维,冷战的残酷程度已经降低了。80年代末、90年代初苏联解体、东欧剧变,把美国军品研究方面投入的数量拿出来看,一个很显然的变化就是1990年是个分水岭。1990年之前军品研发的增长率非常高,每年是5%到6%,1990年之后马上变成0。那么这个军品研发是个什么东西呢?军品研发实际上是在基础知识和商业应用性技术之间的一个过渡。对于商业技术来说,它是一个技术方面的基础研究,这个技术研究企业是不愿意做的,只能由政府去做,而冷战时代两大阵营对立所做出的技术研究恰恰为以后的商业应用奠定了基础。军品的基础技术向民间扩散大概需要十年时间,1991年底苏联解体,10年之后,当年军品研发所奠定的科技基础的潜力被挖掘殆尽。到2000年,美国经济就陷入了衰退,然后美国就开始降息,到了2001年"9·11",美国不得不继续降息刺激经济。

如果还有很好的产品帮助它们让企业有更好的投资项目来投资的话,美国经济还可以继续增长下去,但很遗憾,没有。没有的话怎么办?只有降息,降低投资的成本来刺激自由投资。问题是降息之后,投资是被刺激起来了,但是刺激起来的都是那些收益比较低的投资。利率如果低,它刺激起来的投资收益也低,比如说,在上个世纪90年代美国的利率是5%,到了2003年降到了1%,也就是说2003年如果有一个项目的收益是2%,它就会采纳,但是90年代这根本不可能。到了2003年,美国在投资的刺激下经济出现了过热的倾向,通货膨胀率开始上升,于是美国开始提高利率,利率一旦提高,当初在利率是1%的机遇下进行投资的项目马上开始亏损。其次是是刺激贷款,贷款的门槛被突破了,次贷危机就出现了。而当时美国金融部门的统计又把这个危机给放大了,这就导致全世界都出现了金融危机。现在要挽救世界,除非是进行一场科技革命,就像90年代出现的刺激经济增长的技术才能来得及挽救世界。很遗憾的是到现在我还看不到这样的技术,我们知道技术要扩散到民间至少需要10年的时间,现在在我们没有看到这样的技术,那就是说在今后的10年内世界经济很有可能还是这样。这是对世界经济形势的一个基本判断。那么再回到中国,美国是在世界科技的前沿上,当然它的经济也是在世界经济的前沿上,中国有一个好处,就是与科技前沿还有那么一段距离,现在美国生产的产品卖不出去还可以转移到我们中国来生产,我们可以有一段时间的缓冲期。在我看来,受世界科技进步下滑的影响,世界各个国家和地区可以划分为四个机制:第一个机制就是首当其冲的美国,第二个机制就是日本、西欧这些发达国家,它们的科技水平离世界科技前沿比较近,接下来就是中国、俄罗斯这些国家,最后就是非洲那些特穷的国家,它们的经济水平更落后,这样对中国来说还有一二十年的缓冲期。当然在赶上世界科技前沿之前,总是有潜力的。因此在这种情况下,我对中国的经济,至少在今后的10年、20年之内,在这一方面来说还是抱乐观态度的。

那么中国经济在今后的30年里面怎样增长呢?增长无非是需求和供给两个方面协调增长,因此我们从需求和供给两个方面来说。从供给来说,中国的科技水平与世界科技前沿还有一段距离,所以在世界经济大势不景气的情况下,中国还是有潜力可挖的。从目前来说,中国的技术进步还是有前途的,这是中国供给增加的原因之一。第二个方面是中国在体制改革方面还是有潜力可挖的,为什么改革从目前来说可以刺激经济呢?大家都学宏观经济学,宏观经济学无非就是从供给和需求两方面来分析问题,一项政策出来了,它要么影响供给,要么影响需求。体制改革大体上是影响供给,基本上是一种供给关系政策。

前一段时间,我的一个办了私营企业的朋友和我说了他企业的经营情况,他说他企业经营收入的10%都要拿去搞公关。这意味着如果我们进行政治体制改革的话,企业的利润率就可以提高10%。政治体制改革作为一个政治管理政策可以降低企业的成本,提高企业的空间。当然中国的改革不仅仅是政治体制改革,关于农村改革的决定实际上也是一个供需关系政策。农村体制改革使得农地能够流转,能够集中、合作化。刚才王曙光老师和刘明权老师已经谈过了,对于中国来说农户史就是经济通史,对中国农业生产是一个凭借,集约化经营很可能是刺激中国经济增长的一个方面。因此从目前来看,我相信中国经济在今后的二三十年还是很有潜力可挖的。

从需求方面来说,大家知道一波一波的危机可能就要出现了,这是我根据看不到有大量的科技成果出现所做出的一个初步判断。如果没有新的科技成果的话,这一波的金融危机可能被救活,但救活以后因为没有新的产品、新的技术出现,又会出现下一波的金融危机,这样一波一波下去。在这样的情况下,中国对出口的依赖是不可能再延续了,所以扩大内需就成为一个很重要的对策了。扩大内需在我看来潜力也很大,首先,大家可以看到农村的土地制度改革是十七届三中全会提出的措施,农村土地制度改革不仅是供给关系政策,而且还是需求关系政策。农民现在的土地承包权永久化而且可以流转,这意味着农民多了一笔财富,就是土地的承包权,而且这个承包权还可以卖出去。土地本来就是农民的东西,政府只是赋权而已,但是这样农民的财富就有了,它不是现金但可以变成现金。在这个情况下,根据政府采取的农村土地制度改革的措施,农民财富的增长就有可能有不同的方式。当然也有可能一夜暴富,农村的土地承包权永久性地给了你,你拥有了这个权利,就相当于拥有了永久地从土地上获取收益的权利。如果不能暴富,那农民至少有这个权利。从贫困化这个角度看,农民的收入水平可能会有提高,消费水平就会增加,当他知道自己永久地获得了承包权后,那些已经在城里扎根的人,或想进城务工的人,就会把土地卖掉,然后进城,城市化过程就开始了,这些农民的消费行为就变成了城市居民的消费行为,结构性的变化就开始了。如果他们的消费能被刺激起来,那么对中国今后几十年的经济增长将会有很大的促进作用。另一方面,从几年前就开始的和谐社会建设,通过协调社会关系,其实也是在刺激消费。穷人的消费倾向往往高于富人,当财富从富人向穷人转移时,实际上是在搞整个经济的边际消费倾向,这个也是刺激消费的一种方式。因此,从这两个方面看,中国在需求方面也够用。

最后一个问题,中国经济在接下来的20年最大的挑战是什么?一个最重要的问题就是劳动力,我们先对中国的就业形势做一个初步的判断。现在还有多少人失业,这个没人知道,现在很多人都认为中国农村还有大量的富余劳动力需要转移。去年我曾经看了一篇报告,说中国农村的富余劳动力已经转移得差不多了。但是我不信,后来我回了一趟老家,陕西的农村,一看我信了,村里面那些年轻人基本上都已经出去务工了。后来我仔细地想一想,人家那报告可能是真的,中国连续30年的高速经济增长,每年10%的增长,如果说其中有两个百分点是由农业实现的,再假定,劳动力的产出比例是0.5,那么意味着中国经济增长造成的就业增长是4个百分点,注意这是比较保守的估计。我们是一个劳动密集型的国家,10个百分点里只有2个是劳动力使用的增加来实现的,如果说每年劳动力的增长是4个百分点的话,这30年劳动力的需求量可以增加多少。我们现在的经济规模比1978年大了十五六倍,那么年就业按照70法则,用70除以4是17.5,就意味着17年中国的劳动需求量就该翻一番,那么现在30年过去了,应该翻多少?所以相对于1978年来说,中国的就业量增长了好多。

如果这个是真的,那么中国现在农村的富余劳动力真的没有多少。另外一个佐证,前几天我给家人打电话,了解到一个情况,十年前,我们村的小伙子都去建筑工地打工,每个月300元钱还要有熟人才能进去,现在是一个小时10元钱,还没人干,也就是说现在他们的工资很高。当然农村人能吃苦,一天能干十个小时,可以挣3000元钱,所以很明确中国的劳动力已经开始出现短缺的迹象。在未来30年中如果中国经济依然是这样高速增长,如果中国的经济增长对劳动力的需求每年保持在3.5%,那么只需要20年就可以翻一番。按照别人的预测,20年后中国的总人口可能在16亿,那么今后几十年中国面临最大的问题是劳动力短缺,一个推论是立即废除计划生育政策,也就是说人口问题很可能是中国未来几十年最大的一个约束。大家好好想一想中国经济增长对就业拉动作用有多大,如果经济高速增长60年,对劳动力需求是多少,中国的经济总规模从1978年到现在翻了15倍,我们要求就业只翻两倍,那么今后二三十年面临同样的问题。

人口曾被认为是一个国家变穷的主要原因,实际上在我看来这纯粹是个谬论,世界上的确有很多穷国人口很多,但人口多并不是他们穷的必要条件,也不是充分条件。比较一下日本我国台湾香港和新加坡,尤其是新加坡,面积都没有海淀区大,但是人家的人口是600万,现在都快到700万了,还嫌人口不够,到处吸引移民。日本不管是水资源还是土地资源都比中国贫瘠多了,但它养活了1.2亿人口,而且人家活得还非常富裕。在这个方面,你能说人口是一个国家富裕的根本原因吗?然后再纵向比较一下,考虑一下中国,1978年之前好多人都认为,人口多是经济增加的一个包袱,但同样是中国,从1978年到现在人口还在一个劲地增长,人民的生活水平在一个劲地提高,所以纵向上也难以支持人口是导致贫穷的这样一个看法。我记得我在学习发展经济学的时候,学过一个模型,是说当一个国家人均生产总值在1000美元以下的时候,人口越多国家越穷。现在中国的劳动力大约是13亿人的2/3,也就是七八个亿了,如果延续目前这个趋势,20年之后,一旦超过1000美元,人口越多国家越富。我国现在人均生产总值已经达到2300美元,如果按购买力计算已经到了8000美元,在这种情况下还能认为人口对中国经济是一个负担吗?人口与经济增长与一个国家的贫穷之间没有本质的联系,不要人云亦云,仔细观察一下世界经济,观察一下中国经济这六七十年的发展,你就会发现真是如此。所以我的观点就是,以后几十年中国经济面临的最大威胁是劳动力短缺,而且要尽快调整计划生育政策。谢谢。

(2008年5月25日)

30年改革的回顾与展望

■ 曹和平

[演讲者小传]

曹和平教授,曾任美国中西部科学技术学会经济发展部部长(1996—1999)、北京大学经济学院院长,现是北京大学数字中国研究院学术委员会委员、云南大学副校长。曹教授出版的著作有《中国农户储蓄行为》(2002)、《国际金融与宏观经济》(2005)、《中国供应链现状:理论与实践》(2006)等,并在《经济学动态》和《经济研究》等期刊上发表过数十篇论文。

我国改革开放30年,从某种意义上讲是1840年以后,中华民族七八代人百年相继奋斗寻求民族复兴,或称大国崛起的30年。从这个角度来看,我国奥运会火炬传递中出现的许多国际怪现象,就可以泰然处之,我们中华民族还有更远大的目标要完成呢!因此,与大家一起分享一下我曾经经历的改革开放30年的一些重要事件和历程,是具有特殊的意义的。

今天的演讲有三个方面的内容。第一,改革开放的动因是什么?即我们为什么要改革开放。第二,1981年以后有哪些重大的改革事件。我毕业以后分到了中共中央书记处农村政策研究室——另外一个名字叫国务院发展研究中心——大家知道的林毅夫老师、周其仁老师、今天的王岐山副总理都曾在这个单位工作过。回忆一下当时的经历,对大家会有所触动。第三,改革开放30年中国崛起的未来远景如何——回顾历史,不是为了缅怀它,而是为了展望未来。

一、改革开放的动因

我想从以下两个小问题来说:首先是中国增长的目的地在哪里;其次是在增长的过程中遇到了什么样的困难。通过这两个问题,有针对性地回顾一下中国过去30年来的增长历程。

我们先来看一幅图(图1)。去年全世界大概有五十万亿美元的GDP,其中91%来自图中两条红虚线(平行于赤道)相间的地方:最左边是加拿大、美国和墨西哥——北美自由贸易区;到中间就是现在已达22个国家的欧盟自由贸易区;靠右是我们国家的版图——中国的幸运之处在于其地理位置处在世界GDP增长的核心带中。为什么会这样呢?原因之一就是人类技术进步所需要的资源在这个区间上的天然禀赋是最丰裕的,其配置过程也是最节约的。我们的祖先偶然地让我们定居此处,使得我们在今天拥有了经济技术进步所需资源配置的最优前提。不只如此,我们还可以看到图上的另外两条红实线(斜平行线)——这是古代经济的最佳经济增长带,中国正好也处于其中——那么无论在历史上还是今天,我们都是在最佳位置上的。

距今一百万年前,那时人类总数大约是十五万到一百万,地球的表面

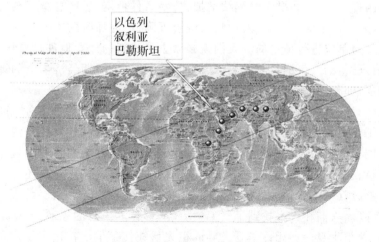

图1　世界经济古代增长与当代增长的交汇地

主要被冰帽所覆盖。从一百万年前到十几万年前之间,地球进入了冰河融化期,地表的冰帽开始融化,陆地暴露了出来——这就意味着先人们不仅可以从冰河间的裸露处,还可以从融化后的平原陆地上获得食物与资源。大概在十万年前到一万年前之间,在非洲大陆上有一个女人(Lucy)繁衍的子孙沿着裸露的平原和连接平原大陆的冰桥辗转到了世界各个地方。于是就有一些西方的宗教故事里说中国人的祖先在《圣经》中也有原型,当然我们不承认这一点。

根据我国的考古发现,在亚洲大陆,中国人的历史可以追溯到260万年前,而这个Lucy老祖母可以追溯到360万年前。在一些地表裸露出来的时候,连接欧亚大陆的冰桥还是坚实得足以让人经过;而再过一段时间,当这些冰桥全部融化的时候,这里就变成了海峡,也就不能通过了——在十万年前到一万年前之间冰河融化的后期,最后一批人群越过了这些连接大陆的冰桥散落到了世界各地。当然,我们还不能证明到底是我们260万年前的祖先辗转到了Lucy的故乡,还是Lucy的子民迁徙到了亚洲大陆。根据考古从早的原则,暂且承认后者的概率大一点吧。

于是,到了一万年前,世界人口增长到了四百万。当时这四百万人是没有任何工具可以依赖的技术裸人,他们完全是用自己的四肢进行劳动,比如采摘、追猎——那时还不能称狩猎。当时地球上能够支撑的人口大概就是四百万左右,如果人口继续增加,技术条件恒定,生产总量不会增加,那么人均口粮就会不足,人均收入就会下降,因为那时的收入基本上是以粮食为单位进行衡量的。人们就必须去寻找新的处女地进行耕作,来满足自己新的人口增长的需要,迁徙和移动是这个时期经济生产的重要的特征,即移动性农业。

这个时期有一部分人到了恒河上游,翻过了喜马拉雅山,过了青藏高原到达了今天的九寨沟北部,靠近天水——天水的山水风景与九寨沟有着异曲同工之妙:这里的卦台山由八座山峰组成,对应于八卦的乾坤震兑巽坎离艮;在山的包围中,有一条河叫渭河——黄河最大的支流,还有一条河叫嘉陵江——长江最大的支流;在这里最低的温度为7摄氏度,最高不过35度。人们在天水找到了气温适宜、能够休养生息的福地,于是定居下来,繁衍生息——相传华夏民族的祖先伏羲便是生活在这里。这之后,虽然人口快速增加,但是他们却在拓展土地面积的问题上遇到了困难,因为这块定居地的北边气温太低,当时人们没有足够的衣物来保暖以进行迁徙;西边是青藏高原,土地贫瘠不适合定居;东边是毛乌素沙漠,迁移困难;此时南下就是他们唯一的选择。南下当时有两条路,一条是向东南方向,一条是向西南方向。为什么不向正南走呢？因为正南有很多危险的亚热带、热带生物比如蛇、鳄鱼之类的,所以基本上是被屏蔽住的。这时有两批迁徙的人很幸运,一批经过了陕西的关中平原,出了潼关就到了黄河中下游平原——今天的商丘和安阳——汉民族的祖先很幸运地来到了这块肥沃的土地——黄河中下游平原,其单位面积所需的劳动力十分小,所以很快就发展了起来。有人计算过,在耶稣出生那一年,我们的人均 GDP 是 475 美元。在公元 1000 年,大概是王安石变法的时候,我们的人均 GDP 还是 475 美元,但是此时西欧的人均 GDP 已经降到了 400 美元,我们的铁产量是 17 万吨,而英国在 1680 年时铁产量才是 17 万吨,于是可以看出中国是很幸运的——有人说,中国的一只脚已经跨进了工业革命的门槛。

另一批人就不那么幸运了。他们经过九寨沟,再向南到了今天的攀枝花。那时攀枝花还是大山,于是他们又越过金沙江继续向南走,到了云南丽江,今天摩梭人所在的地方——就是传说中的女儿国。这批人的不幸就是到了云南丽江之后再向南走还是大山,环境不好,于是摩梭人到今天还是只有四十万人。而相对的,汉民族人数如今已不知是四十万的多少倍。这些现象说明,一个民族在历史发展中的一些关键点上具有偶然性因素:一个部落由于偶然因素,迁徙到一个正确的地方,繁荣发展起来了;而另一个部落由于地域等因素的限制却停滞了,就像摩梭人的发展。

那么,了解这样一段历史后我们就要问这样一个问题:今天中国的增长同世界上其他国家的竞争,是不是像汉族和摩梭族之间那样是偶然性的产物呢？这恰恰是我的问题:中国经济增长的目的地在哪里？是应该以西方的自由市场经济为目的,还是像前几天的报纸所说的那样,是一个转型经济但是没有具体的目的地？我们来看一段数据资料,去年我们生产了 13.5 亿吨水泥,而全世界产量为 24.5 亿——我们大约产了 50%;去年我们生产了 4.9 亿吨钢,全世界的钢产量是 12.4 亿吨——我们去年的钢铁产量比美国、英国、德国、意大利、西班牙加上澳大利亚钢铁产量的总和还要多。我们可以算一下,将钢铁和水泥混合成钢筋混凝土,用它来修公路的话,每三条公路就有一条在中国;用来盖高楼的话,每三栋楼就有两栋很可能在中国,因为我们是房地产大国。然而,我们真的是要把全世界这12.4亿吨钢和24.5亿吨水泥全部用来生产吗?我们的人均GDP是3000美元,如果我们把钢和水泥全部生产了,我们的人均GDP将是6000美元,但是美国的人均GDP却是4200美元,我们真的要这么做吗?其实这只是一种增长方法:我们建厂房、搞产业升级寻求发展,其实是在寻找,就像我们当年的老祖宗寻找长江中下游平原一样。于是,我们更加要问:中国的增长目的地何在?为什么我们国家生产了这么多东西却卖不出钱呢?我们来看一看钢筋混凝土是一个什么样的经济学概念。在统计学上,钢筋混凝土是建筑业,而建筑业是延伸一个国家制造产品的基础,有多大的建筑业就有多大的制造业。举个例子,我们的钢铁产业规模是36,水泥是56,加起来平均一下就是46,所以我们国家的建筑业物质生产量是世界的46%,有一半那么大。那么,随着这么大一个建筑业要发展起来,最先发展起来的就是重运输产业——像我们这么多的水泥,你不能用吊车把它吊过去,至少也要用十几二十吨的大卡车运过去,我们的重运输应该是世界级的,那么制造重运输业的重装备业也是世界级的。所以,重运输业和重化工业也是世界级的。这里,我们争论一个问题:中国的发展能不能越过重化工阶段?我觉得是不行的,因为我们的建筑业占世界建筑业的46%,在产业链条中你需要一个占世界46%的重化工、重制造产业来为你服务,如果我们不制造的话谁能来满足我们这46%的需求呢?就像去年我们的发电量是三万亿,美国的发电量是四万亿,我们的发电量每年的增长速度在12%到15%之间,美国的增长速度在大概0.1%左右,我们在五年后发电量超过美国并不是不可想象的。

我们可以想象出随着建筑业的发展,房地产产业也是会发展起来的。那么房子建好后你要做什么呢?你还得装修一下,装修后你还要给厨房卧室客厅摆上家具。大家可以想一下:和世界46%的建筑业相匹配的家电行业应该有多大。我到温州乐清市的三个企业看,家家都生产电器,他们的年销售额是300亿到1000亿之间——这是因为它是和占世界46%的建筑业并行在一起发展起来的。再想一想,你的家电摆好了以后,你的卧室还得放些装饰啊,床上用品什么的。比如说去年中国织出的布占世界的 42%,仅江苏吴江的盛泽镇就织出了 250 亿米——这是个什么概念呢?两千五百万公里,你从地球到月球再返回来也不过 70 多万公里,这就相当于可以在地球和月球之间来回 42 次!这样,你把家里都布置好了住进去,以后有了孩子还要布置,生了病还要上医院,过了两年有了点钱还要买部车……这样你可以看到,建筑业起来后,它会拉动许多其他的产业一起发展。所以,建筑业和交通运输业是我们国家过去几年的支柱产业。当然,我们也知道建筑业发展到现在,存在着说不清的腐败和对社会福利的侵蚀,但是我们不能因此压制这个行业的发展。我们从建筑业的发展可以得出结论:去年,我们中国的物质生产至少占世界物质生产的 35%,我们赚了 3.1 万亿到 3.2 万亿美元,而去年世界 GDP 是 50 万亿美元——我们可以发现生产和价值实现的份额是不成比例的,所以我们国家是丰产不丰收,产得多但是卖不出钱去。这就是我们生产时面对的第一个瓶颈:我们怎么才能生产 35% 的东西就获得 35% 的价值呢?恐怕这是现在面临的一个很大的问题,也是我们回顾改革开放 30 年的一个重要课题:我们的问题在哪里,今后朝哪里走?

我们再来看我们所面临的另一个瓶颈。我们看另一张图(图 2)。图中那个较大的圆圈就表示 APEC——亚太经合组织——上海拼命地在

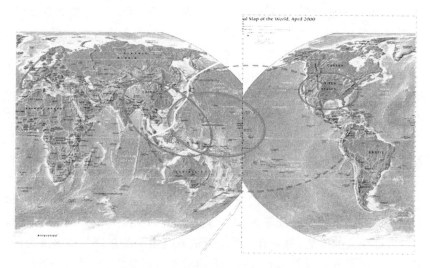

图 2　三大自由贸易区中的中国东盟自由贸易区

争,希望其中国总部建在上海。右边的是北美自由贸易区,由美、加、墨三国历经三年谈判而形成自由贸易区;左边是欧盟——20世纪60年代货币联盟,经过汇率协调、关税协调、要素流动、统一大市场、统一货币等几个阶段才形成。

如果将这几个国家的国防和财政统一起来的话,和美利坚合众国差不多,应该叫 The United States of Europe 吧。我们再来看中间这个实线的圆圈——这就是中国—东盟自由贸易区。其人口大约是18.7亿,其GDP应该是12万亿美元,而欧盟的GDP应该是14万亿美元,北美的为14到15万亿美元。所以三个自由贸易区在实物生产份额上是基本相同的,那现在我们和东盟国家已经关税和汇率协调了,能不能快速推进中国的自由贸易呢?比如能不能在中国—东盟自由贸易区内开放劳动市场和资本市场呢?我想在2010年前仅仅实现资本要素的自由贸易是可能的,但实现劳动力要素的自由贸易则是不可能的。马来西亚总理就曾经跟我说过他不希望中国人过去,因为他们2200万人口中,华人就已经占了700万了,要是再多他的选票就太少了,于是要素自由流动就受到了限制。但是到了第三阶段,我们就可以组建大市场。比如你是一个德国的博士,30岁,在《明镜报》或是某报社工作,然后45岁后又转职到法国《费加罗报》继续工作。那么当你60岁退休后,你不仅可以拿《费加罗报》这15年的劳保费,你还可以拿在德国那15年的劳保费——这就是Unified Common Market,统一大市场。你想想你如果在《二十一世纪导报》工作15年,又到北京某报找个工作做15年,你退休就拿不了两份劳保,就是说我们国家内部还没欧盟成员间要素流动整合这么高。何谓要素流动?就是将要素就业市场以及退休后的市场很好地统一起来,比如我们现在的劳保福利、社保基金以及为农民工提供城市化服务——这都是为把要素就业市场和要素就业后的市场很好地统一起来,但是我们还没有到达这一高度。

如果我们越过第四个阶段进入第五个阶段,如果我们再宽容一点和东盟的这些国家统一财政等,那这个地方就是一个国家,成为这样一个国家之后有很大的好处:每天有成千上万的万吨级油轮在这个国家流动,那其他国家就不可能有能力对这样一个国家进行军事监控。台湾省如果能加入自由贸易区,自然就是大国家中的一员,而如果台湾不愿加入,则很难发展。所以,中国—东盟自由贸易区太棒了。其他国家在面积和人口上与中国有巨大的差距,它们对于中国崛起的害怕是实实在在的。而我们和美国这个世界第一霸权国家的战略竞赛也是不可避免,而且谈判成功的可能性目前看来很小。因为两个国家只有在激励相容的制度设计下才有可能成功,而我们和美国在激励制度方向上截然相反,目前的谈判技术相互妥协的空间不大。

我们再来看图(图2):黄线最上方是阿留申群岛;下面是日本群岛。如果真的到了第五个阶段,中国—东盟这一个大经济体形成了,那么我们就获得了太平洋四分之一海域的资源,这是太平洋海域资源最丰富的区域。我们可以看到中国这块土地的地理位置非常好,作为炎黄子孙的幸运再一次表现了出来。所以,从现在起热爱我们的祖国,建设好这块地理位置天生优越的土地,恐怕才是我们能在下一个世纪下一个阶段自豪地立足于世界的前提。

我们看菲律宾群岛、马来半岛,再往上是阿富汗和海湾地区,已经有外来军事力量把势力延伸进了这个范围,中国—东盟自由贸易区被外界的军事力量拦腰斩断了。中国当然要发展海军力量,如果没有自己的海军力量,未来不会仅是捣乱奥运会传递火炬这么简单,很可能是破坏中国—东盟区域发展的第四到第五个阶段的形成,把中华民族的崛起梦想一起毁灭。德国铁血宰相俾斯麦在20世纪初的时候说过:"19世纪最伟大的事件就是英国人和美国人说了同一种语言,英国人让德国人成为世界霸主的梦想一劳永逸地破灭了。"所以,我们可以看到中华民族今天面临的发展问题不仅仅是经济,不仅仅是军事,也不仅仅是像奥运会这样的文化。

我们经济增长的目的地何在?是不是应该完全模仿西方,是不是仅仅只要看GDP的增长?去年在一个年会上,有一个我国毕业于哈佛的博士说:现在有些人说让外国人在银行和证券公司占多数股票是卖国,是金融殖民。殖民地有什么不好?想想明朝末年腐败造成国力衰弱,版图萎缩。然后清朝入侵,仅仅让你留个辫子,版图就扩大了,人民币也升值了,这有什么不好?……当时下面还有人鼓掌附和,但是后来中经公司把他开除了。我们不能一味按西方所希望的自由市场经济的路子走,该怎样办呢?回顾改革开放30年的历程,也许能给我们提供一点思维的亮光,思考改革开放的动因,这是第一个大问题的第一个点。

第二点,30年前中国是什么样子?我想在座的很多人那时都还没有出生。1978年我在内蒙古当兵。那时出现了一个这样的问题:就是合作化加速,工业化的城乡隔离问题。中国城乡割裂十分严重——像城市和农村的孩子,你在很远的地方就可以分辨出来。这主要是当时认为农业要为工业提供稳定的农产品,农业的产品不仅要满足农业人口的需求,还应该满足非农业人口的需求,这样才能使得工业生产进行下去。为什么当时必须进行工业化?这是因为历史告诉我们:只有进行工业化,生产出足够的钢铁来武装我们的军队才能在现代的战争中取胜。朝鲜战争我们主要依靠人数和意志而取胜,战斗力不强,代价太大,就是因为我们的钢产量太小,而钢铁是那个时代取胜的重要因素之一。在1958年大炼钢铁的时候甚至连家里炒菜用的勺子都拿去炼钢铁,当然这种炼铁方式是不理性的。那么,要给工业化提供足够的粮食,就需要生产足够的钢铁,但是在1953年进行土地改革的时候去掉了地租,没有了地租怎么办呢?替代性的办法是合作化,即国家用低于市场价格的低价收购粮食,比如估计市场价格是0.2元/斤,国家只付一半的价格。这样,通过流通过程,就可以将农业税收上来,这笔农业税也是工业化的第一笔资金。低廉的农产品价格使得工业化的成本也很低,于是工业取得的很高的利润被国家通过利税收缴到国家财政,国家财政再去进行投资,这样的过程使得我国的工业化在很大程度上依靠农业支撑。那么就业方面来讲,农民要在农业合作社中就业,于是就业制度把农村和城市分割开来;再者,农产品的统购统销制度使得农业和工业之间最容易发生交换的环节被我们用行政手段割裂,所以说农村和城市基本上是不交接的。2003年我回老家时,从西安回老家,几十分钟就到了,路途很近。小时候更近,生活在陕西省临潼县旁边,就在西安的边上。然而,我从出生到19岁入伍,从没有机会去西安。因为城乡基本上没有交流的机会,同时农村也被边缘化了,农村很落后。农村人进城是个很奢侈的事情。农村与城市各自有各自的就业、流通渠道。当年的中学生上山下乡,到了农村就像是要吃苦的,要多可怕有多可怕;还有就是户籍制度,也把城乡割裂开来。所以,合作化制度、统购统销制度以及户籍制度基本上将农村与城市隔离开来。这是我国改革开放前的第一个情况。

改革开放前的第二个情况就是东部和西部不同地区的发展差距也非常大。我1983年去了广东的佛山,那时跟着河南的市长在佛山转,觉得那真是一个欣欣向荣的地方。但是在这之前我还去了甘肃定西——我国三个最穷的地方之一。定西那个地方我觉得就能支撑10到12万人,可是当时有40万人,粮食根本不够吃,水也是奇缺。1982年大旱的时候,老百姓连树皮和草根都吃了。这两个地方不管是自然环境还是经济发展差距之大,是今天的你们无法想象的:当有一批人已经在思考现代化的问题时,另一批人却依旧为最基本的生存而奋斗。

二、重大改革事件回顾

下面我们来看一下第三个问题:改革开放以来的重大事件和我的个人回顾。首先是家庭联产承包责任制,最早是在安徽省凤阳县的小岗村实行的,当时那里穷得整个村庄的人一起出去讨饭。因为北方土地多南方土地少,所以整个村子都出去要饭。那个时候,搞承包制是要坐牢的,但是迫于无奈,还是有几个人冒着极大的风险进行了土地承包,他们是这样商定的:如果你被抓去坐牢了,其余的人负责把你的孩子养到18岁——就是这样开始改革的。这之后长江中下游平原、华北平原等地方也先后进行了改革,最后进行土地承包的是黑龙江省。土地承包责任制之所以能够取得巨大的成功,是因为其内在机制,即"留够了集体的,交够了国家的,剩下的就是自己的",极大地调动了农民的积极性。其实,合作化的一个巨大好处就是分地的时候是十分公平的——将村里的地分成上中下三个等级,然后每一家分别抓上中下三个等级的土地,总体上还是很公平的。但是在实行承包制之后也遇到了问题,比如说井如何分呢?有的上等地里会有井,但是抓到这块上等地的人也许并不会打井,而有些没有抓到这块地的人却会打井,打井又是一项技术活,不是说是谁都能做的,所以井成为一种特殊的重要生产要素。于是就产生了问题:有的人说我花几千元要单独承包地里的井。这样浇地是有偿的,一亩地大概每小时要收10元。由于种植蔬菜需要的浇水次数比种植一般农作物要多,大概一周两次,井的承包者一天最多可以浇20个小时,一年下来要赚10000多元。这样,特别是井所在地的住户感到心理不平衡,认为尽管井是由你承包的,但井在我的地里,为何我还要付费呢?这样便产生了水费纠纷,水井所在地的承包户要求重新分配井资源。所以,农村生产责任承包制,在取得效率的同时,也使得今天在农村,围绕土地等各种各样的资源处理所带来的法律问题成为联产承包责任制所面临的后续难题。那么,以井为例,其后续难题是怎样产生的?我们知道,井作为一种资本品,它的价值取决于其重要性和稀缺性。随着城市对于蔬菜需求量的加大,蔬菜的价格上升,那么农民就会加大对于蔬菜的生产,减少对于粮食的生产,改变作物种植的结构。在生产粮食和生产蔬菜之间,井对于后者更重要,所以对蔬菜的大量生产,就会提升井的价值和价格,从而就产生了对井的争夺;从消费品价格对资本品价格的影响规律我们可以得出结论,消费品价格的改革,要求要素价格的改革。但农村目前的改革停留在要素环节上了,土地不能卖,资本品不能买,不能卖有其合理的地方,但是不能买卖又带来了很大的冲撞和难以解决的问题,我提出来,供大家思考。

其次,是乡镇企业和民营经济问题。当时,我们的国有企业生产百分之七八十的产品,但是去年我们的国有企业加上在合资企业中的独资子公司生产不足百分之十五。这是因为早期的乡镇企业慢慢发展成为民营企业,国有企业也进行了改制。

第三,就是价格双轨制问题。当时的农村改革是这样的,比如说国家要求交1000斤粮食,给两百元钱,你交够了1000斤粮食,如果还想将更多的粮食交给国家,那么你多交的部分国家会给你加价百分之七十,原来是百分之三十,现在是百分之七十加价。也就是说,农村粮食的价格也是双轨制的。国有企业的生产问题太多了,也可以仿效农村的改革进行价格双轨制改革,就是说在国家要求的产品数量内你必须按照国家要求的价格进行销售,但是如果你有多生产的产品,你就可以按照市场价格进行销售。比如说,你生产了1500吨钢铁,国家要求生产1000吨,那么你多生产的500吨钢就可以按照市场价格进行销售,如果市场价格是1500元一吨,计划价格是1000元一吨,那就是说你多生产的500吨每吨可以多卖500元。如果我是这个企业中的重要人物,我将这1000吨钢同样以1500元每吨的价格转手出去,那么我就可以净赚50万。所以,我们可以发现在城市企业进行双轨制改革时会产生严重的腐败问题,于是在1985年的时候,在北大的三角地就有人做诗以讽刺这种严重的腐败问题,而民间舆论的累积也是从这个时候开始的。所以，双轨制的改革给我们国家带来了无法解决的问题。收入分配的不公，使人们诉诸政治手段。后来，国有企业的改革转型了，最早是朱镕基总理倡导，叫做解决三角债问题：A、B、C、D 几个国有企业依次欠债，还不如 A、D 两个企业互相结账，B、C 两个企业改制。但后来发现，这些改革并没有很好地解决问题。其实最好的方法就是进行私募股权、投资银行和 OTC 市场，我们国家除了上证所以外，还有 250 多个产权交易所，上海产权交易所去年交易了 2000 亿，北京是 1000 亿。产权交易是什么意思？就是说如果你过去是国有企业，你想卖，那么你必须挂牌然后进行拍卖，这样可以防止国有资产流失。比较典型的例子就是前年福建雪津啤酒被拍卖的例子。雪津啤酒进口了一条生产线，生产出口感很好的啤酒，很快占领了市场，但是不久之后福州的两家啤酒厂被燕京啤酒收购了，生产出了口味更好的啤酒，雪津啤酒占领的市场就被抢走了一部分；在福建南部的市场争夺中，英国的一家公司给珠江啤酒注资之后也将雪津啤酒压了下去。市场萎缩之后，雪津啤酒厂连贷款的利息都不能偿还了，于是当地的政府就说将雪津啤酒厂卖掉吧，评估价 13 亿，还有 6 亿的贷款欠债，当地政府决定以 6 亿的价格将厂子卖掉，后来高盛决定以 13 亿的价格收购该厂，当地政府欣喜若狂，但是高盛要求在签署购买意向之前要签署保密协议，在签完了一系列的文件条款之后，高盛将产品进行了包装——27 个人工作了 8 个月，而后提出将厂子以 58.8 亿的价格卖给百威啤酒公司，这正好迎合了百威啤酒欲拓展中国珠江流域市场的要求。但是这时中纪委要求，尽管你买卖两家私下手拉手交易，但交易的时候必须进产权交易所进行，挂牌 22 个工作日。于是雪津啤酒只能重新进入产权交易所进行，在挂牌之后的第一个星期燕京啤酒公司就愿意出 19 亿，后来华润公司愿意出 20 亿等等。所以，现在我们来看如果没有产权交易所的话，国际跨国投资银行一手拖两家，这边要求签订保密协议，那边又将其转手，这样最大化满足了自己的利润需求。我们可以发现在过去十几二十多年来我们国有资产的流失是十分惊人的。这件事情震动了国家高层，此后当地政府才开始发现原来产权交易所是有利的，如果没有它，国有资产就会流到私人的腰包里。虽然现在的产权交易所还是有很多问题，但是它也确实阻止了国际投资银行一手托两家情况的发生，这样保护了我们国家的利益。于是，我说价格双轨制、国有企业改革、三角债、经济转型、资本市场和产权市场的改革是全新的。

现在,我们再来看外向型经济改革。从1991年到2007年我们国家出口数目总和是我们GDP数目总和的2.96倍。为什么出口这么快呢？林毅夫老师有一个观点,说我们国家的产业处于产业链条的下游；如果处于上游的话,一般要寻找新的产业生长点,但是这个Searching Cost是非常高的。比如说在20世纪90年代的时候,日本认为要想使自己在21世纪立于不败之地就应该立足于高技术,于是它看准了"高清晰电视"这块市场,因为当时电视一到十九寸以上就十分不清晰。可是在上个世纪80年代的时候,数字技术出现了,将高清晰电视技术比了下去,目标没有选准使得日本现在在互联网数字技术方面没有站在世界前沿,日本经济受到了新技术带来的伤害。但是下游的产业链条就不是这样的了,我们知道六七十年代是汽车和高速公路,八九十年代是微机和互联网,90年代之后是信息高速公路和信息技术,那好我就按照这个产业发展规律进行投资,这时,没有搜寻成本或者说搜寻成本没有投资报酬率高,那么银行就愿意贷款,一波一波的投资过后就会导致生产过剩和库存增加,库存增加会导致你用低价将产品卖出去,所以说通货紧缩在较长一段时间内会持续存在。那么为什么存在这样的情况呢？那是因为我们的产业增长具有潮流式投资、产能过剩、通货紧缩这样的特征。但是还有另外的东西,比如现在的人民币估值过低：现在是7元钱,年底估计就是6元钱。我估计人民币和美元的兑比在5年内可能达到四比一,那就可以想象我年初用100万美元放在中国可以换700万人民币,到年底的时候我用600万人民币就可以买到100万美元可以买到的东西,所以我就愿意把钱放在中国进行投资,通过FDI等方法,让美元进入中国市场,中国统一结汇,100万的美元中国政府必须给我700万的人民币来换,结果把国家的货币发行数给提起来了,我们去年预计发行的是18%,结果是发行了31%,不情愿地增长了13%,这样就会产生通货膨胀。通货膨胀有这样的作用：通货紧缩把价格往下压,由国际流动性挤入所产生的通货膨胀将我们国家的价格往上抬,其结果是两者谁大谁就会决定通货的局面。通货膨胀对通货紧缩起到一个修正作用。当然,通货膨胀可能还因为农民的收入增多、原材料的价格上涨等。但不可否认,国际流动性挤入式通货膨胀因子无疑是客观存在的。所以,由于产量过剩我们必须出口,而为了出口就压低价格,可是为了压低价格就必须迫使我们的人民币币值低估,人民币币值低估了,别人就会绕到你的货币市场、项目投资的实有经济市场、资本市场、远期货币市场等市场之间套利。所以,压低产成品的价格,从而压低土地、人力资本等生产要素的价格,就会造成企业价值的低估。可以说,资本品价值低估是造成我们国家经济增产不增收的重要原因。如果中国的金融体制不改,仍然低估我们的资本价值、人民币价格,结果会造成我们心灵的扭曲,就会觉得洋人比我们高一等;可是如果提高了我们的劳动要素的价格,就会造成产品的积压,增大库存。如果企业垮了,劳动者失业了又怎么办?所以不敢提高劳动力价格,还仍然只能在这里面找平衡。看来,我们国家的经济发展也有些问题——我们光搞制造经济,却没有搞定价经济。这是我对于我们国家80年代以来几个重大的改革事件的一个个人回顾。

三、中国崛起的未来远景

那么现在看第四个问题:我国改革开放30年中国崛起的展望。改革开放30年来中国的制造经济形成了,但是定价经济难产。为什么这么说?我来举一个例子。比如,前几年我们国家通过了一个法律,火电一度的价格是两毛七。民营企业也可以造电,但电网是国家的。一个最好的火电厂一度电能赚一分钱。当然你不要小看这一分钱,如果每年你能得到60亿度电的批额,一年就要赚6000万元。但是电网赚的钱更多,如华北电网通过配电,一度就能卖到两角七八的价格,电厂和电网的利润相差很大,为什么?原来当某种技术在行业内部变成常识后,网资源就比厂资源重要。当网资源达到垄断的地步时,该技术就会剥夺消费者的选择权。按照经济学的说法,网资源剥夺了消费者的需求选择,降低了消费者的需求价格弹性——比如华北电网规定一度电六毛钱,你还是得买。所以,垄断可以从销售者一方获得定价权。

当然,在竞争性的行业里面,也有方法能压低消费者的需求价格弹性,从而获得定价权。比如以服装行业中的衬衫业为例。我们国家在2003年生产了40%的世界市场份额,但是得到的回报却少得可怜:我们一件衬衫出口卖七八美元,拿到美国后,因为是品牌,一件衬衫要卖七八十美元。为什么我们生产了这个产品100%的物质形态,在价值实现上还不到9%呢？占到了世界40%的市场份额，但是价值实现不到百分之三点几？原因在于，在过去的几十年间世界经济经历了新一轮的结构变迁，大工业时代的车间经济经过了物流采购、供应链管理、整合信息技术三个环节的延伸，每一个环节延伸一次，价格成两倍三倍地增长，出现了从制造经济向定价经济和信息经济迈进的趋势。观察事实是，后三个环节具备定价经济的功能。但是我们国家恰好在其产业结构中不具备足量的物流采购、供应链管理和整合信息技术的产业构成成分。车间经济生产出的衬衫只能拿到最终利润的百分之几，而商标持有者通过自己的信息化管理用很少的投入却能够拿到衬衫最终利润的90%以上。这就是在竞争性行业里面通过产业链条的延伸获得定价权的例子。可是，你看我们国家的产业政策：二元结构调整、农村劳动力向城市转移、初期乡镇企业建设和今天民营企业的发展。但是，绝对没有想到我们这样的产业过程导致了制造经济，而定价能力缺失。

现在来看新农村建设与民族文化传统的问题。中国八亿农民，如果农村不现代化，中国就别想现代化；农民的人均收入不高，我们的人均收入也别想高，所以新农村建设是很重要的。但是，我们的新农村建设存在问题。举个例子，农村的卫生设施落后，缺医少药。农村的一个小伙子带着父亲来北京看病，去了很多医院才能确诊。但是如果在美国的制度下，就可以达到城市公共医疗资源下乡的效果。比如，如果我是一个医生，我可以在村里的教堂里面给人看病，时间长了可以开自己的诊所，我还可以利用城里的医疗资源如麻醉师、手术器械之类。美国这种公共医疗资源的使用模式使得美国的医疗下乡十分容易。而我们的制度就使得我们的情况正好相反，农村要看好病，除非在县城里建设相应的大医疗机构。这就可以发现建设社会主义新农村除了经济的问题以外，文化、意识方面也有很大的挑战——怎么用比较低的代价把公共品送到农村去。

最后是中国崛起的世界远景，要让世界承认我们，不仅要用经济，还要用语言和文化，包括我们的行为等方面都要领先，才能让世界承认我们。另外，就是中华民族的未来定位是什么？全世界69亿人口我们就有13亿。我认为将有两种通用的语言，一种是英语，一种是汉语。还有就是未来世界的数字技术的知识产权基本上就是由我们掌握的，我们生产的高科技产品基数会比美国大。再加上，未来一段时间如果我们解决了环境问题、解决了我们的制造经济向定价经济迈进的内在逻辑问题,那么我估计中国应该是领导世界潮流的一个民族。

好,谢谢大家。

现场答问

问:非常感谢曹老师的精彩演讲,我想和曹老师继续深入地探讨一下刚才您提到的一个问题。中国现在正处在制造经济的阶段,而人民币对美元的汇率是比较低的,但是世界经济的大环境正在要求人民币升值,那您觉得人民币是升值好还是维持现状比较好?

答:这个问题提的很好。首先看人民币升值带来的危害,如果人民币升值10%,那么我们的产品在国际市场上就贵了10%,第一个坏处就是人民币升值会使得我们的出口市场萎缩,如果升值,我们国家的企业必须把价格降下来才能维持市场的份额,但是有的企业它的利润率本来就在10%以下,你要是再降低10%的话那就会变成负的。我们就可以理解,如果让这些行业降低价格来维持市场,它们会亏损,但是如果没有市场它们会垮掉。随之而来的第二个问题就是人民币升值会导致失业。第三就是如果垮掉的那些行业正好是我们国民经济成长链条中的关键性行业,比如说我们原来进口大飞机,人民币升值使得我们的大飞机制造业下马了,但航空制造行业是一个关键环节,那就会引发更加严重的问题。有人曾经估计,未来我们需要2600架大飞机,营业额大概35000亿人民币。所以人民币升值会带来三个坏处。

但是也有好处,我们国家现在进出口基本上是相等的,我认为过一段时间进口一定会大于出口,人民币升值会增强我们的购买能力。第二如果那些垮下的企业正好是那些低效益、高能耗、高污染的产业,那么我认为这正好是一个产业升级的压力与动力。比如,我去东莞后知道东莞垮掉了3000家企业,我访问东莞的时候,当地政府认为那些企业是一些应该垮掉的污染性企业。于是,升值成为产业结构升级的机遇。人民币升值的第三点好处,就是我们可以摆脱蓝领社会产业禁锢的契机——东莞将自己的产业定在蓝领产业上。

所以说,人民币升值在福利判断上看来是有好有坏的,但是在时机上看来就是看谁先谁后,2003年发达国家的货币都高估了,美国高估了近30%,法国高估了20%,德国高估了最低是15%,低估的却是港币、人民币、日元和韩元。从某种意义上来说,人民币升值并不一定带来的就是灾难。

问:谢谢曹老师的演讲,特别是您对数字的准确引用我十分佩服。改革开放以来,我们的传统能源行业做出了很大的贡献,但是我们受到来自方方面面的谴责,比如说环保问题等。那么,对若干年以后传统能源行业的发展,您有什么见解?

答:谢谢。首先,我们这些传统行业会给环境带来很大的破坏。我们现在对于环境、能源的破坏已经到了不能容忍的程度。比如说河北的保定县,我当时在那里住队。老乡说,1962年的时候人们随便在地上挖几锹就能出水,那时候都能行船去天津,但是1984年我再去的时候,那里的地下水已经有20几米深了,到现在已经有60多米深了。现在北京取好水的地方有1500米深。这样巨大的变迁使得我们清醒地认识到我们现在保护资源已经到了刻不容缓的地步。严格地说,中国的淡水资源并不十分缺,但对环境的破坏使得我们的水资源遭到了巨大破坏。如果不根治环境问题的话会给经济发展带来巨大的阻力。

怎样保护传统行业呢?我想应该需要新技术的发明,就像发电,我们现在主要是火电,但是发电太简单了,太阳能里有29%都能转变成电能,很多新的技术已经被发明了。我想,中国传统行业的保护应该依靠新技术的应用。就像石油,只是简单的燃烧实在是太浪费了。我们应当寻找更好的技术发明,就像人能够借助技术发明飞起来一样。

(2008年4月25日)

改革开放 30 年回顾与思考

雎国余

[演讲者小传]

雎国余,男,1946年4月生,江苏扬州人。1965年考入北京大学经济学系,1970年毕业后留校任教至今。曾任北京大学经济学院副院长、党委书记。现任北京大学经济研究所所长,北京大学社会科学部学术委员会副主席,经济学院学术委员会主席,教授、博士生导师。并兼任北京市经济学总会副会长,瑞士维多利亚大学、新加坡工商管理学院、中国人民解放军军事经济学院等多个国内外高校教授及多个地方政府,政府综合机构及公司的高级顾问、独立董事。曾留学波兰华沙大学和南斯拉夫贝尔格莱德大学,研究转轨经济学,先后多次赴美、法、德、日、奥、韩、俄、新、马、泰、土耳其、瑞士等国及香港、台湾等地区考察与讲学。雎国余教授有深厚的经济学理论功底,知识面宽广,对国内外实际经济进程有系统把握和深入研究,并有自己独立见解,现享受国务院政府津贴,多次获奖,并曾当选1999年度"北大十佳教师"。主要著作有《经济学大辞典》(1994)、《社会主义市场经济》(1999)、《中国国有经济效益分析》(2005),同时还发表过数篇关于中国经济状况的文章,如《国企改革的若干理论与实践问题》(1999)及《中国经济周期性波动微观基础的转变》(2005)等。研究方向有:宏观经济形势分析、经济全球一体化形势下中国企业核心竞争力提高、国企改革理论与实践等等。

各位同学晚上好,很高兴有机会和大家一起讨论中国改革开放30年所关注的一些理论热点问题。对于我来讲这是一次学习的机会,也是个鼓舞。记得10年前我也曾经作过一个讲座:"中国改革开放二十年——回顾与思考"。当时的讲座被整理成一篇讲稿,也曾发表过。

10年过去了,我们国家的改革开放继续保持了一个健康的发展势头,国民经济也继续保持快速增长,社会、经济、生活的方方面面都在发生着深刻的变化。对此我们感到非常鼓舞人心,但同时又不得不看到:我们渐进式的改革,随着不断的深入发展,一些过去没有遇到过的问题、没有碰到过的困难、没有见到过的矛盾都逐渐凸现出来。

记得10年前我在讲座中就曾经提出:21世纪我们面临九大挑战。十年过去了,这九大挑战依然存在,同时还出现了一些新形势下的新问题,包括我们大家关注的经济增长方式从粗放型转变到集约型;又比如说现在群众关注的一些民生问题:房价高、医药费高、教育费高即所谓的新三座大山的问题;还有美国的次贷危机对全球经济的影响,毫无疑问对我国这么一个正在开放的市场产生了影响;还包括我们现在关注的当前经济是否过热、通货膨胀压力是不是很大等问题;还有人民币升值问题,以及政治体制改革问题等。在旧的问题还没有得到根本解决的时候,这些新的问题又产生了,是对我们党,对我们人民的智慧、勇气和胆识的一个考验。

应当讲,我们这30年取得的巨大成就是有目共睹的。看一看现在,我们这30年经济持续迅速增长,特别是最近连续五年保持两位数的增长;我们的GDP总量已经跃居世界前四位,应当说,今年超过德国,位居前三位,基本已成定局;而曾经困惑我们的通货膨胀,总体上已得到了有效的遏制。

我们曾经出现过四次大的通货膨胀。20年前(1988年)的通货膨胀率,官方统计局公布的数字是18.3%,实际上我们有些民间统计的数据(包括当时还没有回归的香港)高达40%。那时出现了全社会范围的抢购风,挤兑银行存款风,社会出现了不稳定的因素。再比如说1993—1994年:1992年十四大召开,把建设社会主义市场经济体制作为我们的指导思想加以确立,以及在邓小平当年2月南方谈话的基础之上,我们开始了市场经济的改革。请大家不要忘记,市场经济,在传统的观念上,从来都被认为是资本主义的代名词,而在人类的经济史上,市场经济也确实是在私有制的基础之上,随着商品生产、商品交换的产生而产生并发展起来的,而到资本主义条件下发展到极致。一个社会主义国家开始转轨搞市场经济,你说这是不是观念上的一个突破性的转变,理论上的一次革命性的突破?市场经济改革的全面启动,推动中国的改革进入一个前所未有的发展时期。经济快速增长——大家还记得十四大之后的炒股热、期货热、房地产热和开发区热吧——那时呈两位数字增长,但与此同时,通货膨胀也再次达到两位数。1993年时,我国当时的副总理兼中国人民银行行长朱镕基曾经提出来要把通货膨胀压下来。而话音还没落,到了第二年,通货膨胀一下子达到21%,35个大中城市平均达到27.6%(官方统计局公布的数字)。当时银行储蓄的利率,一年期的定期10.9%,还要保持贴补。甚至,我们有些国有商业银行,也以高息吸引储蓄——你别以为只有不法分子非法集资,我们有些银行也这么干,利息高达20%,造成金融秩序混乱。于是,中央加大了宏观调控的力度,通货膨胀得到了控制。到1995年一下子降了7个百分点,到14.8%;1996年降至9.8%;1997年3.8%。从1998年开始,出现零增长、负增长和低增长,大体持续到今天。2003、2004年时,通货膨胀曾经一度反弹:2002年下半年一轮新的经济增长周期开始以后,随着基本建设投资增幅的快速上升,基本建设投资的规模得不到控制——特别是钢铁、电解铝、建筑材料之类的,投资增幅迅速攀升。在需求的拉动之下,通货膨胀出现了反弹:2003、2004年通货膨胀率曾一度高达4%—5%。中央又开始了宏观调控,甚至用行政手段对付物价上涨和通货膨胀的势头。比如著名的江苏"铁本"事件,以及对郑州的一个项目通报批评等。随着中央宏观调控力度的加大,通货膨胀又被压下去了,2005年1.8%,2006年1.5%。到2007年,通货膨胀又开始出现了反弹的势头,突出体现在居民消费价格指数快速上升:今年2月份的居民消费价格指数CPI高达8.7%,3月份恐怕也不会低于8%。通货膨胀形势相当严峻,所以温家宝总理在两会结束的时候,在记者招待会上讲:今年恐怕是经济最困难的一年。其中就包括物价上涨和通货膨胀的压力,这是相当严峻的。但是,控制在5%左右这个目标是可以达到的。5%的通货膨胀率,相对于我们两位数字的经济增长率,相对于我们到现在人均GDP才2000多美元,相对于我们正处在工业化加速的时期,经济发展空间仍然相当开阔而言,从某种意义上也还是可以接受、可以容忍的。当然,这要引起我们的警觉,包括采取必要的宏观调控措施,但是也还没到惊慌失措这样的地步。

这就是说,曾经困惑我们的通货膨胀,总体上得到了有效的遏制,至少控制在我们可以承受的限度之内,我们实现了高增长,低通胀。随着经济增长和通货膨胀的控制,城乡居民的生活水平发生了深刻的变化。统计数字我就没有必要去罗列了,其中包括我们经常讲的,比如生活在贫困线以下的人口从1978的近三亿人到现在降到了二三千万;中国恩格尔系数从1978年的63%左右降到现在的39%。所谓恩格尔系数,就是一个家庭在消费开支中用于购买食物所占的比重,当然这个比重越低,生活水平越高,这个比重越高,生活水平就越低。我们的生活水平发生了变化,当然,我们这里讲的是总体上,而不是结构上的。从结构上讲当然问题仍是十分突出的:比如有的地区提高得快一些,有的地区提高得慢一些;有的家庭提高得快一些,有的家庭提高得慢一些,甚至有的家庭的生活水平绝对下降。一般城市居民生活水平提高得快一些,农村居民提高得慢一些。我们政府讲,城市居民与农村居民的收入差距是3.3:1,其实恐怕有4:1,这种城乡二元经济结构的现象相当突出。但是,总体上生活水平提高,产品质量改善,消费品的可选择性增强,这是一个不可否认的事实。

我们的对外开放取得了巨大成就。一个封闭的半封闭的国家经过30年的改革开放,已经成为世界第三大贸易大国,外汇储备世界第一,15600亿美元;我们加入了WTO,同世界各个国家经济开始融合。30年前怎么能够想象,一个封闭半封闭的计划经济国家现在成为世贸组织的成员?这都是我们取得的重大成就。我本人从来最关注的两个领域也发生了深刻的变化,它不是简单地表现在GDP的增长上,表现在我们多少项目或者多少座楼的盖起来,多少条高速公路的建成,当然,这些成就我们要讲够,要讲透,要讲足。

我们还要看到另外两个更重要的领域发生的变化——这种变化是制度性的变化,是更本质的变化,是我们国家改革开放最终成功、生产力进一步发展的保证。哪两个领域?一个是经济基础,一个是上层建筑。我们这30年经济基础发生了深刻的变化,而且是不可逆转的。比如说,我们的所有制结构发生了深刻的变化:30年前我们国家的所有制结构是公有制一统天下,其中国有经济占绝对优势,其产值比重占70%以上。现在是什么?多种经济成分并存,相互竞争,共同发展。虽然我们现在还讲公有制是主体,但是别忘了,我们今天讲的公有制是主体,它的内涵和外延都发生变化了,扩大了,实现形式多样化多元化了。我们今天讲的公有制已经不是过去传统意义上理解的那个公有制了。若干年之后,我们再看到的公有制,也许又不是我们今天所熟悉的公有制。国有经济的产值比重在下降,现在全国大概不到30%;国有企业的数量从40多万家现在降到不足3万家——前年年底央企还有165家,现在已经不到150家;与此同时,非公有制经济包括整个民营经济迅速发展迅速成长,已经成为整个社会主义市场经济的重要组成部分之一了。公有也好,非公有也好,理论上讲,它们没有老大、老二之分,没有高低贵贱之别,只有行业特点不同、资本规模大小之别。你资本规模大有3000亿,我资本规模小只有500万;你是中国铁路、中国电力、中国远洋、中国航空、中国石油、中国石化,我是餐饮、旅游、IT、纺织、房地产、物流。但是我们都是独立的市场经济主体,我们拥有着平等的权利,我们在同样的市场经济规则或游戏规则下同等地、公正地、公平地竞争,这正是市场经济保持生机活力的源泉所在。当然,在现实的经济中,由于种种原因,我们是转轨经济,从计划经济向市场经济转轨需要时间,不能操之过急。我们的干部、我们的群众的认识能力和适应能力,也还要有一个提高的过程、适应的过程,因此,在实际的经济生活中,我们现在有些领域,对于非公有制经济的进入门槛比较高,甚至存在禁区,事实上还存在着一些歧视。但是从长远来看,从市场经济的目标来看,所有这样一些门槛、禁区和歧视会逐步地不同程度地降低、消除和克服,当然这需要时间。中国的民营经济发展得特别快,我们过去讲它三分天下有其二,实际上今天已经四分天下有其三了。我们可以这样概括:中国的民营经济大体上结束了上世纪80年代末90年代初的青春躁动,已经逐步进入了理性成熟期。中国的民营经济已经从过去典型的中小资本规模、中小类型企业、中低技术含量、服务于低收入群体的这样一些民营企业向大规模资本、大型企业、高技术含量、服务于高中收入群体这样的民营经济演进,这样的历史演化过程已经开始。在管理方式上,已经从过去非常典型的带有血缘性、亲缘性、地缘性实行家族式的企业管理,开始向现代企业制度所要求的专业化管理在演进。这些在30年前怎么能够想象?至于生产要素的配置,过去讲计划配置为基础、计划调节为主体的叫计划经济,现在是向市场配置为基础、市场调节为主体的市场经济转轨,其目标是市场经济。这个目标是质变,它不是一般的市场化程度提高的量的变化,而是以市场调节为基础的市场经济。至于在分配领域、在流通领域或者在消费领域,人们之间的经济关系在不断调整,相应的管理制度在不断变化。

一句话,中国的经济基础在发生着深刻的变化,而且不可逆转,走回头路已经不可能了。经济基础变了,上层建筑能不变吗?上层建筑领域更宽广,各种利益关系更复杂。当然,有的领域更为敏感,比如政治体制,但是也都在不同程度上发生了变化。有的变化是场深刻的革命;有的变化需要时间,不能操之过急:比如我们大家关注的中国政治体制的变革。我们这30年上层建筑发生方方面面的变化,有的变化是革命性的变化,比如人们的观念变化就非常深刻。市场经济观念我们接受了吧,但是这在30年前怎么能够想象?什么叫市场经济?按照经济学教科书的解释,市场经济就是资源配置以市场调节为基础的经济。那市场调节叫什么?经济教科书讲的很清楚,市场调节就是市场调节,价格、利率、供求、竞争。利率是货币的价格,其实也是价格调节。价格调节、利率调节、供求调节、竞争调节这四大市场调节,说到底是什么调节?利益调节。市场经济是利益调节的、利益驱动的、以追求利益的增长为目标的经济。利益用什么衡量?用价值。价值用什么表现?用货币。市场经济就是一种利益不断增长,价值不断增值,货币带来更多货币的经济体制。那不断增值的价值是什么?马克思讲,带来价值的价值是资本。你说从这个意义上讲,市场经济是不是资本主义,以资本运动为核心的一个经济?传统的观念上,我们把市场经济和资本主义是联系在一起的。我们中国共产党人有智慧,有勇气,有胆识,要把这样的市场经济跟公有制结合,和社会主义结合,要搞社会主义市场经济。你说这观念的变化深刻不深刻?

而这样伟大的变化,首先要归功于邓小平。这集中体现在1992年2月邓小平的南方谈话,旗帜鲜明地提出了中国的改革开放、经济发展要走市场经济道路。当然,时间的关系我们就不去讨论邓小平80多岁高龄到南方干吗去,当时中国正处在向何处去的十字路口上,中国经济何去何从?1989年北京政治风波之后,中国的经济全面滑坡,1989年的经济增长率只有3.6%;1989年,1990年,1991年三年的经济增长率平均只有6%—7%,而且这里还有水分。经济全面滑坡,市场全面疲软,这还是次要的,重要的是,我们在思想理论战线上出现了回潮。当时有一些人提出:我们的中心工作是防止苏联东欧事件在中国重演,防止和平演变,防止戈尔巴乔夫式的人物篡夺党的领导权。如果是这样的话,那么我们要问了:自1978年12月十一届三中全会以来,我们党所确立的基本路线还要不要坚持捍卫?这个基本路线就是我们在座同学都十分熟悉的"一个中心,两个基本点"。中心是什么?就是以经济建设为中心。这关系到党的基本路线要不要捍卫这样的大是大非的问题,同时又要看到国际上风云突变——苏联解体、东欧剧变,国际共产主义运动处于低潮,国内经济滑坡,市场疲软。邓小平深刻感到,中国如果这样下去的话,俄罗斯东欧的今天,就是我们的明天。这决不是危言耸听,计划经济此路不通,现在只有一条路——市场经济。因为我们经济学讲资源配置,主要是两个手段:一个是计划,一个是市场。当然还有两个辅助的手段,一个叫经验,一个叫道德,但是,主要是计划和市场。既然以计划为主的计划经济被证明是不成功的,那现在只有一条路了,即市场配置为基础的市场经济。邓小平毅然决然地选择走这条路,或者说也没有别的路可走了。这同邓小平的思想方法论是一致的。邓小平的思想方法论是什么?解放思想,实事求是。用邓小平自己的语言来表述:"管他白猫黄猫,能抓老鼠的就是好猫。""猫论",我们市场经济的改革实质上就是在"猫论"的指引之下发动的。当然还有"摸论"——摸着石头过河。

"一猫"、"一摸"两论使中国市场经济改革起来了,你说这观念变化深刻不深刻?至于其他的观念——价值准则、道德标准、伦理、哲学、文化、艺术、音乐、舞蹈、宗教等方方面面都发生变化。文化多元化的现象从未像今天这么丰富多彩。当然由于时间关系,我们就不去表述了,我想在座的年轻人也许体会不深,像我们这个年龄段的人,有过前后两个时期的比较,感受太深太深了。

当然我们今天就不去讲了,接下来讲第七个问题,关于精神文明道德诚信问题所要讨论的一些文化现象。我们都知道,全国人大政协制度,地位在加强,作用在提高,包括我们的人大代表、政协委员愈来愈开始真正行使当家作主的权利,反映民意。这是政治进步。我们两会上还出现了反对票,这在30年前是不可思议的。我们这次两会还设置了一个秘密投票点,这也是进步。

还有我们在理论上取得突破。我们把马克思列宁主义、毛泽东思想发展到邓小平理论的高度;又把邓小平理论发展到"三个代表"重要思想的高度;现在又把"三个代表"重要思想发展到"科学发展观"的高度。我们今天学马列就是学邓小平理论、"三个代表"重要思想、科学发展观。"三个代表"重要思想、科学发展观,确实气势恢宏,博大精深,有深刻的内涵和丰富的外延,是一个理论体系。当然我们今天不准备解释,如果要讲的话,我估计得要两三个小时。关键在于,要把"三个代表"重要思想、"科学发展观"放在市场经济背景下,你才能理解它深刻的内涵、丰富的外延和理论的力量,否则你就会把它庸俗化。就三句话怎么就博大精深了?不管怎么样,马克思活了六十五年,用四十年写《资本论》。《资本论》,三本书放在那里了,那是学说,从商品二重性、价格、抽象劳动、具体劳动、私人劳动、社会劳动,一直分析到资本主义必然灭亡。当然我们可能对马克思学说有这样那样的评价和观点,但那是马克思的思想,马克思的理论;列宁1918年用大量的统计资料和研究,写出一本光辉著作《帝国主义是资本主义发展的最高阶段》。经过研究,列宁提出的几个结论:帝国主义就是战争,帝国主义就是寄生的垂死的腐朽的。当然,我们有些人对这种判断有些不同意见,但是,那是列宁的思想,列宁的学说;毛泽东同志把马克思主义基本原理同中国实际相结合,得出中国既不能走资产阶级旧式的民主革命道路,又不能走无产阶级城市革命的道路——中国必须走新民主主义的道路,井冈山道路,农村包围城市的道路。《新民主主义论》、《矛盾论》、《实践论》、《论持久战》几本著作放在那里,那是毛泽东的学说。"三个代表"重要思想,是根据马列主义基本原理和时代特征所提出来的关于我们党和国家的指导方针,这也是学说。

问题在于共产党搞市场经济,遇到了许多新问题和新现象,也产生了许多新的矛盾。传统的马克思学说回答不了,解释不了。于是实践呼唤新的理论,"三个代表"重要思想应运而生。共产党已经不是一个革命党,它的历史任务已经不是以夺取政权为己任,而是一个执政党。在一个新的历史时期,共产党的历史任务是推动生产力的发展。为了推动生产力的发展,要同国际经济融合,对外开放,并且要通过市场经济来推动生产力发展。"三个代表"重要思想反映了共产党在市场经济条件下推动生产力发展过程中理论上的要求,"科学发展观"也是如此。中国改革开放经过30年,产生了许多新问题,包括利益协调、经济增长方式如何进一步转化等问题。这就需要一种科学的世界观、科学的方法论,使得我们国家的改革开放和经济发展能够健康地持续地协调地发展,以实现社会和谐、从小康进入富裕以至于振兴中华民族这样的目标，可以说科学发展观就是在这种时代背景下因应而生的。

我们在上层建筑领域取得的重大突破，也包括我们民主化的进程，包括我们的政治体制改革。有人说中国市场经济改革取得了很大成就，但是我们在政治体制改革上，在社会的民主化建设上几乎没有进展；甚至有些人讲，中国的改革开放处于关键时刻，关键就关键在政治体制改革能够不能够从根本上启动；还有的人讲，我们新一代党中央领导人能够不能够成为中华民族的英雄，在历史上留下自己的英名，就看在政治体制的改革上有没有作为。我是不同意这些说法的。

你要说没改革，我想这不是事实，不是历史唯物主义的态度。怎么没改革？我们这30年，民主化进程是解放以来最快的历史时期，我们中国人今天享受到的民主成果应当说是解放以来最丰硕的时期；我们今天生活的经济环境、社会环境、政治环境应当说是解放以来最宽松的历史时期。我们今天说的，我们今天讲的，我们今天做的一些事情，你放在30年前试试，很可能就是现行反革命，直接扭送公安局。那些我们都经历过了，所以要珍惜我们今天来之不易的民主成果——这也包括政治制度的改革——你不能说没有改革；公务员不是改了吗，干部公开招聘制度，招聘到副厅局级干部，这不是改革吗？包括最近南京在电视上通过竞选来竞选局长的位置，这是改革上迈出的可喜的一步。我们党的一正两副制度、干部公示制度、有些地方实行干部末位淘汰制度，这都是改革。还包括我们十七大讲的：权力在阳光下运行，包括这次两会大部制改革，国务院机构改革。应当说我们取得了巨大的成就。当然距离我们的目标还有很大差距，但是应当说取得了进展。

总而言之，我们这30年从经济到社会到政治、从经济基础到上层建筑等方方面面都发生了深刻的变化，并取得了巨大的成就，我们要把成就说够，说透，说足，当然我们在充分肯定取得的成就的同时又要看到确实仍面临着许多的问题和困难，如果看不到我们存在的问题，我们可能就会陷入盲目性。尤其像我们国家的改革，我们选择的是渐进式的改革，与苏联和东欧的转轨经济不一样，它们选择的是激进式的改革，也就是它们所谓的休克疗法。我们选择的是渐进式的改革，摸着石头过河的改革，在保持我们最基本的经济制度尤其是政治制度不变的前提下，推动改革和开放。这种改革有它的优点——改革了,生产力解放发展了,人民得到了实惠,社会保持了稳定。当然这种改革也有它的弱点,有它的局限性,这就是,处于事物表面的一些容易解决的困难、问题和矛盾被克服了,留下来的都是深层次的问题、深层次的矛盾。我们怎么办?摸着石头过河?石头摸不到了,水深流急,这时该怎么办?所以说,中国改革开放正处在这样一个关键时刻。

我在10年前作报告的时候我就提出过九大矛盾,都是21世纪一个相当长时间我们面临的挑战,比如我们刚才讲的:市场经济条件下,国有企业如何真正摆脱困境、提高竞争力、产生效益的问题;又比如我提出的第二个问题:市场经济条件下,中国的农业基础如何加强巩固,农民的收入水平如何提高,农业农村如何发展的问题,即"三农"问题;又比如我提出的第三个问题:社会主义市场经济条件下,如何实现劳动者的充分就业;如何认识我国居民之间收入差距拉大,地区之间经济发展水平差距拉大的问题;还有产业结构调整问题——产业结构如何调整,如何优化;还有当时我提出的,如何从经济学的角度来分析中国的腐败成本问题,从经济学的角度来分析中国的社会治安的成本问题;以及我曾经提出的市场经济条件下,中国人的精神文明建设和社会道德诚信建设的问题——中国人究竟信仰什么?中华民族的精神支柱是什么?最后也包括:中国入世,已经过了过渡期,那么中国如何应对挑战,我们相应的对策是什么?这些问题现在依旧存在。当然,还有新的问题在不断产生。

我们这里不可能讲每个问题,我们没有那么多的时间,我只是就其中几个问题做一些概括性的描述和分析,给出自己的一些判断。其中一个问题是,如何坚持科学发展观,转变经济增长方式,使中国的增长由粗放型向集约型的轨道上发展的问题。这个问题,就是"好"和"快"的关系问题。我们在座的各位都清楚,我们这30年发展的确很快,表面的GDP增速远远超过了世界平均水平。但是我们不能不看到,我们增长的背后,付出了高昂的代价,付出了高昂的成本。我们的增长总体上仍然是粗放型的而不是集约型的。所谓粗放,主要是依靠生产要素的投入、生产场所的延伸来取得经济的增长而不是依靠资源优化配置、知识、技术、信息以及现代管理的投入和有效利用来取得的经济增长。我们在增长的同时,环境被破坏,生态平衡问题突出,这不用举例。你看看江苏太湖的蓝藻;你看看北京的沙尘暴，就知道我们付出了高昂的环境代价、生态代价，有些代价也许我们现在还把握不准。包括长江流域出现的一些生态上的问题，当然这个问题我们现在还不清楚，关键在于我们现在的认识能力还达不到那个高度。我们每生产出100万吨煤，我们付出的矿工的生命代价是美国的100倍，印度的30倍。我们国家近几年经济发展确实很快，但是我们的经济增长主要靠出口来拉动，而我们国家出口的产品，往往又是高物耗、高能耗、劳动密集型的低附加值的低端产品，比如说纺织、服装、鞋类、玩具、电器、塑料制品和资源性的一些矿产品。我们赢得了贸易顺差，但是利润的大头却让外国人赚取了。我们卖苦力让外国人赚了钱，我们卖资源让外国人赚了钱，结果到头来还说我们造成世界气候变暖，他们赚了钱又反过来还说我们侵犯人权，没有保护劳动者的权力。包括最近发生的一些事情，比如西藏问题、奥运会问题等等。

　　这些问题摆在我们面前，我们还能继续按照这样一种增长方式去追求GDP的增长吗？如果我们继续下去，我们的经济和社会就很难进入一个更高的境界，我们就很难取得经济的可持续发展，我们可能就会牺牲子孙后代的发展来取得我们今天的增长、今天的物质文明和今天的幸福。难道我们能够容忍以后代人的代价取得我们今天的经济增长？我们不能做这种事情。假如说在温饱问题还没有解决的时候，出现这些问题也许还可以容忍，还可以接受，因为道理很简单的，你不能用一个人均GDP几万美元的发达国家的发展模式来要求来衡量来评价一个当初人均GDP也就两百美元的发展中国家的发展模式，因为不同的国家所处的经济发展阶段是不一样的，其要解决的问题、实现的目标、采用的手段都是不一样的。对发展中国家来讲，在经济发展的某个阶段，它要解决吃饭，要解决就业，要解决财政，要解决经济持续发展所必需的前期的经济技术基础的打造和必要的物质环境的保证，所以在某种意义上可以理解、可以容忍。但是问题在于：温饱问题大体已经解决，现在开始全面进入小康，恐怕这些问题如果我们再容忍的话，就违背了科学发展观，对中国经济今后的发展带来灾难。从这个意义上讲，我们现在要注重经济发展的质量，要好也要快。但是就今天而言，恐怕还是好字当头，好字优先。所以说去年12月中央经济工作会议之后，我在很多地方做报告时就讲：中央经济工作会议实际上体现了十七大的精神，中央经济工作会议我可以用四句话概括,第一句话就是好字当头,科学发展。第二句话就是稳中求进,统筹兼顾。第三句话就是财政稳健,货币从紧。我们过去的财政政策叫积极的财政政策,而现在应当调整为稳健的财政政策;我们过去的货币政策叫做适度从紧的货币政策,现在应该去掉适度两个字。第四句话就是防止过热,遏制通胀。这四句话我用一个字概括,叫做紧而不是松。当然,这样一种方针,到现在没有变化。学术界存在着尖锐的分歧,究竟是紧好还是松好?见解不一致。

第二个问题就是,怎么看待我们国家的通货膨胀形势的问题。应当说,我们国家目前的通货膨胀形势是相当严峻的,对此我们要保持一个清醒的认识。我们知道通货膨胀是种纸币现象,如果是黄金货币就没有通货膨胀现象。为什么?黄金是有价值的,而纸币没有价值,纸币是种价值符号。如果市场上流通的纸币量超出了黄金货币需求量,纸币就会贬值,物价上涨,这就叫通货膨胀。流通的纸币多了,价格跌了,于是用它来表示的物价上去了。通货膨胀,只要是通货膨胀,肯定是物价上涨。但是物价上涨不一定是通货膨胀,比如纯粹是因为货币供给短缺,也可能会引起物价上涨。但是如果在一个相当长的时间,物价呈现上升的趋势,就表明是通货膨胀了。所以当前的通货膨胀形势是十分严峻的,其中集中体现在居民消费价格指数CPI迅速攀升,而且到目前为止居高不下,遏制的难度相当大。去年1至6月份,我们CPI的增幅为4.2,到了7月份达到5.6,8月份为6.2,而9月份则为6.7。当时我讲,10月份的数字应当在6.9,除非政府说假话。后来11月份开始回落,到今年1月份则又达到7.8,2月份8.7,当然这其中有南方冰冻雪灾的作用。我们为什么会出现物价上升通货膨胀反弹这样的压力?根本原因仍然在于基本建设规模得不到控制,基本建设投资增幅得不到控制。到现在为止,我们国家固定资产投资的增幅仍然高达29%左右,非金属类的矿产品固定资产的投资增幅高达46%。投资规模增幅得不到控制,当然会拉动投资需求的上升;投资需求一部分拉动消费需求,在需求的拉动下,物价水平能不上升吗?通货膨胀能没有压力吗?

当然,除了这几个基本因素之外,还有另外几个因素在起作用,从而使得我们通胀的形势更加严峻。境外输入型通胀影响这里不作分析,除此之外,还有几个内生因素。哪几个因素呢?第一个因素大家知道,我们

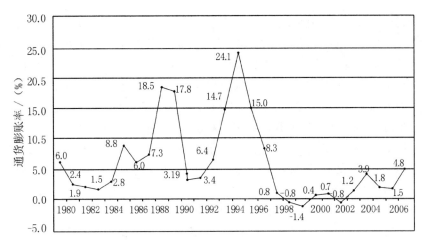

图 1 中国历年通货膨胀率

这届中央政府有一个非常重要的战略思想,叫做建设社会主义新农村,提高农民的收入水平。包括"两会"结束后温家宝同志讲,他在他任内有五大要解决的问题,第一个是加大对农业的投入,第二个就是解决五千万人的就业。建设社会主义新农村,提高农民收入,中央的这种思想是对的——我们为什么不像欧美国家那样经济增长靠消费拉动?欧美国家消费率通常在80%以上,我们的消费率只有40%到50%。我们的经济增长主要靠投资靠出口。其中一个重要原因在于农民收入不高,从而没有形成有效的农村市场。中央看到这个问题,提出建设社会主义新农村,包括取消农业税,减轻农民负担。但是,我们不能不看到,农民的收入提高,依靠发展传统的农业的空间是有限的。新中国成立之后,为了实现社会主义工业化,我们通过工农业产品的剪刀差压低农产品的价格,提高工业品的价格形成最初的工业化的资本积累。上个世纪70年代末家庭联产承包责任制,农民过了几年好日子,但是从1984年10月份以后,城市经济改革全面启动,一度缩小的工农业产品剪刀差再次拉大,农民再一次陷入窘境之中。中央看到了这个问题,提出建设社会主义新农村,目的在于提高农民收入水平。不过,依靠农民的自身努力,恐怕收效是有限的。也正因为如此,中央提出工业支持农业,城市反哺农村,中央政府和地方各级政府财政要支持农业。我们测算了一下,中国社会主义新农村建设假如真正实现的话,中央政府至少要拿出20万亿元的人民币。20万亿是个什么概念?我们2006年的GDP总量20.9万亿,我们去年的GDP总量24.5万亿。差不多是一年的GDP。这是一个目标,一个过程,短期内是不能实现的。那你说怎么办?农民收入水平怎么提高?很简单,不管你高兴不高兴,愿意不愿意,中国的农产品在低水平价格的基础之上,在一个相当长的时期呈现上升的趋势,这是毫无疑问的事情。你不要以为猪肉价格上去了、粮油价格上去了、鸡蛋价格上去了、蔬菜价格上去了,就是自然灾害、闹猪瘟、国际粮价上涨。有没有这样的因素?有,我们必须承认。但是从根本上讲,中国农产品的价格在低水平的基础之上呈现上升的趋势,并且通过这样一种方式来提高农民的收入是不可避免的。当然,如果短期内上涨幅度太快,就会造成城市居民生活压力的加大,特别是低收入家庭生活压力的加大,产生对政府的不满、对社会的不满,有可能破坏和谐社会。政府需要采取必要的措施,包括行政控制和财政补贴等,这是正确的,但是价格的问题你能通过长期的财政补贴来实现吗?这只是权宜之计,而不是长久之策。过去计划经济的教训难道我们已经忘记了吗?农产品的价格上去了,你想其他工业品的成本能不提高吗?最终产品价格包括服务品的价格能不上升吗?农产品的价格上去了,劳动力的成本提高了,你要吃你要喝啊,劳动力成本提高了,你想想看其他工业品服务品的价格能不上升吗?物价水平能不上升吗?通货膨胀能没有压力吗?

  第二个原因,我们大家知道,就像我们刚才有同学讲的,最近这几年能源价格迅速攀升,居高不下。煤炭从几十块钱一吨涨到几百块钱一吨;石油从15美元一桶涨到一百多美元一桶,现在突破百美元大关了,翻了好几番。能源价格上升了,工业品的成本能不上升吗?包括公共品,水电气,同样有一个在成本推动下价格上升的压力。但是公共品水电气关系到经济的稳定问题,关系到群众最基本生活的保障。因此,对公共品水电气的调价政府从来是很谨慎的,但是成本上升了,你不调价行吗?除非你财政补贴。可是财政补贴不能从根本上解决价格倒挂问题,何况我们国家的财力是有限的。我们要花钱的地方多了:国防经费要提高吧?国防军备不提高,你怎么增加我们同美国人、同西方国家谈判的筹码,谈判都是以经济和政治实力为后盾的;干部工资不提高行吗?不提高我们有的干部就腐败；医生待遇不提高行吗？不提高我们有的医生就收红包；老师待遇不提高行吗？不提高就乱收学费，误人子弟，到处打野食。方方面面都需要财政支持，而财政补贴也是有限的，何况财政补贴只起一时的作用，同时它还会加大供需矛盾，使得供需紧张。实际上，中国的公共品，包括水电气的价格，实际上一直在不断调整。但同时又要十分谨慎，将公共品价格调整的成本降到最低。去年上半年北京市天然气价格上调了一毛五分钱，北京市的天然气的价格在全国是最低的城市之一，只是上涨了一毛五，却仍然引起了北京市一部分市民强烈的不满，于是后来政府在调整公共品价格问题上吸取了教训。去年北京市五号地铁通车之后，我们实行了单一票价制，地铁票两块钱一张，不计里程。这就是说只要我们买了两块钱一张的地铁票，在地铁呆一天都没人管。夏天可以乘凉，冬天可以取暖。老百姓高兴，但是别忘了，政府为此支付了巨额的财政补贴，而且从某种意义上讲，供需矛盾更加紧张了。地铁高峰时，据有关媒体报道，过去地铁拥挤到可以把乘客压成相片，现在据说连当相片的机会都没了，你根本上不了车。当然财政补贴也是一种办法，但它不是长久之策。连公共品的价格都有上调的压力，何况非公共品呢？你想物价水平能不反弹吗？通货膨胀能没有压力吗？

第三个原因，大家知道，我们这届中央政府它有个非常重要的指导思想叫做"科学发展观，以人为本，构建和谐社会，关注民生问题"。温家宝总理讲社会主义初级阶段核心价值观念叫做公平与正义，让更多的人享受到改革开放的成果。我们党过去的政策是什么？十四届三中全会时，我们党当时讲：效率优先，兼顾公平，让一部分人先富起来。我不是说当时的政策出了问题，我也无意把这样两个政策对立起来，因为时代背景发生了变化。这就是说，在这样的思想指导之下，全社会个人收入分配结构要调整。全社会个人收入分配结构调整的结果就是总收入水平上升、总需求上升，那么物价水平能不上升吗？我们知道经济学有个简单的道理，叫做收入不可逆，消费不可逆，收入水平只能往上发展不能往下降，消费水平只能往上发展不能往下降，这是经济学的基本常识。最近这几年，我们个人收入分配结构调整，其结果总收入水平上升：我们最低工资标准提高了吧；我们企业退休职工的退休金标准明显提高了吧——中央提出连续三年要明显提高退休职工的退休金标准；我们社保开始向农村地区覆盖了;我们部队官兵的收入水平大幅度明显提高了;我们干部公务员,包括企事业单位的工资水平提高了。北京大学前年就进行了工资制度改革,去年又做了一些修补。工资调整结果使总收入水平上升。北京市早在几年前就实行"三五八一政策"。什么叫"三五八一政策"?科长一个月三千元;处长一个月五千元;司局长一个月八千元;副市长以上副部级干部一个月一万元——三五八一。那么你北京市地方政府干部实行三五八一,凭什么我在北京的国务院、中央机关的干部就不能实行三五八一呢?我们大家都是同样的工作,你当处长一个月五千元,我当处长一个月三千元,这不是同级不同酬,同城不同酬吗?你敢保证干部队伍的积极性吗?能稳定干部队伍吗?所以中央机关工资制度也要改革。当然这改革的结果也许不能跟北京市去简单地比较,去攀比。但是结果总收入水平上升,我想,这一点不成问题。就是说,全社会个人收入分配结构调整其结果是总收入水平上升,总需求上升。在需求拉动下,就造成物价水平上升,通胀反弹。

  第四个原因,我们经过30年的改革开放,外汇储备世界第一:15600亿美元。但是大家都要知道这么一个基本事实:这么巨大的外汇储备,不是天上掉下来的馅饼,实际上是我们通过各种方法通过各种途径买来的、换来的。比如国际贸易顺差,比如国际收支顺差,比如境外的投资者在中国境内投资以人民币的形式投放市场,因为我们市场上流通的是人民币,不是外币。也包括国际热钱通过各种途径进入中国,又以人民币的形式进入市场。你有多少外汇储备,就意味着有多少人民币投放市场,经济学上叫做外汇占款。市场上的人民币供给在增加,加上我刚才讲的几个因素,使得人民币的流动性加强,达到前所未有的充裕。但是大家不要忘了,市场上的人民币不是艺术品拿来把玩欣赏的,人民币是要寻找出路的。人民币的出路是什么?三条出路:要么消费,要么储蓄,要么投资。我们先来讲消费,由于收入分配结构上的原因,我们很多消费群体有消费欲望但是没有支付能力,而有些消费群体有支付能力却没有消费欲望——其消费早就饱和了,房子早就买了,车也买了,吃也吃了,玩也玩了。那怎么办?储蓄啊,储蓄。我们国家又长期存在负利率现象,而且,我们国家负利率相当严重。从理论上讲,储蓄越多,损失越大。市场经济的灵魂是价值增值,钱带来更多的钱,而不是价值减值,利益受损。所以,从理论上讲,只有傻瓜才储蓄。但是,我这样讲不是说储蓄的价值丧失了,因为你毕竟有用现金的时候总比你到地下钱庄,到地下高利贷,花高昂代价、冒高风险去借要好吧;总比你现金压箱底要好吧。风险太大了,不怕贼偷也怕贼惦记着呢。但是负利率至少挫伤了储户的储蓄热情和储蓄积极性。那怎么办?投资啊,投资。可是我们国家投资渠道窄,只投资传统领域,竞争空前激烈。各种约束性的条件越来越苛刻:要求环保,要求注重生态,要求节能减排,要求切实贯彻劳动法、保障劳工权益……生意越来越不好做,成本也越来越高,何况我们经济学还讲机会成本呢——你投资某个领域,你可能得到投资回报但同时你也付出代价。所以你要做机会成本比较。什么叫机会成本?机会成本就是我们作出一项选择而不得不放弃其他选择所付出的代价和成本。我选择了某个领域进行投资,我获得了投资回报,可是我付出了健康;付出了家庭幸福指数下降;我付出了和丈夫或者妻子、子女团聚的时光;牺牲了闲暇;牺牲了受教育的机会。你要比较这些付出值不值,而不能光看财富的增长。你干什么?很简单,自然而然转移到房地产市场,转移到资本市场;而我们国家资本市场债券市场发育又不成熟,自然地转移到了股票市场。房地产市场本来就是国民经济的支柱产业,资本市场股票市场本来就是国民经济发展的晴雨表。我们国家经济快速增长,而且前景看好,至少在2020年以前我们还有12到13年的快速增长期。于是,房地产市场、资本市场和股票市场快速增长。在需求拉动和资金推动两个因素作用下,资产价格能不上升?如果短期内增长幅度太高,上升速度太快,价格远远高于价值,就会形成泡沫。尤其是股票市场,因为它本来就是虚拟资本所体现出来的财富和价值,是水中月亮。从2006年下半年以来股市快速增长,上证指数从1000多点一度上涨到6000多点,价格远远高于价值,市盈率高达七八十倍,有的股票高达几百倍甚至上千倍,它能不回落吗?我们早就看到了这个问题,当然我们今天不去分析中国股票市场,我不做股票,也从来不炒股票,但是我断定它一定会回落。所以今天出现股票市场的激烈震荡,上证指数回落到3000多点——昨天跌到大约3400多点,今天有所反弹,但是大约是在3400点至3500点左右。这样的局面,短期内不会改变,甚至可能继续下跌。这是对过去价格过快上涨的一种修正。那么房地产的价格在需求和成本推动之下,当然也会不断上升,尤其中国的特殊国情决定了中国的房地产价格在相当长时间内有上升的趋势。但是短期内上涨幅度太快,远远超出同期GDP的增长速度,就会造成风险,造成泡沫。因此从结构上讲,某些地区、城市的楼盘房价出现调整是难以避免的;再加上中央宏观调控力度加大,财政货币从紧政策的推行,也是造成房价调整的原因。于是,投资房地产风险加大,投资股票市场的风险也加大,那么我们得出一个结论:现今房地产不是我们进入的地方,股票市场也不是我们投资的地方了。当然,资本还是要寻找出路的,于是一部分就转移到了消费品、服务品市场,寻求更高品质的消费——这两个市场在资金和需求的拉动下价格也会上升。

所以综合一下就是,中国当前的物价上涨和通货膨胀是多种因素造成的,而不是某个单一的因素造成的,从而使得我们国家现在遏制通胀的难度加大。但是控制在5%到6%左右应当是没有问题的。温家宝总理讲:今年的目标,经济增长8%,CPI控制在4.8%。CPI控制在百分之五六应该没有问题,为什么?因为中国的经济仍然在快速增长,供给在不断增加,供求矛盾在不断得到协调,再加上我们国家又控制着经济命脉,党和政府有足够的经济能力和足够的调控手段包括非经济的调控手段,来使得我们国家的经济走势和通货膨胀的走势控制在可以承受的范围之内。百分之五到六的通货膨胀率相对于我们两位数的经济增长率而言,相对于我们人均GDP到现在才2000多美元而言,对于我们的经济发展空间仍然非常开阔这一个条件而言,是可以接受的。当然这仍要引起我们的警觉,以防止向恶性通胀发展,采取必要的调控措施是对的,但是也还没有到惊慌失措的地步。这是我讲的第一个问题,关于通货膨胀。

第二个就是如何看待我们当前人民币升值的问题。我们国家的人民币升值引起了国内外的广泛关注。人民币在现阶段以及在今后的一段时期存在升值压力是毫无疑问的,应当说不存在任何的悬念。原因非常简单:就是因为存在着对人民币需求上升的压力。我们知道人民币就是货币,货币也是商品。马克思在《资本论》第三卷里面早就论述过:"货币是商品,是特殊的货币商品。"既然是商品,它就有价格,那货币的价格是什么?货币的价格就是你使用货币所付出的代价,而不是它自身的面值。你使用货币所付出的代价就是利息,或者用相对数表示——利率;同外币发生关系时,本币跟外币的比价叫汇率。利息、利率、汇率就是人民币商品的价格。像任何商品一样,它通行的是价格规律、供求规律。你对它需求上升,它的价格上升;你对它需求下降,它价格下跌。我们刚才讲过,我们国家30年经济保持持续快速增长,而且前景看好,始终存在着人民币投资需求上升压力、消费需求上升压力。人民币是好东西啊,用来投资可以赚钱;用它去消费,可以购买到你所需要的任何消费品。只要你有钱,有什么东西买不到?当然,从严肃的经济学角度来讲,现在是存在着人民币投资需求上升压力、消费需求上升压力,人民币的价格就跟着上升。如果大家都把人民币看成是一张废纸,谁见它谁讨厌,就把它扔掉、抛售,它价格能不跌吗?基本原理就是这样。

当然,还有第二个原因。从外部因素来看,存在着来自国际社会,尤其以美国为代表的发达国家要求人民币升值的强大压力,而且这种压力与时俱增,甚至到了蛮横无理的程度。美国政府、西方社会,为什么对中国政府施加压力要求人民币升值呢?有的美国议员扬言,如果人民币不在半年之内大幅度升值,美国要对中国进行经济制裁;还有的美国议员说,人民币不能像现在挤牙膏似的一点一点升,我们受不了,要升必须升30%到40%;如果不大幅升值,我们参议院就要通过决议,对中国进口商品征收27.6%的强制性关税。他们为什么对我们施加压力?道理非常简单,因为在美国人看来,你中国的人民币价值估计太低、人民币太便宜,结果造成中国出口产品成本太低,价格太低,竞争力太强,冲击了欧美市场,影响了欧美经济发展以及他们本国的就业,进而影响了政府的选票和

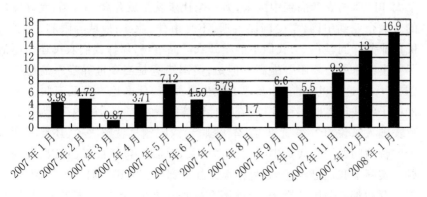

图2 人民币对美元月度升值幅度(千分之)

支持率。同时，他们认为，人民币估价太低了，太便宜了，结果造成了欧美国家的出口产品成本相对较高，价格相对较高，很难进入中国市场——即贸易逆差。美国人总是讲"我们美国人同你做贸易存在着2380亿美元的逆差"，我们是坚决反对这种说法的——没那么多，顶多一千多亿。因为我们两国统计口径和统计方法不一样，有很多产品，我们是贴牌生产的，我们是给来料加工的，怎么能算我们出口产品的账呢？同时，我们也指出，你美国也有责任。你为什么对中国所需要的一些产品采取限制措施，总是希望向中国出口农产品，棉花、食品、奢侈品？美国的波音飞机我们是很需要的，我们买的不少嘛，但是我们总不能买你几千架吧！我们的棉花能跟你竞争吗？你们美国的优质棉到岸价格一吨13000元，我们的劣质棉离岸价格一吨就要15000元，我们怎么竞争？我们急需的那些产品，你又说我们可能会用于军事目的，采取限制措施，甚至别的国家向我们出口一些我们所需要的高科技产品，美国都要干涉。所以出现逆差你美国是有责任的。要解决这种状况也很简单，你卖给我三艘航空母舰不就解决问题了吗？他却死活不肯卖；（笑声）你卖给我五百架隐形战斗轰炸机也好，他还是不卖；他只卖玉米、小麦、水果。（笑声）当然，为了与美国保持战略伙伴关系，我们同美国进行了艰苦的WTO谈判——前13年叫恢复关贸总协定谈判，1995年关贸总协定改名为世界贸易组织，我们又谈了两年，整整15年。当然最后一分钟，我们做了让步。我们做了两个让步：一个就是我们降低农产品关税，放开农产品市场。我们欢迎美国、加拿大和欧盟的农产品到中国来；另一个让步就是放开金融市场，允许境外的金融企业到中国，享受国民待遇，不受币种、业务、地域等限制，开展人民币业务。问题在于，我们不能敞开农产品市场，那样我们农民还活不活了？生活水平还要不要提高？但是，美国毕竟是当今世界唯一的超级大国，在今天这个世界上，什么地方发生麻烦事，什么地方背后有没有美国的影子？我们有时候往往搞不明白，台湾问题纯粹中国的内政，为什么总拿美国人来说事？很简单，没有美国，台湾问题早就解决了，还要等到今天？台湾问题说到底是中国同美国的关系问题，包括最近西藏出现的问题。实际上我们已经感到，包括今天外交部发言人讲话时已经感到，这些事情背后都有美国的影子，否则不会搞得这么大；包括有人提出，是不是后面有中情局在策划？对这些问题，我们的外交部长没有正面回应，只是说,我们坚决反对任何国家干预中国的内政。我的意思是讲,美国的压力你能不考虑吗?这就是为什么2005年7月27日,中国政府宣布,人民币升值2.1%;同时,人民币不再同美元挂钩,而是同一揽子货币挂钩——美元、欧元、英镑等等。原因是多方面的,但确实是考虑到了国际社会的压力问题。

第三个原因很简单。现在全世界美元供给不断增长,规模极其巨大,但是大家不要忘了两个基本的事实:第一,美元是纸币,美元供给增加了,它的价值就下降了;另外,美元的发行国是美国,那么美国会不会从本国利益出发,运用直接的或间接的手段——包括美元贬值的手段以维护美国的利益?事实上他正是如此做的。最近,这些年美元的价值一直在走跌,美元走势一直在疲软,同欧元相比已经贬值了40%—50%,;用黄金来表示,我去年上半年作报告时候还讲了,到下半年,一盎司黄金能突破700多美元,结果到七八月份的时候已经800多美元了。今年一盎司黄金一度突破1000美元。现在又有所回落,但仍然是940到950美元。美元在贬值,人民币又同美元脱钩,你说人民币能不升值吗?美国的次贷危机是美国经济出现衰退的征兆——当然现在有争论,有的说已经衰退了,有的说只是出现了衰退的征兆。经过几次降息,美元价值下降,我们的人民币能不升值吗?何况经过30年的改革开放,我们外汇储备15600亿美元。我们对外汇,特别对美元的需求相对下降,而对人民币的需求相对上升,所以人民币升值是必然的。

第四个原因就是从管理的角度来说的。从管理的角度看,我们确实需要主动地、自觉地对金融体制进行改革,对人民币的汇率形成机制进行调整,从中积累经验,吸取教训,为今后的金融市场完全放开——包括人民币自由兑换,汇率自由浮动——做事先的演练,我们不是说不打无准备之仗吗?这就是为什么2005年7月27日,我们宣布人民币升值2.1%,这也出于我们管理上的需要。

只要这四个因素存在,人民币升值就是不可避免的。当然问题提出了:人民币升值好不好?人民币升值当然好啊,钱值钱还不好?人民币升值的第一个好处,就是我们用美元来衡量的中国的国民财富总量增加了,我们在世界排名的位置前移了,我们变得更加自豪了。人民币升值的第二个好处就是进口的商品变得便宜了,特别是从美国进口的商品和服务品变得便宜了。我们同样多的人民币支出可以购买更多的进口商品,这对于提高我们的消费水平、改善消费质量、增加消费品可选择性是一个良好的推动。第三个好处很简单:同样多的人民币可以兑换更多的境外货币。如果人民币大幅升值,包括对其他的币种如欧元也升值,那么意味着更多的中国人可以走出国门,购买国际旅游品、享受国际旅游服务;购买国际艺术品,享受世界文明成果。这对于我们加强交流、开阔眼界,提升我们中国人的生活品质是十分有益的。人民币升值还有一个好处,就是我们偿还外债的负担减轻。我们用人民币去折算,我们偿还外债,包括支付设备款,其代价成本下降了。但是,人民币升值也有人民币升值的坏处,人民币升值的最大坏处就是直接冲击中国的出口。影响出口,就影响了经济增长;影响增长就意味着影响就业;影响就业,就意味着影响社会的稳定和谐。我刚才讲过了,中国的经济增长在很大程度上靠出口来拉动。中国的经济每增长两个百分点,就可以降低一个百分点的失业率。而我们国家的出口产品呢,往往又是劳动密集型的。比如说:我们纺织品的利润空间也就是3%到5%,而且主要是印染那个环节支持的。我们又知道,印染是高污染的。太湖为什么爆发蓝藻?其中一个原因就是太湖沿岸大量的印染厂向太湖排放污水。当然也有天气变暖的因素,但是污染是一个重要的因素。而比起印染,真正的织布和制衣的附加值就非常的低了。

  如果人民币大幅度地升值,那就意味着我们出口产品的成本要提高;成本提高,利润就被挤压。你要获利,就要提价;你要提价,竞争力就要下降,市场占有份额就下降,马上影响国民经济增长。我们有些人又说,那有什么了不起,出口受到影响,我们转内销,满足国内人民的需要。你也不想想看,我们在国际市场上有强大竞争力的这些产品国内市场早就饱和了。你转内销,马上就会冲击国内市场,影响国民经济增长,从而影响就业。这就是为什么我们明明知道用几亿件的衣服才能换一架空客A300,这种状况短期内你能改变吗?所以中央提出要建设创新型国家、打造自己的民族品牌;要创造有自己的自主知识产权,改变我们国家出口产品结构,这是个目标,是个过程,我们要为此努力奋斗,但是短期内现今的状况是改变不了的。我们明明知道我们是世界制造业的中心,我们的工厂往往提供的是低附加值的低端产品,但是,这种局面在短期内改变不了,否则就业怎么办呢?人民币升值的最大问题就在这里。人民币升值的第二个问题在于,很有可能冲击中国的资本市场,影响中国的金融稳定,乃至经济安全。而问题的严重性在于,我们到现在为止,对这样的结果,还缺乏准确的、事先的、理性的判断。说得极端一些,人家把你玩死了,都不知道自己是怎么死的。我们讲这些话是有根据的。好像是前年"两会"结束的时候,温家宝总理在记者招待会上讲,中国政府为了中国银行、中国建设银行的改制,准备拿出450亿美元来支持这两家银行改制,为改制创造条件。450亿美元什么概念?几千亿的人民币啊!为了银行改制,搭进去了450亿美元,结果怎么样?温总理讲"我胸中无数",后面还有一句话,"不惜背水一战"。温总理讲得很实在,很坦诚。中国把金融服务业当做一个产业来发展才几年的历史?我们说金融服务业包括银行、保险、证券三大金融领域,同西方有着几百年金融产业发展史的国家相比,哪怕同香港特别行政区相比,我们还处在幼稚阶段。无论是对最新的金融理论的把握、金融管理经验的积累、金融工具的使用、各种金融产品和衍生品的买卖、经营或运作,我们都还处在幼稚阶段。我们有几个能在国际金融市场上和资本实力雄厚、经营方式老到的像索罗斯这样的金融巨头去较量的人?索罗斯何许人?国际量子对冲基金的掌门人、国际热钱的代表人物。1997年从泰国发生的那场金融风暴席卷了整个东南亚乃至东北亚,其始作俑者就是这位索罗斯;我们有几个在金融的管理上可以和前美联储主席格林斯潘这样的老金融家去周旋、去较量、去斗法的人?格林斯潘是个什么人物?几届美国政府倚仗的金融掌门人。前年到中国来访问,我们记者采访他,他不说话,国际媒体也认为格林斯潘这个人不轻易说话,叫"惜言如金"、"金口难开"。但是格林斯潘一旦说出话来,马上影响美国股市乃至全球资本市场,他的判断往往是正确的。别看他满脸都是褶子,每个褶子背后都是智慧。(笑声)我们有几个能跟他周旋较量?中航油总裁陈久霖是被我们非常看重的一个有才华、有学识的而且有实践操作经验的金融高手,结果玩石油期货,不仅输了四五亿美元,而且锒铛入狱。

最近几年,我们在国际金融市场上玩铜、有色金属,每玩必输,就没赢过一次。包括最近我们国家房市——上海就很典型,包括我们最近股市的激烈震荡,也包括中国油品市场上的一些问题,不排除有国际热钱通过各种渠道进入,兴风作浪的结果,但是我们胸中无数,到现在都不清楚到底有多少国际热钱,通过什么途径进入中国市场。既然这样,我们就要对人民币大幅度升值产生的后果进行深入的比较和研究,在这个基础上,再形成我们的决策。

人民币升值还有第三个问题,就是我们辛辛苦苦积累的巨大的外汇储备要缩水,利益就要受到损失,再加上我们国家过去缺乏经验,外汇储备结构存在着问题——我们储备了大量的美元,用美元大量购买了美国的国债和长期的企业债券,大都是期限长、利率低。如果人民币大幅度升值,美元贬值,我们当初勒紧裤腰带子,积累起来的巨大的外汇储备,就会由于美元的价值下跌而遭遇惨重的损失,这是我们不愿意看到的。

人民币升值有好处,也有害处,但是利弊权衡,我们还是以稳定为好,以我为主,始终把握人民币汇率形成机制的主动权,不能屈服于外来的压力,不能被国际资本左右;始终从中国人民的根本利益出发,根据资本市场的货币供求变化,有升有降,小幅调整,逐步到位。这就是我们人民币汇率形成机制的基本态度、基本立场、基本政策。既然人民币升值的四个因素存在,那么中国的人民币的汇率在波动中呈上升的趋势恐怕不可避免。而事实正是如此:从2005年7月21号汇改以来,人民币已经累计升值15%—16%了。从一个美元兑换8.3元人民币,到现在一个美元兑换7.01元人民币,过一段时期,再过一段时期6.9、6.8……在某一个时期到达6.5不是没有可能的事情。但是绝对不可能出现美国人所期待的,美元同人民币的比价为1:4、1:3,我们有足够的能力和手段避免这样的局面发生。当然我们讲到人民币升值的时候,不是说人民币绝对不会贬值、绝对不会出现恶性通货膨胀,由于种种原因这种情况也是有可能的。因此,从分散风险、防范风险、风险控制的角度来讲,我们投资、做个人理财,或者国家做投资选择的时候,不能把鸡蛋放在一个篮子里。当然,至于怎么理财,我们今天就不去讲了。

今天我们就讲到这里。至于中国的政治体制改革的问题,如何看待我们未来的经济发展的前景问题,还有国企改革的问题、就业的问题、财富分配的问题、东中西如何平衡发展的问题、分析腐败成本的问题、社会治安、精神文明和产业结构调整,包括如何看待房价高、医药费高、教育费用高、教育和卫生到底是不是产业等问题,如果以后有机会,我们再一个一个地来讲。

(2008 年 3 月 28 日)

从中国经济发展数字看改革开放30年

■ 王其文

[演讲者小传]

王其文,男,生于1944年,1963北京大学数学力学系计算数学专业本科生。1986年8月赴美国留学,1990年8月获美国马里兰大学管理科学与统计学博士。现为北京大学光华管理学院管理科学与工程系教授,博士生导师,院学术委员会委员。兼任中国管理现代化研究会常务理事、中国管理现代化研究会决策模拟专业委员会主任,中国系统科学学会理事。担任《系统工程理论与实践》、《预测》、《北大商业评论》等刊物编委。研究方向为优化决策、人工神经网络方法应用、决策模拟等。在国内外学术期刊上发表论文50多篇。曾主持4项国家自然科学基金项目,参加一项国家自然科学基金重点项目。主持开发了中文界面的企业竞争模拟软件并开展实验教学探索。他主持的《企业竞争模拟教学软件开发与应用》在2001年获得北京市教育教学成果(高等教育)一等奖和国家级教学成果二等奖。

主持人:

大家好,今天欢迎大家来参加这场由北京大学校团委学术科创部主办、社会实践与志愿者部协办的"改革开放30年实践与思考"系列讲座第二场,2008年学生暑期社会实践系列培训讲座之三——"从中国经济发展数字看改革开放30年"。今天,我们很荣幸地请到了北京大学光华管理学院教授王其文老师来为我们做这场讲座。王老师1963年考进北京大学计算数学专业,1986—1990年于美国马里兰大学攻读博士学位,现任北京大学光华管理学院教授、北京大学管理科学中心副主任,现在让我们用掌声有请王老师。

王其文老师：
  刚才主持人给大家说过，这场讲座的主要特点是用数字，因为我有我自己的特点。实际上每个人对中国经济发展都有自己的看法，如果一般的讨论就会没边没沿，而且很难说什么对什么不对，所以我要坚持这种特点，就是用数字来看中国的发展。
  今晚在座的好多都是年轻人，是上个世纪80年代以后出生的，肯定没见过改革以前的情况，可能连开始改革的时候都没见过，所以咱们接下来看到的有些东西对你们来说只能算是历史。
  我这里用的是从1952年到2007年的中国经济发展的数据，也有其他国家的。主要的数据来源是两个方面，一个是国家统计局，一个是国际货币基金组织"世界经济展望"有一个数据库，主要是通过这两部分数据来源，然后我再进行分析加工整理的。
  这里主要有两个视角，一个是改革开放前后这一个视角，另外一个是多国比较的视角。有部分内容不是从别的地方得到的，而是我自己分析得出的，虽然数字都是那样，但怎么分析是各有各的方法。
  我这里说的中国的数据，没特别说明的话只包含中国大陆的数据，港澳台地区的数字不包含在这些数据之内。
  我讲的内容主要是三部分：第一部分中国经济发展的轨迹是昨天，第二部分中国经济发展的瓶颈是今天，第三部分中国经济社会的展望就是明天。
  中国经济发展的轨迹分五部分来看，总的GDP、人均GDP、三大产业的国际化以及教育和科技。
  中国的GDP总量，这是第一部分。GDP这个字是什么意思？英文简写，全称是Gross Domestic Product，译成中文就是国内生产总值GDP，只包括国内的，海尔在美国开的厂，产值不包括在内；三星在中国开的厂，它的产值包括在内，算作中国的GDP。GDP作用是什么？GDP的作用，第一个，它是市场经济活动量的一个度量。有个笑话，下了班以后各自到邻居家做饭，做饭给邻居吃，自己吃邻居做的饭，这个劳动量就算作GDP，自己给自己做饭不算GDP。什么意思？这是市场经济，自己给自己做饭没有交换,不算在 GDP 之内,所以说它是市场经济活动量的一个度量。另外,GDP 本身难以作财富的度量,盖的房子拆了再盖一次,算两次 GDP,因为它没有拆房子这件事,说 GDP 怎么减去,它不是一个财富的度量。所以,现在好多地方宣传不能唯 GDP,不再是 GDP 出官,科学发展观已经把唯 GDP 否了,但是,不能全盘否定 GDP 的作用。当然另外一个就是绿色 GDP,绿色 GDP 就是把 GDP 发展中因为环境污染带来的损失扣除,但是绿色 GDP 在很多国家并没真正实行,它是一个理念,后边咱们说的数字还是传统 GDP。

有几种计算 GDP 的方法,我这里列了四种,实际上比这四种还多,这是用产出法计算 GDP 常用的几种:按当年价格计算的、按可比价格计算的、国际比较是按美元汇率计算的和按 PPP 就是购买力平价计算的四种 GDP。

按当年价格计算的 GDP,有什么好处呢? 简单、可加总、直观,但是有缺点,就是忽略了通货膨胀。去年的后半年通货膨胀比较厉害,那时候 GDP 就比较高,1994 年的时候通货膨胀更厉害,GDP 特别高。按当年价格计算的 GDP 从 1952 年到 2007 年是多少? 没有 1952 年以前的统计数据,从 1952 年的 679 亿元到去年的 246000 亿元,这两个相比是多少倍? 363 倍。这么多年,把 1952 年算作基年,假设每年的增长速度一样,年增长率有 11.3%,平均六年半大概翻一番。这就是五十六年来的增长。

讲到这里,你们可能会出现一些疑惑。实际上关于这个 GDP 的度量,前面两个就是解决疑惑的。说 11.3%,有这么高吗? 这就是从 1952 年到 2007 年中国 GDP 的增长。我们说 1978 年改革开放,从 1978 年以后这个增长比之前还更好,光看这个绝对的量还看不清楚,还要看看速度。这个速度从 1953 年开始,因为 1952 年算的基础,从 1953 年到 2007 年发展速度高高低低的震荡有几次负值,现在的年轻人都是 1984、1985 年出生的,你们都没出生呢,我是 1944 年出生的,所以这一段都记得。关于这个后面要专门分析这个问题。

改革开放以来,1977 年大约是 3200 亿元,从 3200 亿元到 246000 亿元,增长了 77 倍,如果把 1977 年作为基年,1978 年开始算速度,这正好 30 年,假设每年速度一样,平均 15.58%。这怎么和报纸上说的不一样? 因为报纸上说的不是按当年价格计算的速度,而是按第二个方法度量的。

按当年价格计算的速度15%多,世界上少有,平均不到五年翻一番。1978年以来,30年中有24年高于10%,只有6年低于10%,两年低于7%,其中有1990年,就是1989年六四风波以后有一个降低。图1是改革开放以后GDP增速的图示,大概是这么增加的,1997年这里的低谷是亚洲金融危机。后来是2001到2007年,2000年中国超过10万亿元,到去年24万多亿元,这一看就知道,新世纪以来中国增长的步伐比前几年更大。改革开放以后,经济的增速基本在10%以上,只有那么几年低于10%,分别是1978年、1981年、1982年、1990年,以及亚洲金融危机的1997、1998年。虽然对中国影响不是那么大,但还是有一定冲击的,刚才就是按当年价格计算的GDP,或者叫名义GDP。

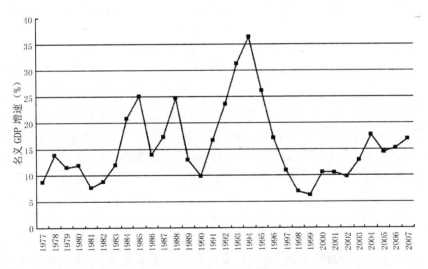

图1　1977—2007年中国名义GDP增速图示

第二个就是按可比价格计算的GDP了。按当年价格计算的GDP有什么好处,已经说了,有什么坏处呢?通货膨胀没剔除,有时候有假象,通货膨胀高了,GDP就高,所以按可比价格计算的GDP就剔除了通货膨胀的影响。可比价格计算的GDP不好说去年是不是原数据,因为说去年是246000多亿,那肯定是当年价格,因为可比价格是要问和哪年比,如果以1952年作为基年,那去年是70倍,这56年平均年增长是8.03%。当然这半个多世纪,可比价格百分之八点几也可以,这是可比价格的 GDP。按照 1952 年的可比价,这个时候才 45000 多亿,就没有 246000 多亿。

用可比价格计算的 GDP,人们一般不问多少亿,而是问增长速度是多少,可比价格计算的 GDP 主要是在增速方面用。从 1977 年到 2007 年,是 16 倍,大概是年增长 9.82%,改革开放 30 年,中国的增速接近 10%,这个是世界上少有的。一般说增速都用可比价格,大约是 15 年翻两番,这 30 年翻了四番,四番多,四番就是 16 倍,这 30 年有 16 年超过 10%,只有三年低于 7%。若把通货膨胀去掉后看,1978 年改革开放以后这一段和前面这一段的发展可就大不一样了。共和国发展中有 6 年的负增长,主要是困难时期,我那个时候正上高中,"文革"中 1967 年、1968 年,还有 1976 年;大跃进以后 1960、1961、1962 三年,这是三年困难时期。

1966 年 6 月 1 日,《中央人民广播电台》广播了北京大学的一张大字报,这个大字报是当年哲学系党总支书记聂元梓等 7 人写的,在 5 月 25 号被贴出来的,然后就全国搞"文革"了。搞文革就是停课闹"革命",然后波及工厂和农村,就是停产闹"革命",所以 1967 年和 1968 年负增长。还有 1976 年有一个负增长,是因为唐山大地震。总共有六年负增长,分别是 1960、1961、1962、1967、1968、1976 年,前面三年是"大跃进"决策失误,当然也有自然灾害,但是人为的错误还是主要的,三年经济的严重困难,是统计局公报的,国家统计局网站上或者统计年鉴上都有。1960 年人口减少了 1000 万,1961 年又减少了 348 万,缺粮啊,后面这 10 年"文革"浩劫对经济建设造成了严重影响。

刚才不是说要反思吗?好多可以反思的。这是报纸上找来的材料:1958 年 7 月中科院生物学部,专家们和种田能手座谈,专家们提出小麦一亩要产 1.5 万斤,甚至 2 万斤、3 万斤,这个指标,结果种田能手说还要高,后来修改了,说小麦一亩要产 6 万斤,水稻一亩要产 6.5 万斤,甘薯一亩要产 50 万斤,籽棉 2 万斤。这个生物学部搞了 6 亩试验田,深翻 10 尺,一个沟一个沟地挖。我在中学读书的时候,我们中学深翻 5 尺,搞了一亩试验田,深翻 5 尺然后撒 100 斤种子,说要生产 5 万斤,一粒麦子分几个岔,一个岔上几个穗,然后一个穗上多少粒,然后算出来说需要多少种子才能打 5 万斤。冬天那个麦苗看上去真好,一开始春天返青的时候也挺好,可是到长起来的时候就坏了——太密了,倒伏,拿些竹竿架起来,但怎么也不行,最后据说收了500来斤。现在农民种地不用撒那么多种子,一亩地八九百斤就很平常的。生物学部搞这个试验最后900斤,和现在的农民一样,农民种麦子一般不会超过一亩10斤种子的,它这个撒了200—400斤种子。现在觉得可笑,是吧?但那时候人是当真去干的,值得反思啊!6年负增长带来影响很大,假设这6年不是负增长,也不会太高,就是前后不是负增长年份的平均速度,如果那样的话,这56年的速度可以达到百分之十一点几,原来只是百分之八点几。

改革开放以后的经济发展速度,可以看到前面的依旧起落比较明显,2001年"入世",进入新世纪,从2000年到2007年,这几年发展的特点就是速度在增加,而且比较稳定。温家宝做总理前面5年,刚换届,这是第二个5年,前面5年的发展很好,可能整个局势也是很好的环境。再看国际货币基金组织的世界经济地图(见图2),10%以上的增长,除了中国,其他地方不多;然后这是6%～10%,有俄罗斯;0～3%,地图上绿色就是负的了,大家注意看,美国和加拿大这里是0～3%,日本是绿的,欧洲有一些是绿的。这是世界经济地图,它分几类的,中国就属于发展中

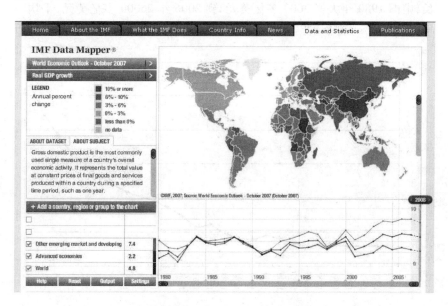

图2 IMF网站的世界经济地图

家,发展速度比较快。整个世界平均是 4.8%,发达国家大概 2.2%,其他的发展中国家大概 7.4%,这就是这些年的经济增长,不是仅仅一年的。世界的趋势也是发展中国家增长快。

刚才说的是按可比价格计算的 GDP,第三个就是可比价格国际比较的数字。我们是人民币,人家是卢布或者美元、欧元、英镑,不好比较。在国际比较的时候就常用当年平均汇率把当年价格的 GDP 也就是名义 GDP 用汇率折合成美元,简称就是按美元汇率估算的 GDP。汇率是按什么汇率呢?因为汇率是变的,不能用某一天的汇率。它是一个估算,现在人民币升值,对 2007 年,不能用 12 月 31 日那个,也不能用 1 月 1 日那个。它有一个估算,按美元汇率估算的 GDP,我这里的数据只有 1980 年以来的,1980 年到 2006 年。为什么没有 2007 年的呢?现在 IMF 最新的是 2007 年 10 月的数据,它没有 2007 年全年的多个国家的数据。这就是中国按美元汇率计算的 GDP 图示(见图 3),发现有什么异常吗?刚才看中国的 GDP 增长,没有下降的,这怎么有下降的?什么原因呢?是中国的人民币汇率调整,而且那两次调整都是大调整。按美元汇率 GDP 增长,中国 1980 年大概 3000 多亿美元,到 2006 年 26000 多亿美元,平均一年增长 8.6%,这个数据高估了 80 年代的 GDP,为什么?1981 年人民币

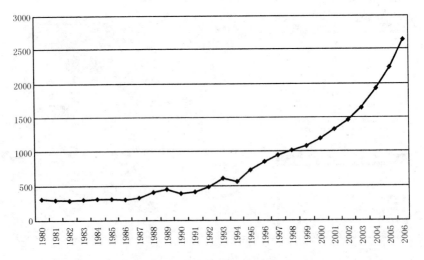

图 3 1980—2006 年中国按美元汇率计算的 GDP 图示

对美元的汇率是1.75元就可以换一美元了,以后慢慢增长,你们可能也不会想象当时曾经有不到两元就换一美元的情景。图4是人民币对美元的汇率,从不到2元,慢慢调整,到1990年调整太大了,所以那一年按美元汇率的GDP成负增长了,然后又慢慢增长,到1994年调到8点几的时候,那一年又成负增长了。从8点几开始,多年不动,这两年才开始降,到现在已经到这里了,这就是美元汇率的变化的图示。

既然可以做国际比较,中国按美元汇率估算的GDP这30年在世界的排序分别是第七、第八、第九、第十,到第九,再到第六,然后到第五,超过了法国,2006年又到了第四,超过了英国,前面三位是美国、日本和德国。美国、日本、德国、中国,我们大家看这个趋势,日本失去的十年,不是别人说的,是它自己说的,这里的数据说失去的十年并不过分。德国增长也不太行,中国的增长比较稳健,从1980年起,除了刚才那三个,还有四个国家呢,中国先超过了加拿大,然后超过意大利,再是超过法国,到2006年超过了英国,可见中国还是发展不错的。

昨天《参考消息》有条内容,共同社东京4月6日电,中国GDP今年有可能超过日本,它是这么说的。它说日本2007年是43800亿美元。中国是33800亿,差着1万亿呢!但是日本新光证券公司预测,2008年日

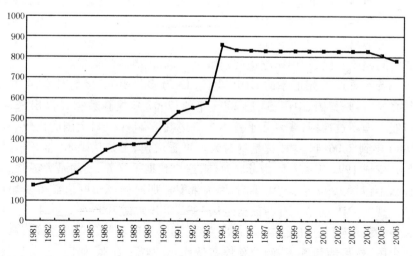

图4　1981—2006年人民币对美元汇率变化图示(以100美元计)

本的增长1%,它就增长到45000多亿美元,中国增长17%,会达到46000多亿美元,会超过它。日本是不是1%我们不知道,因为日本人更了解自己。我认为中国17%不难,为什么?一个是按美元汇率估算的GDP,是名义GDP,是当年价格的GDP,咱们这几年按当年价格的GDP,按人民币计算,14%、15%都有,关键是要考虑到人民币升值,如果人民币升值再升上5%,那达到17%是很容易的,人民币升值3%,都有可能达到17%,但是有个条件,今年不出大事,有个好的比较和平的环境。名义GDP增长14%,比去年低一点都没关系,去年15%多,人民币肯定还要升值,这个17%并不是那么难。但是日本说不定要比1%多,咱们别小看它,发展潜力很大。而且如果按人均GDP,那我们和日本就差太多了,2006年中国人均GDP是日本的1/17。

做国际比较的时候,如果和二百来个国家和地区比较就太繁琐了。一个小国,就几十万人口,在哪个地方打出一口油井来,这个人均GDP一下上去了,但大国不那么容易。我这里根据IMF的数据选出一些人口大国,世界上有24个人口超过5000万的国家。第一还是中国,第二是印度,用不了20来年就超过中国了,第三是美国,然后印尼、巴西、孟加拉等等,日本是1亿多,24个国家我就不一一点了。中国有9个省,各自人口都超过5000万,河南老大、山东老二、广东老三,三个不分上下,然后就四川了。我每次看到就想,中国的问题不是那么容易解决的,但是中国的问题要是解决了,对世界真是做了大贡献。这次温家宝总理到河南去,关于农业问题给农民说,中国吃饭问题解决了,对世界就是贡献。

看一看按美元汇率的GDP,美国,13万多亿美元,然后日本,4万多亿美元,再是德国、中国,这是2006年的,2007年换算数据还没出来,有可能中国超过德国,或者几乎差不多。这就是24个人口大国的比较。从1980年到2006年,这些都是绝对数。再看增速,不是从1980年开始吗,怎么变成1992年了?因为苏联解体,这个数据不好弄,前面是大苏联,为什么不包含1990年、1991年啊,因为俄罗斯那时候卢布贬值贬得一塌糊涂。现在IMF网站上有的数据是从1992年开始到2006年,这24个人口大国,发展速度是假设按平均速度发展,第一是俄罗斯,第二是越南,第三是中国,然后缅甸等等,倒数是埃塞俄比亚、刚果、日本、德国、意大利、法国,有几个发达国家在倒数。我们来看看俄罗斯,俄罗斯的特点是什么?

从卢布贬值开始，上上下下不停变动，后面这一段，普京掌权了，发展速度相当可以，而且这一段时间，能源价格也高，石油天然气出口，所以俄罗斯的发展速度这几年按美元计算的 GDP 高于中国。再看越南，越南为什么和中国这么接近？我曾经在一个会议上和越南的一个搞经济的一块聊过，它就是跟着中国，中国什么改革效果好，它就跟着干，省了好多试验成本，它的转型和中国差不多。印度后来也和中国很相近。金砖四国，就是中国、印度、俄罗斯、巴西，BRIC，在世界上这几个国家国土都比较大，人也比较多，发展速度还可以，中国在这里面还是相当不错的。

刚才是按美元汇率计算的，按美元汇率计算的 GDP 有什么缺点呢？可比较是优点。缺点就是，在汇率变化很大或者汇率过分管制的情况下，难以反映各国 GDP 的客观情况，它不完全是市场的，即使是市场的，它波动太大也不行，所以人们又想出另外一个办法，购买力平价，这个简称特别好记，就是 PPP，Purchasing Power Parity。它是怎么做的呢，形象地说，设计一篮子东西，什么苹果、梨、面包啊，到这个国家用人民币买，花多少钱记住，到美国用美元买，把全世界转一圈，回去看，美元那个不动，还是以美元为单位，美元花了 100 就按 100 美元，如果花了 300 人民币，它说人民币 3 元顶 1 元，花了 500 卢布，5 个卢布顶 1 个美元，他用这样的办法，实际上是用各国的主要物价调查数据，不是真的拿个篮子转着买的。这里是用的是 IMF，就是 WEO 世界经济展望，是 IMF 组织的一些专家搞的，但是 PPP 这个数据不是他们做的，他们主要从世界银行和其他地方得到的。

按照 PPP 计算，从 1980 年以来中国经济增长几乎没有特别明显的下降年份，从 1980 年到 2006 年中国大约是年平均 13% 的速度，按 PPP 计算，中国的 GDP 在世界的排序，第九位、第七位、第四位、第三位，多年处于第三位，在美国和日本之后，从 1994 年超过了日本，排名第二，一直到现在，这就是按 PPP 计算的中国的 GDP。日本那个是按美元汇率算的，从 1972 年就世界第二了，原来它不如德国，按 PPP 计算，中国多年世界第二了，中国是多少？中国 2006 年估算出按 PPP 是 10 万亿美元——按汇率是 2 万多亿美元——比美国差不了很多，美国是 13 万亿美元，所以，24 个人口大国，按 PPP 计算，美国 13 万亿美元，中国 10 万多亿美元，然后印度 4 万多亿美元，日本 4 万多亿美元，然后德国、英国、法国等等。按 PPP

计算增速的话,中国第一,缅甸第二,越南第三,这是从1992年起计算,倒数是刚果、日本、俄罗斯、意大利。刚才那个按美元汇率俄罗斯不是排到第一吗?如果按PPP计算的话它并不是那么高。缅甸后面还超过中国呢,然后越南,越南是绿色的,然后印度蓝色的,中国红的,印度多年来增长实际上挺好,但还是增长速度不如中国。两岸三地按照PPP排序是大陆、台湾、香港,台湾这几年增长不太好。

现在四种GDP计算方法都说完了,马上就提出数字的准确性问题。有人在前几年说:中国速度这么快,是假的,有水分。我是这样看的:现在的GDP可不简单就是第一把手报告的事,不要把国家统计局想得那么傻了。现在上报,是高报和低报两种误差都有,好多企业不愿意高报。2005年的经济普查,调整了2004年的GDP,一看,一开始发布的数据13万多亿,调整成15万多亿,调高了16.8%,1/6啊。然后,不能光一年调整呢,整个数据就觉得变化太突然了,所以把1993年到2003年的数据都做了调整,这是新世纪的一件大事,如果你做研究还查以前的年鉴,你用那个数据前后就对不上号了。这个调高是根据普查,普查是进企业的而不是估算的,所以说原来可能是低报的多。还有一个原因是财政收入,现在主动多交税的企业并不多,但税收的增长速度,1999年是11000亿,2007年51000亿,1999年到2007年翻两番还多呢,不用四年就翻一番,中国税收的高速增长,大概年增长率是21.6%,高于GDP的增速13.89%,这就是中国的国家财政中税收的增长图示(见图5),没有明显的调税率,两税合一以后又减了。中国国内的企业和外资中,外资提了点,国内降下来了,并不是因为这几年税率提高了,所以税收上来了,而是经济活动增强了,大大超过GDP的增速。我用这个说明什么呢?不要认为GDP完全是虚报。

前些日子有个报道,说中国GDP缩水40%,怎么回事呢?世界银行有一个项目组"2005 ICP"(International Comparison Program),它对2005年做了一个PPP估算,刚才说了那么多PPP,实际上多年前对中国的PPP不是正式的调研得到的,可能是有些专家估算的,这次真去做调研了,选择了1000多种商品和服务然后调研价格,最后得出结论,说中国的PPP不像原来估计的那么高,而是有40%的压低。但即使是40%的压低,2005年有5万多亿美元,按总量仍然是世界第二,原来是2005年估计约

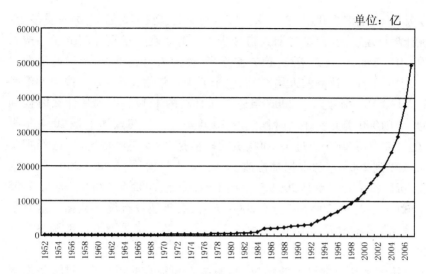

图 5　1952—2006 年中国的国家财政中税收变化图示

9 万亿美元。但是前边,我用的还是原来的,因为那里不光是对中国的,后者还没有提供对多个国家的比较,IMF 的数据库还没有这方面的更新。世界银行这个报告中,统计了世界上二百来个国家和地区,12 个国家的财富超过世界财富的 2/3,其中 7 个发达国家,还有 5 个发展中国家。中国 2005 年估计是 53000 多亿美元,按购买力估计的比例是 3.4 元人民币折合 1 美元,原来估计大概是 2。世界银行的网站上自己就说,它有局限性,并且说不能用这个强迫哪个国家升值或者贬值。

中国这几年的发展,对中国是好事,实际上对世界也是好事,就是世界好多地方经济的发展是由中国经济的发展来带动的。全球按汇率估算的经济增长贡献率,从 2006 年到 2007 年,美国下降了,欧盟下降了,但是中国在上升,2007 年按汇率估算的经济增长贡献率,中国是最高的。而如果是按 PPP 估算的经济增长贡献率,中国就更高了。所以说中国经济的增长对世界经济的增长是有贡献的。

下面是人均 GDP,一到人均就显得比较可怜了。这是我国大陆的人口变动的数字,如果中国不从 1980 年起就搞计划生育,如果还按照 1970—1979 年的增速的平均值,那到 2007 年底人口是 16 亿多,而我们今天是13亿多。我国1952年人口不到6亿，现在13亿了，翻一番多了。统计数据说明，在困难时期人口减少了。整个增速毕竟比较低了。按人均GDP算的话，还在增长，趋势差不多，因为人口也增长，所以速度慢一点，按可比价格计算的人均GDP，整个五十六年增长6.4%。按美元汇率的人均GDP，刚才说了2006年还不如日本的1/17。中国是什么时候到的人均1000美元？什么时候到的2000美元？新闻媒体上是2004年报道了，说中国2003年过了1000美元。但是2005年经济普查，已经把从1993年到2004年的数据都修改了，光2004年增长16.8%，2003年也增长，所以按美元汇率是2001年过的1000美元，2003年1200多美元，2005年1700多美元，2006年过了2000美元，去年还没有统计数据。这就是按美元汇率估计的人均GDP，这里有些年份的下降是因为汇率调整的问题。

接下来是在世界上的排位，我的结论和别人的不一定一样，是根据IMF数据库里的数据来排序。从1980年到2006年，从129位提升到了109位，仍然没进前一百位，但是26年中提升了20位，应该说还是很不容易的。图6是24个人口大国人均GDP图示，按美元汇率的人均GDP，最高是美国，然后是英国、法国、德国、日本、意大利，这6个发达国家最低的3万多美元，最高的4万多美元，差不了多少，日本不到35000美元，然后一个大瀑布似的跌下去了。中国在哪里？24个国家中国是第13位，正好中间，后面是印尼、巴基斯坦、印度，大概就是这么一个局势。按PPP计算的话，人均GDP要好一点，中国在世界排位从144位提升到87位，26年提升了57位。这次世界银行重新估算，可能比这个87位要高一些，没这么快，估计刚能进100位了，这就是中国的现状，一到人均就不太行了。按照世界银行报告，现在的中国人均GDP，2005年按PPP计算大概是4000多美元，世界的平均水平是8900美元，咱们不到世界平均水平的一半，比原来估计的6000多美元降低了38%。

说这个PPP有什么意思，也不真换钱，只有一定的比较作用。再按汇率说，中国人均GDP 2006年过了2000美元。再看世界历史上各个国家2000美元的时候它们私人轿车的销售量，美国在1892年是3000美元，那时候还没超过英国呢！如果把好多国家完全按照美元汇率找到人均GDP 2000美元的时候，私人汽车的销售量可能没多少，然后说中国肯

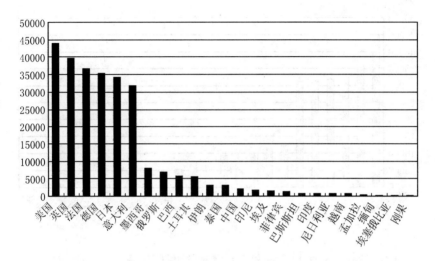

图6 24个人口大国按美元汇率的人均GDP图示(单位:美元)

定没有多少人买车,不要到中国去生产汽车,也不要到中国去做汽车买卖,结果怎么样?结果丧失了赚钱机会。中国有些商品的消费能力,完全用美元汇率GDP来估计就会偏低,而PPP从某种意义上可以帮助你判断这个市场上的购买力。再考虑中国地区差异比较大,这样一来,像上海、北京、深圳这些地方,得按人均GDP 10000美元来估计那里的市场,要是按2000美元就太小看那里的购买力了。图7是24个国家按PPP计算的人均GDP排序图示,刚才那个瀑布落差比较大,用PPP的话落差就不那么大了,把发达国家往下压了,把别的国家往上提了,中国也顺势往上提了一下,但仍然排第13位。这就是按PPP估计的人均GDP。

这个人均GDP和收入有什么关系呢?这个GDP可不是当工资发给大家的,一部分消费,有一部分还积累,做扩大再生产的。这里有一个说法,按照世界银行的划分标准,中国大陆已经由低收入国家步入了低水平的中等收入国家的行列,就是跨入了人均906美元到3595美元这个区间,过了906美元这个线就叫中等收入国家,不过中等收入国家包含太大了,高水平的中等收入国家的标准是3596美元到11115美元,所以中国是刚刚跨进中等收入国家的门槛。

现在看三大产业发展图示(见图8)。我们来看看这个三大产业关系

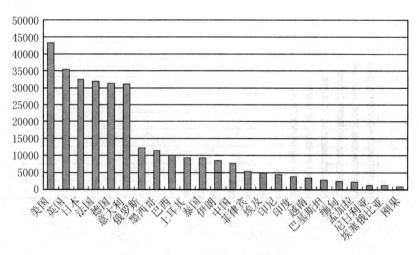

图 7　24 个人口大国按 PPP 计算的人均 GDP 图示(单位:美元)

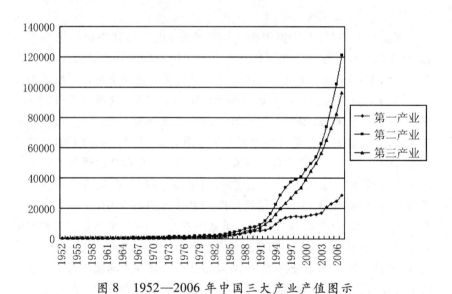

图 8　1952—2006 年中国三大产业产值图示

到的就业问题。GDP 就是三个产业生产总值相加,现在看来还是第二产业厉害啊。怎么变化的？上个世纪 50 年代,主要是第一产业,农业为主,第二产业很低,那个时候工业很落后,第三产业也不怎么样,后来三大产业各自发展,趋势就是工业化。说第二产业发展那么快,但是第二产业就业人数没怎么增加,什么原因?现在的工厂大部分都自动化了,第二产业的产值增加对就业的帮助不大。第一产业方面,现在都是农村劳动力转移,肯定是往下来了;第三产业是就业贡献最大的,服务业,包括传统的服务业,也包括生产服务业,特别是有创新的部分。

中国三大产业就业人口的比例与国际上比较,怎么样?这里我是用另外一套数据,29个国家,2001年第一产业比重最高的就是中国了,50%,现在低了一点,也是45%多;最低的是新加坡,新加坡第一产业几乎是零。再看第二产业,最高的是捷克、德国等等。中国前面就是美国,说明中国第二产业就业人数的比例跟最发达的国家美国相似,我估计这个比例以后也不太可能降。就看第三产业了,第三产业中国比例是最后一个,这么多国家70%以上,其中包括美国、加拿大、新加坡、澳大利亚等,中国不到30%。这是2001年,现在可能是30%多一点。但是这三大产业的发展是有规律的,它是有经济发展内在的需求,所以中国第三产业的发展,肯定是有需求的。

现在看中国经济的国际化。中国的进出口,1952—2007年56年中有36年,1978年以来29年中有18年,1990年以来18年中有17年是出口大于进口,特别是自1990年以来除了一年以外其余都是顺差。2007年的贸易顺差是2600多亿美元,所以中国出口带动经济发展太明显了。外贸总量,2002年进出口总量才6000多亿美元,2006年是17000多亿美元,从第6位升到第3位,2004年已经超过日本了,现在前面是美国和德国。图9是特别需要关注的,所谓外贸依存度,就是进出口总额除以GDP,不好说它占的比例,因为进出口总额它不是GDP的一部分,不是全体和部分的关系。这个"商"在改革开放前好多时候不到10%,那时候宣传自力更生,也有国际环境的原因,反正没开放。改革开放以后,增长又增长,这个世纪初的时候还是40%,2001年入世,2002年就看见效果了,一直上升,去年非常高。因为外贸是用美元计算的,美元和人民币的汇率怎么算呢,统计数据还没出来,我估计是70%。所以想想这个经济体,从10%都不到的外贸依存度,或者上个世纪不到40%的外贸依存度,那个时候经济活动受外面的影响小一些,上次亚洲金融危机,那个时候不到40%,现在有70%的外贸依存度。主要的外贸大国,像美国,次贷危机一

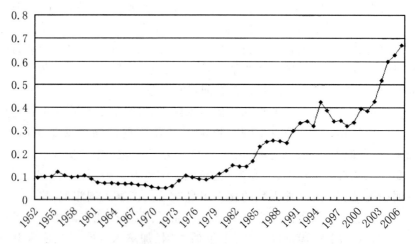

图9 1952—2006年中国的外贸依存度

且出现,它那里萧条,进口需求有问题就会影响到中国。所以,现在中国经济的特点是和世界经济的联系很密切,有利也有风险。

关于外汇储备,咱们看图10来讲吧,从1952年那个时候起,好多年没离开那个横线,几乎为零。2007年15000多亿美元了,上个世纪末不到2000亿美元。外汇储备超过日本,成为世界第一。15000多亿美元,怎么花,想办法吧,成立一个公司,中投,用2000亿美元注册了,大手笔。摩根斯坦利,50亿投资,它这个投资是合同还没正式入股,到了2001年就转成股,转成股以后成为第二大股东,还有一个挺大的投资就是黑石,30亿买黑石的股票,现在是损失了。但是,成立一个公司只赚不赔,谁也不敢保证。总之,咱们现在就可以干一些事情了。但是以前很困难,1974年4月的时候,邓小平要率团出席联合国大会,收集了全国银行的现金也不足5万美元,一个代表团不能随便找个旅店住,所以每个人3美元的零花钱,邓小平回来只给他外孙女买了一块巧克力,因为还要给打扫房间的服务员小费。一看统计数据,1972年外汇的存底是负8100万美元。所以,看外汇存底的曲线,好多年不到10亿,还有好多年是负值。

再看外商投资,这个不多说了,中国的外商投资原来是很少的,改革开放以后,1983年以后也很少,现在是六七百亿美元。它不是来借给咱

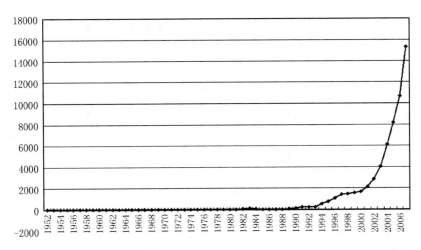

图10 1952—2007年中国的外汇储备图示(单位:亿美元)

们钱,它是来开办企业,它能够带来一些先进的管理和技术,或者作为对手到中国的市场上和我们竞争,锻炼我们的国际竞争能力,所以不能说我们有15000亿美元就绝对不让外商来了,这是两回事。

2006年底是中国"入世"五周年,从前面的数字可以看出来,GDP的增长,外贸的增长,外汇存底的增长,都说明入世促进了中国的发展。龙永图说:中国越开放,中国越安全;产业越开放,产业越安全。有些人说开放了以后,便宜让人家得了,说国家怎么样……其实在全球化的时代,闭关锁国不行,开放是必然,而且开放光让自己占便宜不让人家得利不可能,就是要达到双赢。真要打仗的时候,肉搏战的时候两边都不敢开枪了,开枪打着自己人啊! 实际上在经济交往很紧密的时候,对方也不敢轻易地用惩罚的办法,这就是越开放越安全的理由。看最后一个,特别是世贸总干事拉米说的,中国"入世"5周年的成绩是A+,还是挺好的。

中国"入世"五周年,薄熙来做商务部长的时候说:"中国是超水平发挥了,咱们的关税总水平现在是9.9%,全球的关税总水平是39%;咱们的非农产品关税是9%,全球是29%;中国的农产品关税是15%,全球是60%。WTO规则锁定的160个可以开放的服务门类里面,中国已经开放了100个,发展中国家的成员一般是开放了54个,美国开放了101个,只比中国多一个。"这几个都是数字,世贸总干事赞扬中国入世以后的表现是 A+，就是中国办事很负责任，不在小地方偷偷摸摸地搞点鬼，而且我们还真是在各方面下了好多功夫。看起来有点吃亏啊，但是只要这个国家做的别的国家都看见，东南亚周围的国家更要看你，你的诚信实际上对我们国家很有好处，人家信得过你，就可以和你做买卖、交朋友。

中国的教育规模，20世纪50年代高校招生是几万人，到1963年我入大学时招15万人，号称同龄人1500万，100个人里面有一个上大学。有一段没招生，是在"文化大革命"中受了影响，1977年招生20几万，多年不到100万，1998年108万。从1998年的108万到2007年，可能世界上没有任何国家的高校有这样的增长，如果用2006年的540万说，从108万到540万正好是五倍，这是中国教育史上一件大事。现在2300余所高等学校，毛入学率2006年22%，现在是每年的同龄人2000多万。高校扩招，好的方面是可以满足青年上学的需求，原来有3个孩子，说一个上大学很高兴了，两个上大学很骄傲，三个上大学乐得不得了。现在就一个孩子，只有0和100%的区别，而且中国的传统很重视教育，所以满足大家上大学是好的。

但是有个就业问题，这是公开的报道，2006年应届毕业生没有如期就业的约1/3，124万；2007年一共是495万毕业生，144万没有如期就业；2008年超过500万毕业生，这是个大事。假设你当国务院总理你想啊，这个大学生就业比别的就业更需要关注。这里有两个问题，一个是他有知识怎么用；另外一个，年轻人没事干的话不得了；这个是现在特别关注的问题。现在那么扩招，所以很多学校借了债，有的学校欠了20来个亿，这是另外一个问题。中国这个毛入学率，现在按人均GDP说的话，是比较超前的。美国毛入学率从9.7%提升到21.3%用了25年，中国1998年是9.8%到后来2005年的22%，只用7年时间，就相当于美国了，也有一点大跃进似的味道，教育大跃进。

中国的教育投资，增长还可以，但是中国的教育投资占GDP的比重不高，不到3%，国家财政投入教育的占财政的比重多年下降。如果把近年高校扩招放一起看，有什么问题？学生招进来不能在马路边上上课，盖教室、盖宿舍，图书馆也得扩大。财政收入提高的很快，尽管教育经费有增长，但是所占比重下降。与国际上比较，世界大概4.4%，中国不到3%，高收入国家5.5%，中等收入国家4.3%，低收入国家3.3%，印度，人口大国,4.1%,人家并不是特别发达,所以从这个方面说,咱们投入还是不多。1988年国务院委托原来的教委成立一个组,估计教育投入占GDP比重,当时考虑到好多国家达到4%了,所以提出个建议达到4%,在1993年写到国务院的纲要中。《中国教育改革和发展纲要》明确提出,争取到2000年,财政性教育经费支出要在GDP比重达到4%,但是结果3%都没达到。这就是2006年中央全会又提出的一件事,国家意识到了,重提4%的目标,这次没提哪年达到,但是提出来每年增速要高于GDP的增速。

科技投入增长了,占GDP的比重呢,并不太高。如果看国家财政投入科技经费,占财政的比重不但没提高,还有下降的趋势,科教兴国这个战略没有特别得到财政的支持。科技发展在申请专利方面还是有增长。2006年我们在美国发明专利授权,增长了64.4%,增长率第一。但是,除了美国自己以外,其他依次是日本、德国、台湾地区,日本在美国申请了36000多件,德国申请了10000件,台湾就在美国申请了6360件。所以,就说我们的特点,经济增长快,但是我们有个短板,就是创新能力不太行,当然,一说增长速度还行,但是我们大陆2006年在美国申请的专利只有600多件,而光我国台湾本身在美国申请得到的授权就是6000多件,这就是一个对照。美国2006年在中国申请专利有5870件。专利有三种:发明型专利,实用新型专利和外观设计型专利,发明型专利价值最大,所以国外在中国主攻的是发明专利。我们也有我们的好处,2006年十大科技进展,不一一说了,有一个就是关于天然气的。2007年也有几个,包括"嫦娥一号"。

刚才是讲成就多,慢慢就转到瓶颈了,就是当我们看到成绩的时候,要看到瓶颈。这个瓶颈有几个:能源、污染、地区差异、自主创新能力。去年温总理在"两会"记者招待会就说到:这届政府我是最后一次出席记者招待会,在"两会"期间,因为今年重选又当了。他那个时候说:"近些年来,中国经济保持了平稳、较快的发展,但是无论是过去还是将来,都不是评功摆好的时候。我的脑子里是充满了忧患。"今年又特别说了这句:"今年恐怕是中国经济最困难的一年。难在什么地方?难在国际、国内不可测的因素多,因而决策困难。"美国次贷危机,股市震荡,谁想到过雪灾,昨天又冰雹,而且还有"藏独"在捣乱等很多不可测的因素。而且中国物价上涨,股市也不怎么样,实际上,股市下跌肯定不是好事,但是总理想的难事我觉得并不是把股市摆在第一位。

这句话我当时听了以后,就在琢磨:大家都知道温总理亲民,他着急,咱们每个人就想办法为他分忧,去年就谈四个"不"——不稳定、不平衡、不协调、不可持续。今年虽然没重复这四个"不",但是从几个方面看还是这个思想,就是中国经济发展虽然快,但是好多问题不那么简单,这四个"不"里面特别受到能源、环境等因素的影响。今年重提三个"不"——不稳定、不协调、不可持续。能源是个世界性的难题,100美元大关过去了,虽然降了一些,但是不可能降到原来30美元,50美元都不太可能了,能降到80美元就不错了。

再来看中国的能耗。中国是用标准煤,原来1970年是6亿多吨标准煤,到2006年是24亿多吨标准煤。自新世纪以来,前面都看到增长挺好,但是这一条就伴生了。中国是个特别依赖煤的国家,从2001年不到15亿吨到现在25亿吨,这10亿吨的增长至少要多挖9亿多吨,这就出现煤矿的问题了,矿难问题,运输问题,什么事都来了。

请看单位GDP能耗图示(见图11)。80年代的时候比较高,那几年降的比较快,但是最近几年几乎不怎么降低了,GDP增长快,能耗就增长的比较快。如果真正用可比价格计算,最近几年单位GDP能耗上升了。

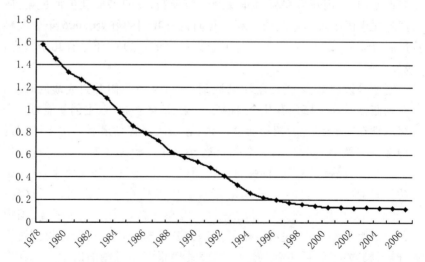

图11　1978—2006年中国单位GDP能耗(单位:千克标准煤/元)

其中有一部分能耗不是在创造 GDP 的时候消耗的。上个世纪很少有买 100 平方米以上的房子，商品房基本没有，现在有很多买 100 平方米以上的，200、300 平方米甚至别墅，然后是大空调、大电器，不产生 GDP 啊，工厂里的空调算成 GDP 的成本是为了生产产品，在家里消耗不算，所以单位 GDP 能耗要考虑最后消费领域的能耗上升。在有些情况下，有些报纸把中国的能效说得太差了，还不如什么国家的几分之一，能耗是它的多少倍。因为按汇率来算有时候不可比。按 PPP 算能耗是这样的，能耗效率，如果中国是 1 的话，比中国好的，印度 1.1，比中国好一点，以色列 1.3，日本 1.39，好不了多少倍，美国 0.95，不如中国。所以中国现在的能耗，不是说浪费的地方太多了，一挤就可以把水分挤出来，不是那么简单的。一吨钢的能耗 750 多公斤煤吧，比别的国家差一点，差不了那么多。

中国的能源结构基本都是煤，2006 年煤炭消耗量 23 亿吨，2005 年 21 亿吨，总能耗中国现在是世界第二，仅次于美国。但是按人均能耗中国是不到一吨标准油，美国大约 8 吨标准油，所以美国是中国人均能耗的 8 倍多。但是中国能源难以支撑经济发展的原因就是油不是那么多，气也不是那么多，煤虽然比较多，但是好的煤矿少，开采的难度越来越大。这是一个问题，所以"十一五"提出了两个约束性指标：一个指标是单位 GDP 能耗要降低 20%，另外一个指标是污染总量降低 10%。这个 20% 的指标很难，2006 年没达到，2007 年也没怎么达到，如果 20% 分为 5 年，那么每年平均得降低 4.9%，结果 2006 年降低 1% 点多，去年是 3% 点多，所以不那么容易。

接下来是污染。按照洛桑管理学院的全球排名，中国从 2003 年第 27 位下降到 2004 年的第 59 位，为什么下降？就是环境污染。60 个大城市进行环境指标总排序，按总悬浮颗粒物，上海排名 54，北京排名 56，天津排名 57。二氧化硫，56 个城市，上海 44，北京 51，天津 50。这几个是中国的直辖市，这是 49 个城市北京排到 46，所以这个污染是客观的。2007 年 3 月 31 日，环保总局副局长在长城脚下要搞一个环境保护公益日谈话，就在直播的时候，遇到沙尘暴了，说明环境还是有问题。二氧化硫排放前几年也是没完成总量降低 10% 的年度指标，比单位 GDP 能耗降低 20% 还难，我这个不特别说，就看 2006 年中央经济工作会议上的这一段话："节约能源资源和保护生态环境形势十分严峻，完成节能降耗和污染减排的任务非常艰巨。必须进一步统一认识,下最大决心、用最大气力,力求取得实际成效。必须采取有力措施,充分挖掘潜力,努力实现节能降耗和污染减排的约束性目标。"这就是一个瓶颈。第三个瓶颈是地区差异。按省市人均GDP,2004年最高的是上海,大概43000多元,最低的贵州省4100多元。贵州的贵阳和下面差异比较大,上海市区和郊区的差异不会像贵阳和它的乡村差距那么大。各个地区增速不平衡,也有差异。收入差异的国际比较,看基尼系数,按世界银行的数据库计算,世界上43个国家和地区的基尼系数,中国2001年是0.45,排名35。日本和捷克0.25,排第一,然后德国0.28,等等。基尼系数不光是地区差异,也包括每个地区的收入差异,是一条警戒线,不能不引起注意。贫富差距比原来扩大了。但是别简单地说这是改革开放的弊病,而是中国经济发展的过程中产生的问题,政府必须想办法调节,包括减免西部地区的书本费、学费、农业税等等,用财政转移支付或其他的办法。要重视这个问题,但是又不能把市场化给拉回来,这是两回事。另外,中国的基尼系数如何计算呢?因为中国工业化没完成,所以在农村好多东西没进入商品,有些计算可能还是要斟酌的,如果和一个工业化已经完成的国家基尼系数的计算方式一样的话,可能会有偏差。不管怎么样都要重视,因为这是一个社会问题或者政治问题。在中国以后,菲律宾0.49,马来西亚0.49,基尼系数高了,国家会不稳定。

中国大陆经济重心的移动轨迹。这么多年的经济发展,1997—2004年,经济重心是向东移动的,西部发展慢。另外也向北移动,广东省前几年发展的快,这些年实际上山东、内蒙古等北部的一些省份发展也挺快。把港澳台放进来的话又有向西移动,因为台湾发展慢,这里不特别说了。

最近一件大事就是《劳动合同法》,因为刚才说的差距不光是地区差距,还有同一个地区特别是原来所谓的劳动力成本低的优势,不能沾沾自喜,要在一定条件下逐步改善。有些是法定的,就是给工人上保险什么的。《劳动合同法》今年实行了,这也是为了解决这个问题的一个措施。中国75%的劳动者未享受养老保险。现在社会保险、医疗保险等问题是国家操心的一件大事,包括农村新型合作医疗。新的《劳动合同法》规定凡是劳动者都要上保险,包括农村来的进城打工的,该上保险也得上保险。有一些企业想踩点法律的边,实际上有点弄巧成拙,因为法律已经定下,你还想讨价还价,让人大再重新改回去是不可能的事,因为有那么多劳工他们支持,这个时候只能是严格地按照法律办。耐克公司报告说到:"如果把中国《劳动法》与《国际劳工组织公约》规定的员工基本保护相比,中国员工所享受的保护仍与其他国家员工存在差距。"这是有些跨国大公司的态度。

再谈自主创新能力。我国的自主创新能力不太行,薄熙来做商务部长时在美国说,我们出口8亿件衬衫才能换一架波音。到欧洲说,我们出口8亿件衬衫才能换一架空客。8亿件衬衫差不多就是成年人一人一件了,对不对?就是血汗钱。这就是中国的创新能力比较差。看看国际专利申请,PCT虽然不是批准专利的,但它是一个为国际专利申请服务的组织。美国每年申请将近四万件,日本一万六七千件,德国第三,将近一万五千件,然后英国、法国等等。中国在这方面呢,2003年中国1205件,比IBM公司少,IBM公司多年来每年3000多件专利。而且2003年韩国三星公司可能就超过中国了。所以整个中国大陆申请专利的能力差。申请专利排名,首先是美国(见图12),然后是日本,超过德国了,接下来德国,被日本赶过去了,德国人很有危机意识。把美国、德国和日本都去掉,看得清楚了。在图13中,上面是韩国,中间是中国,下面是印度。韩国多少人口?不到5000万,刚才那24个国家没有它,比咱们好多省都小,咱们有9个省超过5000万了。韩国申请专利很厉害。三星公司的副总2005年初参加光华新年论坛的时候就说:2004年三星的研发费用一共将近45亿美元。当时我们中国最多的也就是20多亿人民币,就是联想、华为。一个公司的研发费用那么多,所以按公司排三星公司在2003年排名第九,到2004年排名第六,超过了日本好多公司。跨国公司要做大的话,光靠勤奋劳动不行,必须要有智力投资。

中国的专利质量也有一定问题,国内专利实用新型和外观比较多,有水平的发明专利少。在发明专利中,国外申请比例高,国外在中国专利申请一共51万件,占48.5%,而实用新型只占0.7%,外观只占7.8%。发明型专利占得多,就是你在别的产品上用,它要跟你要钱。

现在看看2007年世界企业五百强,前十强没有中国的公司,后面中国有了,第17名,但中国石化是个联合性的公司,国有控股的,世界五百强是怎么演进的呢?中国石化从2004年的第54位到2005年的第31

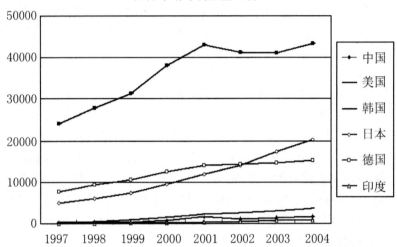

图 12　1997—2004 年通过 PCT 申请国际专利数量比较

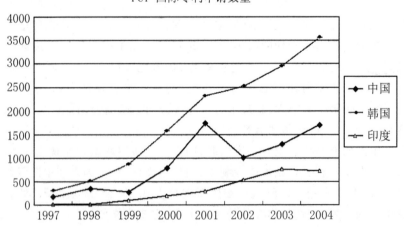

图 13　1997—2004 年通过 PCT 申请国际专利数比较

位,2006年的第23位到2007年的第17位,中国经济发展总量还可以,因为这世界五百强是按销售额排的,不按专利数。中国其他的企业在世界五百强,有什么特点?就是国有控股的,像银行、石油、天然气、电网这些企业。真正像联想这样的企业,做强做大的不多。世界五百强中,美国从2004年的189到2007年162,日本83到现在67,德国34到37,英国怎么35.5啊,这是一个公司在两个国家。中国总计从2004年16到18、23到30,这个30是包括港澳台,其中大陆22个,台湾6个,香港2个。

下面是展望了,两个转型。中国今年可能会很困难。中国处在很特殊的一个阶段,工业化还没完成,又进入现代化,在国际化的竞争环境中,还有信息化的技术形态,多个发展阶段交织在一块。像美国、英国,工业化早就完成了,它们从工业化到现代化有个演变时间。中国还有城市化,交织在一块就容易发生矛盾和冲突。而且,这里还不能简单地跨越,我不太愿意用"跨越式"发展。因为这么大一个国家,13亿人要适应这个社会,不像坐飞机似的跨越海峡那么简单。但是我们又容不得用一百年再走发达国家的路,几步并作一步走,就得加快。而且这个时候思想和观念的更新很重要,我们为什么经常说"改革"、"思想解放",就是好多东西是新的,人民还没太适应,马上又面临着新的任务了。

中国的后发优势是什么?借鉴先进技术。如果什么都让咱们自己做,到现在咱们可能还没电视机看呢,更别说有手机了,所以他们做了之后我们可以学。譬如3G,我们没有2G的标准,3G我们有了,TD—SCD-MA,所以这就是借鉴先进技术,包括知识产权,能买我们买来。借鉴先进管理经验,管理经验不需要付专利费,只要学得好,他们走过的路我们不走,他们的经验我们可以借用。

还有一个就是人力资源优势,关于劳力的优势好多公司都看到了,现在慢慢地消退一点。世界上没有哪个国家每年500多万青年上大学,500多万大学生毕业。中国的学生是比较勤奋的,北大、清华不说了,好多学校老师也很尽职,学生也比较勤奋,拿到合格的毕业证书之后,这个学生的基本素质相当可以。这500多万毕业生对知识密集型产业来说是多好的条件啊!所以外国的公司看到了,原来光盯住那些农民工,可能以后越来越觉得没多少赚头了,因为两税合一了,他交税多一点了,应该看到中国知识产业的发展有一个很好的资源——智力。

中国的市场优势,国内市场特别大。万一国外市场少了,出口少了,国内还可以调动呢,国内市场有纵深。韩国为什么密切地和中国来往?一个小国家没有太多纵深。而且国内市场还有一条,宝马有人买,奥拓也有人买,小奥拓也有市场。还有一点,我们开放以后,世界五百强有四百多个都来了,没有几个不来的,就等于陪着我们在我们国内练。打个比方,我们足球不行,如果真有外国球队经常在我们国家和我们踢球的话,我们走出亚洲就快了,就是怕人家不愿意来。但是在市场竞争这方面,人家还真来了,来了之后我们跟人家一块儿练,有些产品实际上我们竞争力很强,有些没有竞争力的他们走了,所以实际上国内市场有国际化竞争是中国的后发优势。

但是,可别骄傲,还有好多缺陷呢。中国一定不要看到经济发展数据就忘乎所以,要实施跟跑策略。上届奥运会女子万米冠军邢慧娜,怎么得冠军的?后面一直跟着,到最后冲上,前面三个人还以为她差一圈呢,没理她。后来到世锦赛的时候就不行了,人家盯着你,因而世锦赛没得冠军。

关键是创新,引进消化吸收再创新,国家的中长期科技发展规划是把原始创新放在前面,我正好对调了一下,好多小企业先引进消化吸收再创新,然后再集成创新,再到原始创新。2020年要建成创新型国家。现在我们的经济增长,技术贡献率只有39%,这是2005年。到2020年要提高到60%可不容易。现在像芬兰、美国都70%多了。就是经济增长主要靠投入还是靠技术进步,别人靠技术进步,我们靠投入多。这就需要建设创新型国家。如果不走这个路的话,就只能仍然是高污染、高排放、高能耗。

在创新方面,中国是不是没有希望了?也有希望,不要光说别的国家的例子。2006年有103个企业作为创新试点,其中包括大唐,就是主要做3G的,TD—SCDMA标准。再看看华为,2005年华为的研发费用达到47亿,虽然比不上三星2004年45亿美元,但是在中国企业中很厉害了,它的专利截止到2006年3月底申请了11000件,国内企业第一。2006年它的发明专利在深圳占37%,一个企业就占整个深圳市的37%。2006年申请了1177件国际专利,占中国大陆的1/3。这个企业厉害,它把赚的钱投入研发,还是很有魄力的。广东这几年的发展速度不如北边的山东、内蒙古,但是发展质量提高了。原来这三种专利多年来实用新型和外观是第一,发明专利不是第一,北京发明专利是第一。北京科研院所和高校这么多人,这么多研究所,北大、清华等百十来所高校,发明专利第一,但是2006年就被广东超过了,其中大户就是深圳。就是把研究、发明从以院所为主体,转到以企业为主体。企业最知道市场需要什么。写论文是院所擅长的,但是对于了解市场需要什么样的产品创新,企业是擅长的。企业还可以跟科研院所、大专院校结合,这是中国的希望,就是自主创新。

2007年,温总理说:"必须要坚定一个信念,只要解放思想,与时俱进,追求真理,只要改革开放,只要坚持和平发展、科学发展、和谐发展,我们就一定能够把中国建设成为一个富强民主文明和谐的现代化国家。"科学发展其中一条就是一定不要和客观规律拧着来,不要想人定胜天,一定要顺应客观规律,天是自然,还有整个世界呢,要利用世界的环境。关于未来的发展预测,2005年18万亿元GDP,人均GDP 14000元,2006年16000元,去年大概18000多元。2010年马上就要到了,我估计到个25000元人民币。25000元人民币什么意思呢?到2010年,汇率算6,是4000美元。2006年过的2000美元,2010年过4000美元,这是个大的门槛,2020年建成创新型国家,62000元人民币,我假设没有通货膨胀,到2020年估计汇率4或者5。因为我们曾经有1.75元人民币换1美元的时候,按现在PPP估计是3.4,升值到5不是特别玄乎的事,好多发展中国家的货币升值都有这个过程,按5计算,2020年12000美元。现在我国台湾地区15000多,韩国是18000,所以仍然有差距。但这是一个大国,13亿多,中国人口最高点可能在2032年,差不多15亿,然后就要降低了。那2020年就算14亿吧,这么一个大国,能达到1万多美元,这实际的生活水平相当好了。2050年,40多年以后,我想那个时候退休年龄一定延长了,因为老龄化社会必须延长退休年龄,不然社会保障难以支撑,特别是当教授的,在美国只要你身体好的话就不让你退休,因为你干的时候你还交养老金,退休以后光领养老金。2050年你们60多岁了,2049年共和国百周年的时候,大约人均27万,咱们还按汇率5吧,5万多美元了。怎么办?等不来,要干!

中国改革开放以来的经济发展速度是举世瞩目的,成绩可观;但同时又面临着资源、环境、区域差异等突出的问题,挑战严峻。

在我们继续向更高目标迈进的时候,如何实现经济、社会、自然的和谐发展,考验国家和各级领导的科学决策能力,也依赖全国人民的信心、勇气、创新精神和辛勤努力。

好,今天就到这了,谢谢大家!

(2008年4月9日)

刑法知识的转型与刑法理论的演进[*]

■陈兴良

[演讲者小传]

陈兴良,男,出生于1957年,北京大学法律学系1977级本科生。1984年12月中国人民大学法律系硕士生毕业,1988年12月中国人民大学法律系博士生毕业。现为北京大学法学院教授、博士生导师,北京大学刑事法理论研究所所长;中国刑法学研究会副会长、中国监狱学研究会副会长、中国犯罪学研究会会长、中国审判学研究会副会长。研究方向为刑事法学。主编《刑事法评论》,目前已经出版21卷。个人专著:《刑法哲学》、《刑法的人性基础》、《刑法的价值构造》、《本体刑法学》、《规范刑法学》、《口授刑法学》、《正当防卫论》、《共同犯罪论》、《刑法适用总论》、《刑法知识论》、《刑事法治论》等十多部,五项成果获国家和省部级奖项,2004年入选教育部长江学者。

同学们,晚上好,今天很高兴,在这里就"刑法知识的转型与刑法理论的演进"给大家做一个讲座。这个题目是我们这个讲座的系列之一,我看这个系列的主题就是改革开放30年的实践与反思。在改革开放30年这样一个大的背景下,目前在各个领域以及各个学科都在进行对这30年改革开放的实践进行总结和反思。从这个意义上来说,2008年可以说是总结和反思的一年。这里的30年是以1978年为改革开放的元年起算

---

[*] 本文是2008年5月28日陈兴良教授在北京大学团委学术科创部"改革开放30年实践与思考"主题系列讲座暨北京大学法学社"开放·北大·法学"廿五周年社庆系列中所作讲演的录音整理。整理者:清风扬二部,修订者:蔡桂生。

的,以这一年为开端我们国家逐渐走上了正轨。

转眼之间,30年过去了,这30年来我国在各个方面和各个领域都取得了重大的进步,这种进步是有目共睹的。今天我是想从刑法学这样一个学科的角度来对这30年走过的历程做一个历史回顾,因为我是1978年的3月份进入北大学习的,今年正好是我入学30周年。我是北大法律学系77级的学生,78级是在9月份入学的,今年是我们77级和78级同学入学30周年。在今年5月2日,我们法律学系77级和78级的同学在北大举行了纪念活动,纪念我们入学30周年。在纪念活动上,苏力院长做了一个讲话,这个讲话在网上也可以看到,有关的报纸也刊登了,给我感受最深的是苏力的这一句话:"我们并不是这30年历史的见证人,我们本身就是这段历史,是这段历史的一个细节。"确实,我们可以说是这30年历史的亲历者,我们并不是在见证这30年的历史,我们是亲身参与了这30年的历史,我们是这段历史的一个细节,是这段历史的某个个案。

作为一名刑法学者,我亲身参与了这30年来刑法学的恢复重建,对于刑法学这30年的发展来说,我也是一个学术个案,因此我想首先对这30年的刑法学历史来做一个回顾。大家现在才开始接触到刑法学,因此可能只知道刑法学的现状,对于我们现在的刑法学是如何演变过来的历史可能并不熟悉。我深切感受到以下这句名言是非常深刻的:如果不知道历史就不懂得现实,只有从历史当中才能读懂现实。

我首先来讲一下刑法学这个学科。近代刑法学是以1764年意大利著名的刑法学家贝卡里亚发表《论犯罪与刑罚》为标志的,到现在已经经过了240多年的历史。在此以后对近代刑法学的发展具有重要历史意义的几个年份,我给大家做一个简略的排列:首先是1801年,这一年德国著名刑法学家费尔巴哈出版了《现行德国普通刑法教科书》,标志着刑法学科体系的正式建立;然后是1881年,德国著名刑法学家李斯特发表了《德国刑法教科书》,这本刑法教科书在刑法理论推进方面可以说是一个重大的标志;然后是1906年德国著名的刑法学家贝林发表了《犯罪论》这本著作。李斯特和贝林被认为是在犯罪论体系中的古典学派,《犯罪论》这本书在近代刑法学史上具有重大意义,它意味着犯罪论的古典学派正式诞生。从1906年到现在已经经过去了整整一百年,在这一百年当中,德国的刑法理论又有了重大的发展,从《犯罪论》开创的古典学派到新古典学派,到威尔泽尔的目的主义犯罪论体系,一直到现在在德国占主导地位的以罗克辛为代表的目的理性主义犯罪论体系,德国刑法理论可以说是源远流长,一脉相传。德国的这一套犯罪论体系后来在日本得到移植并且逐渐形成了具有日本特点的犯罪论体系,以及以这个犯罪论体系为基础的刑法理论。这是近代刑法学理论的一个大背景,我只能以非常粗略的线条来勾画。

我们就以1906年贝林发表《犯罪论》为标志,回顾一下1906年我们中国在做什么。1906年中国处在清末,当时在沈家本的主持下正在进行法律改革,这项法律改革的主要内容就是刑法改革,刑法改革的基本思路就是要引入大陆法系。因此,在沈家本的主持下经过新派和旧派、保守派和革新派的反复争论和多年较量,最后在1910年颁布了《大清新刑律》。《大清新刑律》的颁布意味着延续了两千多年的中华法系的终结,标志着中国近代法制的诞生。伴随着《大清新刑律》的制定,开始引入了大陆法系的刑法。尤其是在《大清新刑律》的制定过程中,聘请了日本东京大学的刑法学教授冈田朝太郎作为刑法修订的顾问。随着刑法的制定,也引入了大陆法系的刑法知识。大家都知道,1911年爆发了辛亥革命,推翻了清王朝,建立了中华民国,中国进入民国时期。因此,《大清新刑律》只是刚刚颁布,实际上来不及真正实施就失效了,所以,可以说它是一部短命的刑法。但正是这部短命的刑法,在中国此后的刑事立法当中具有深远的历史意义。在中华民国成立以后一直到1928年,才制定中华民国的第一部刑法。在这之间,北洋军阀期间还制定了一部《暂行新刑律》。它基本上就是《大清新刑律》的翻版,因为当时处于一个军阀混战的时期,根本没有时间坐下来仔细研究法律问题,因此就照搬了《大清新刑律》。一直到1928年才颁布中华民国的第一部刑法,到了1935年又颁布了第二部刑法。在民国时期,刑事立法得到了很大的发展。与此同时,大陆法系有关刑法理论也逐渐引入到我国来,在我国产生了非常巨大的学术影响。

我们现在回顾这段刑法与刑法学的历史,在某种意义上也是了解我国刑法与刑法学的历史积累的过程,最近几年有些出版社出版了民国时期的法学著作,包括民国时期的刑法学著作。从这些著作我们可以看到20世纪三四十年代我国学人在刑法学研究上所做的努力,从当时世界的情况来看,我国学人对刑法学研究的这些成果应该说还并不是落后的,和当时的德国、日本在刑法学术水平上可以说不相上下。到了20世纪50年代初,新中国成立以后,随着对国民党的司法制度的废除,从《大清新刑律》所延续下来的法统就中断了,不仅法统中断了,而且以此为基础的学术研究的历史也中断了。从这个时候开始,我国的刑法学研究就另起炉灶,完全推翻了原先那一套。在20世纪50年代初,在学习苏联的高潮中,翻译了大量苏联的刑法教科书,尤其是1958年中国人民大学出版社出版了苏联著名的刑法学家特拉伊宁的专著《犯罪构成的一般理论》,这本书对中国的刑法学理论研究产生了重大的影响。苏联的刑法学在某种意义上来说本身也属于大陆法系,在十月革命以前,沙俄的刑法知识和德国的以及其他的大陆法系国家的刑法知识也是相通的。但在十月革命以后,随着政治化的需要,苏联的刑法知识就对大陆法系的刑法知识进行了重新改造和嫁接,建立了具有苏联特征的刑法学理论体系。

苏联的刑法知识在20世纪50年代初就传入我国,对我国现在的刑法知识的形成产生了深远的影响。从20世纪50年代中期开始,随着我国逐渐开展大规模的政治运动,其中以1957年的反右运动作为一个标志,我国进入了一个政治动乱时期,一直到1976年"文革"十年动乱结束。因此,从1957年开始到1976年这样长达20年的时间里我国的经济停滞不前,我国的社会发展也可以说是停滞不前,我国的理论研究同样是停滞不前。所以当1978年开始改革开放的时候,可以说我国的刑法学是在一种学术的废墟上建立起来的。我在这里用了"学术废墟"这个词,大家对这个词所表达的内容可能还没有深刻的印象,这种学术废墟到底是一个什么样的状态?也就是说到1978年我国的刑法学开始恢复的时候到底我国的刑法研究处于一种什么样的状态?大家可能没什么印象。这里我正好拿来一本书可以给大家做一个参照,书名叫《刑事政策讲义》,是个讨论稿,是北京大学法律系刑法教研室1976年12月印行的一个内部读本。这是我在1979年9月15日上刑法课的时候领到的,是我们当时的一本刑法教学参考书。我是在1979年9月份开始上刑法这门课的,在1979年的7月1日颁布了中华人民共和国第一部《刑法》,所以我是在《刑法》颁布两个月以后开始学习刑法的。大家都知道,1979年颁布的《刑法》是在1980年1月1日开始生效的,因此我刚开始学习刑法的时候,1979年《刑法》还没有开始生效,这个时候发给我们这么一本《刑事政策讲义》作为刑法参考教材,因为当时没有刑法教材。从这本书可以看出当时刑法学的理论研究所处的状态,可以说是学术废墟的真实写照。这本书的内容只有政治性,没有学术性。这本书名义上讲的是刑事政策,但实际上讲的是一些当时比较风行的教条,正是这些政治教条成为刑法学研究的主要内容,在这里我可以把这10个专题的题目给大家念一下,大家就知道里面的内容了。

第一个题目是我国政法机关的性质和任务。大家可能对这段背景不太熟悉,在"文革"当中有所谓的砸乱公检法,公检法没有了,就搞了个军管会,由军管会来办案,到了后来军管会撤销了才成立了公安局,接着恢复法院,检察院是到了1979年才恢复。其实写这本书的时候才1976年,实际上当时没有真正意义上的"法院",也没有检察院,当时政法机关是以公安机关为主的。

第二个题目是实行党委领导下的群众路线。党的领导和群众路线,是中国政法工作的两个基本原则,在这本书中也作了充分的强调,尤其是要克服司法工作的神秘主义。当时有一个名词,这就是群众专政,这和我们现在讨论的大众化与精英化,是两种完全不同的思路。

第三个题目是正确区分和处理两类不同性质的矛盾。这也是具有中国特色的刑法理论命题。将两类不同性质的矛盾的分析方法用于对犯罪问题的研究,就出现了两类不同性质的犯罪这样的命题。都是杀人,有的是阶级敌人杀人,这是敌我矛盾。有的是人民之间的杀人,这是人民内部矛盾。对此,判刑应当是不同的。否则,就是混淆了两类不同性质的矛盾。

第四个题目是惩办和宽大相结合的政策。这倒是一个刑事政策问题,但当时明显具有政治化、军事化的特点,是从对敌斗争经验中总结出来的,用于和犯罪作斗争。这与当时把犯罪问题作为一个政治问题加以考虑的背景,是密不可分的。

第五个题目是取证和调查研究。这主要是一个证据的问题,因为当时根本就没有刑事诉讼法,更不知程序正义为何物,因此在刑事理论中,只有取证和调查研究这一与证据有关的内容被保留下来了,并且与群众路线有着密切的关系。

第六个题目是犯罪及犯罪根源。当时在犯罪问题上政治化的倾向十

179

分严重,把犯罪看作是阶级斗争的表现。至于犯罪根源,则是根据经典著作的观点,归结为私有制,认为私有制是犯罪的总根源,只要消灭了私有制就消灭了犯罪。那么,在实行公有制的社会主义国家为什么还有犯罪存在呢?根据列宁的理论,那是旧社会的痕迹,或者说是新社会的胎记。因此,有的学者把社会主义国家的犯罪说成是无源之水,最终必然被消灭。

第七个题目是正确认定犯罪。这是唯一一个与刑法相关的论题,但这里不讲犯罪构成,而是强调在认定犯罪中的阶级分析观点。例如,认定犯罪的首要原则就是以阶级斗争为纲,坚持党的基本路线,用阶级斗争的观点和阶级分析的方法分析问题,处理问题。这样,认定犯罪活动的法律性不复存在,而其政治性却受到特别的强调。

第八个题目是镇压反革命和打击各种刑事犯罪。这部分内容相当于我们现在的刑法分则,由于并不存在刑法,因此,有关罪名不是根据法律认定的,而是根据政策确定的。其中论及的罪名是:反革命罪、杀人罪、放火罪、强奸罪、流氓罪、盗窃罪、诈骗罪、贪污罪、投机倒把罪、破坏革命军人婚姻罪、破坏知识青年上山下乡罪。这些罪名除杀人、盗窃等犯罪以外,都带有明显的时代烙印。

第九个题目是正确运用刑罚方法同犯罪做斗争。这部分内容相当于我们现在刑法中的刑罚论。在刑罚的性质认识上,强调刑罚是无产阶级专政的工具。但把两类矛盾的思想贯彻到刑罚适用上,又把对人民内部的犯罪分子受到的刑事处罚与对敌人专政的刑罚加以区分,认为这不属于专政的范围。

第十个题目是对敌对阶级分子和其他违法犯罪分子的劳动改造。这部分内容相当于现在的监狱法,但劳动改造之类的话语,其政治性十分明显。

这本书就反映了当时刑法知识的状况,可以说,内容是十分广泛的,涉及刑事法的各个学科,用刑事政策将其串联起来。当然,刑法内容也包含在里面。对于本书的内容,我们可以从三个方面来分析:

第一是政治话语取代学术话语。在这本书当中可以说充满了政治性而没有学术性,因为在当时的历史背景之下,学术性是完全受到排斥的,不能从事学术研究也不能从事思考,政治性和学术性完全合而为一,学术性完全被政治性取代。所以在这本书里所讲的内容都是一些政治性的内容，是一些党的基本路线、工作方法、政策精神以及阶级斗争这样的政治话语，这样一种研究并不是学术的研究，而是重在政治说教。

第二是政治判断取代规范判断。因为在当时根本就没有法律，在刑事法领域没有法律，是无法可依的。因此在这本书里是没有规范判断的，有的只是政治判断，最多有一些政治上的把握，比如在这本书里面专门有一个题目讲的是正确认定犯罪，它并没有给出一个规范的犯罪的概念。什么是犯罪？认定犯罪首先要有一个标准，根据这个标准才能去认定犯罪，这个标准应该是一个规范的标准。但是在这本书里面没有规范的犯罪概念。因此，这样一部著作所反映出来的都是一些政治性的判断，而没有一种规范的判断，缺乏法律的性质，不具有法律的思考。

第三是政治逻辑取代法律逻辑。这本书里面讲的很多都是政治问题，根本不是法律的问题，比如说这里面的对敌对阶级分子和其他违法犯罪分子的劳动改造，包括对敌对右派分子的社会改造，这些都是专政的一些措施，它不是用法律逻辑来论证的。如果根据法律逻辑来推理，在法律上先是一个人的什么行为能构成犯罪，然后才能适用刑罚，然后执行刑罚，这是法律的逻辑。但是在这里面说对敌对右派分子进行社会改造，那么之所以要对这些敌对右派分子进行专政和改造，是因为他们的阶级出身，因此不管这些人有没有实施犯罪行为都要对他们实行专政，这种专政的逻辑建立在阶级斗争的基础之上，所以它根本不是一种法律的逻辑推理。

这本书就是在那个特殊的时期我们的刑法知识的范本，在这段时期要想找一本关于刑法方面的书可以说找不到，这是唯一的范本。前些天北师大法学院的一个博士生来找我，他要对我国的刑事政策历史做一个综述，听说有这么一本书但到处找不到，就给储槐植教授打电话，储教授说他也没有，说我这里可能有，让他来找我看看有没有这本书，结果我一找就从书架上找到了这本书。在这个意义上，这本书几乎成为文物了。

从这本书里，我们可以看到当时的刑法学的研究状态完全是一个学术废墟，可以说是一无所有，不仅一无所有，而且还有一大堆废墟堆在那里，所以我国现在的刑法学是在这样一个学术废墟上来恢复来重建的。只有这样，我们才对经过这30年发展的我国现在刑法学的理论现状有一个更深刻的了解。

经过这30年的发展,我国刑法学的研究确实取得了非常瞩目的成就。随着1979年刑法的颁布,我国的刑法学理论研究就开始恢复重建,这种刑法学理论的恢复重建的动因就是1979刑法的施行,因为刑法要适用,就要理论来进行指导。在这种情况下,围绕刑法适用的理论研究就逐渐发展了起来。最开始这种研究只是对刑法条文的叙述,理论层次相当低。与此同时开始恢复了20世纪50年代初从苏联引进的刑法学研究,因为中间中断了20年,在恢复的时候首先想到的就是恢复苏联的刑法学。因此在20世纪80年代初期,以教科书的写作为主要标志,逐渐建立起了我国的一套刑法知识体系,这套刑法知识体系基本上是对50年代从苏联引进的刑法学知识的一种本土建构。

这套刑法学知识体系中最具代表性的就是犯罪构成理论,犯罪构成理论也就是大陆法系所称的犯罪论体系。可以说犯罪论体系是整个刑法知识的精华之所在,正如有些学者所讲的那样,犯罪论体系是整个刑法学科王冠上的宝石,它是刑法知识的精华,最能体现刑法知识的专门性、专业性和技术性。这套犯罪构成理论对刑法适用,尤其是对犯罪认定具有重要的指导意义,可以说犯罪构成体系决定了刑法的理论结构和的逻辑框架。因此在80年代初期从苏联引进的四要件的犯罪构成体系开始获得重生,直到现在仍然具有重大的学术影响,它成为刑法学叙述的中心线索。这个时期基本上是从1979年刑法颁布一直到1997刑法修订作为一个时间段,这个时间段是我国刑法学从废墟到恢复正常的一个阶段,并且有了一定的发展,基本形成了一套具有中国本土特色的刑法话语体系。刑法理论研究从它的成果上来说是发展很快的,在我们学习刑法的时候(1979年)是没有刑法教科书的,不仅刑法没有教科书,而且当时的任何一门课都没有教科书,因此我说我们这一代人是在没有教科书的情况下度过我们的本科时期的,和现在的同学们面临着太多的教科书、太多的学术论文和学术著作无从选择正好处于两个极端,我们当时处于一个知识饥渴的状态。

第一本教科书是在1981年出版的,这就是北大刑法学科的杨春洗教授、甘雨沛教授、杨敦先教授等编写的《刑法总论》,这一本教科书可以说是当时最早的一本刑法学教科书。后来在1982年高铭暄教授主编了全国法学统编教材《刑法学》,以《刑法学》的出版作为标志,我国的刑法学体系的框架就基本建立了起来,所以理论研究就逐渐地开展起来了。因为我是从1979年开始学习刑法这门课,到1982年在本科毕业以后考上中国人民大学刑法专业研究生就开始专门研习刑法,这段历史是亲身经历过来的。最开始的刑法学著作就只有这些教科书或是一些解释刑法的小册子。第一本刑法学专著是1986年才出版的,是现在上海社科院法学研究所所长顾肖荣教授的硕士论文,书名是《刑法中的一罪与数罪问题》(上海学林出版社1986年版)。这本书也就10万字左右,讨论罪数问题,是一个小薄本,但在当时是我所见到的第一本刑法专著,该书给我留下深刻的印象。我国刑法学就是在这样的基础上慢慢发展起来的,经过大致10年的努力,刑法知识的积累达到了一个饱满的程度,大量刑法学教科书、大量刑法学论文和大量刑法学专著出版,这样刑法知识就出现了爆炸的态势。应该说在法学各个学科当中,刑法学的起步发展是走在各个部门法学的前面的,主要是因为刑法颁布得比较早。这里面涉及法学研究和各个部门法之间的关系问题,法学这门学科是以"法"作为研究对象,因此只有法治发展法学才能发展,法学的发展永远不可能超越法治的发展,可以说一个国家的法治越发达,它的法学就越发达。

在部门法中,刑法是最早颁布的,因此刑法学也就最早发展起来。民法是1986年才颁布了《民法通则》,还有一些其他法律就更晚了,因此刑法是成熟得比较早的,但是我们也必须要看到在刑法知识中,到目前为止仍然留下了苏联刑法学深刻的印记,这一点在其他学科恰恰相反,它们受苏联的影响已经看不到了,这也是引起我思考的一个问题。在20世纪50年代初整个中国法学苏联化的过程中,不仅刑法学苏联化,而且民法学、宪法学等各个法学都是学的苏联法学。这么多年过去了,除了刑法以外的学科,民法、行政法、诉讼法等学科中苏联的影响可以说是荡然无存,但是为什么在刑法知识当中还深深地打上了苏联刑法学的烙印?这个问题值得我们思考,我认为主要是因为我国现在所采用的仍然是从苏联引进的四要件的犯罪构成体系,它决定了刑法学理论的基本框架,这样的框架没有改变的话,苏联刑法学的烙印就不可能消除。

正是在这样一个背景之下,我提出了刑法知识的转型这个命题,这也是由刑法学这个部门法学发展的特殊性所决定的。刑法学这个学科在各个部门法学科中起步是比较早的,发展得比较成熟,但是当刑法知识发展到一定程度,我国现在面临着一个刑法知识的转型,而在其他部门法学科里面,可能不存在这样的转型,这也是我国刑法学所面临的一个挑战,当然这也是一个契机,这也是今天晚上我所要讲的刑法的契机和转型。那么刑法知识为什么要转型?它如何转型?如何来完成这样的转型?这也正是我这些年来思考的问题,也是我所做的学术努力,推动我国刑法知识的转型。

正如我前面所讲的,我国现在的刑法学知识是在苏联刑法学的基础上建立起来的,也就是说在1978年刑法学学科恢复重建的时候,我们是在学术废墟的基础上重建的,但是我们只是对这个废墟做了一个简单的清理而没有对这个废墟做进一步的考察就恢复重建了这样一个刑法学知识体系。现在看来,这个废墟本身就是一个很大的问题,因为我们按照苏联刑法的这一套知识体系做到一定程度就很难再往前走了。之所以很难再往前走了,是因为这一套框架已经容纳不下更多的刑法学知识并且已经对刑法学知识的发展产生了束缚。之所以这样说,我觉得主要是由以下两个原因造成的。

第一个原因是刑事立法和刑事司法的发展。我前面也讲过,刑法知识和法治本身是具有密切联系的,刑法学理论发展的动因在于满足法治建设的实际需求。在没有法治的情况下,也就没有刑法学;在法治落后的情况下,对刑法学的需求也不旺盛。因此,比较粗浅的刑法学理论总是和比较低级的刑事法治相联系的。随着刑事法治的进一步发展,就逐渐要求比较精致的刑法学,刑法学从粗糙到精致这样的发展并不是刑法理论自身的逻辑演绎的结果,而恰恰是刑事法治推动的结果,是刑事法治的实际需求所得出的结果。从这里可以看出,我们从苏联引进的刑事法学说本身就是在不重视法制、政治口号压倒法制这样的背景下产生的,因此,苏联刑法学本身具有先天的缺陷。引进到我国以后,虽然也做过某些弥补的工作,但仍然还是它那一套,因此在一个法制不太健全的时期,这一套比较粗糙的理论还能解决一些现实的问题,还能够满足预防和打击犯罪的需求。但随着刑事法治的进一步发展,这一套比较粗糙的理论就不能满足法治建设的要求,因为法治建设要求的是一套比较精致的刑法理论,因此,对于刑法知识的精致性的需求就成为刑法学发展的必然趋势。

对刑法学知识的精致性我们往往存在一些误区,把它看成一种繁琐的经院哲学,认为这样一种思维以及它的成果是把简单问题复杂化,所以我们在思想上往往对这套理论的思维持排斥态度,认为这是烦琐哲学。

我们往往强调刑法理论应该研究实际问题、解决实际问题,这里面就存在一个刑法知识的大众化和刑法知识的精英化的对立。最近我看到一篇论文讨论刑法知识的精英化和大众化的问题,这是一个需要深入思考的问题。我们过去追求的都是一种大众化的刑法知识,这种大众化是具有政治性和正当性的,而精英化的刑法知识具有精致性和精确性的特点,往往受到排斥。到底怎样来看待这个问题?我们的刑法理论当然要解决实际问题,不能是无病呻吟、闭门造车,但是又必须看到理论解决实际问题并不是头疼治头、脚疼治脚这样直接的方法,必须是一种理论的解决方法,那么这种理论性的方法具有制度性的特征,具有一般性的特征。在刑法学理论发展的初始阶段,理论缺乏层次上的划分,整个理论从整体上来看都是同样浅显的,所以我经常讲的一句话就是在当时这种状态下我们大学的研究刑法的著名教授和一个基层法院的法官思考的是同一个问题。这样一种状况是很不正常的,因为基层法院的法官所思考的问题和著名的刑法学教授思考的不应该是同一个问题,如果一个大学的刑法学教授去思考一个非常个案的、低等性的问题,显然说明我们的理论太浅显。因此这种理论的发展首先就要呈现出一种不同的理论层次。要体现出这种不同理论层次,要有些能够实际解决问题的刑法知识,但是更应该有一些高层次的刑法知识,对刑法尤其是刑法的基本问题来做形而上的、追根究底的思考,而恰恰是后者代表了一个民族、一个国家的刑法学思考的最高水平。

在某种意义上来说,这种刑法知识的精致性和精确性恰恰属于刑事法治发达国家对于刑法知识的需求。在刑事法治的语境中,通过刑法来对个人的权利和自由进行保障是法治的根本标志。从这个意义上来说,在刑法知识当中必然包含着某种精英化的话语,这种话语在刑法学的知识当中应当占有一席之地,所以刑法学的发展本身这种思维的措施逐渐向更加广阔的领域拓展,不是满足于对个案的解释,不是满足于对法条简单的注释,而是把刑法放入社会的背景之下来进行思考。正如德国著名的刑法学家耶赛克所讲:刑法只是人类精神生活的一个点,人的精神生活的一个侧面。因此我们只能从人类精神生活更高的层次上来把握刑法，才能真正掌握刑法的精髓，而不是满足于对刑法规范表象的理解。这样一种对刑法精确性和静止性的分析对刑法理论不断的发展起到了促进作用，在客观上也能更大限度地满足法治建设的实际需求。从这个意义上来说，刑法的转型不是从自身意义上来讲的，而是被刑事法治的发展而形成的社会需求所决定的。

第二个原因是对外开放。我认为，对外开放不仅仅是在经济上，而且是在学术上、思想上、文化上的，刑法学也是如此。通过刑法学的对外开放，使我们能面对更为广阔的世界，吸收世界上对刑法学研究的最新成果，从而促进我国刑法学的进步。我们过去在错误的政治教条的影响下，在刑法的研究过程中出现了苏联化的现象，也就是说把苏联的刑法作为唯一的刑法知识来引进，而对其他的刑法知识持完全排斥的态度。对外开放以后，打破了学术上的自我封闭状态，使我们能接触到来自英美的、德日的，以至于来自其他国家的刑法知识，这里就出现了一个我国的刑法知识如何与其他国家的刑法知识进行对话、交流、争论的重要问题。我们过去在自我封闭的状态下发展起来的刑法理论知识是无法和其他发达国家的刑法理论知识来交流对话的，它们缺乏一种对话的共同平台和一种共同的话语模式。在这点上，在犯罪构成理论上体现得非常明确，因为我们过去采用的是苏联的犯罪构成，这样一个刑法知识的理论是犯罪理论的一个基本框架。在对刑法知识需求的要求不是非常精致的情况下，这个理论框架还是能够满足现实的需求，但随着刑事法治的不断发展以及其他国家刑法知识的不断涌入，就会发现这两种知识之间存在着不相容性，因为犯罪论体系是一个基本的逻辑，在某种意义上说它是刑法基本的思维方法。如果思维方法不一样，很多问题都没办法进行对话，没办法进行交流，因此需要对传统的刑法知识进行进一步的反思，在这种背景之下，我提出了刑法知识的转型这一命题。

在刑法知识的转型里，首先存在一个如何评价传统的刑法知识，尤其是传统的犯罪构成理论的问题。我认为，传统的刑法知识体系，尤其是犯罪构成理论在过去法治不是很发达、法学知识比较落后的情况下，确实能够满足司法实践的需求，其在历史上曾经发挥了重要作用，对此应当充分进行肯定。但是我们也应该看到，随着刑法知识的进一步推进，我们必须对传统刑法学知识进行反思和检讨,只有这样才能开辟将来刑法知识发展的正确道路。可以说目前我国正处于转型过程当中,当然这种转型只是才开始,远远没有完成,现在大多数人都是在传统的刑法教科书的指导下成长起来的,也是借助于现行的犯罪构成体系来进行刑法思考的。在司法过程中,传统的犯罪构成体系还有很大的市场,对于司法实践还有很深的影响。在这种情况下,想要推进刑法知识的转型,必然会存在来自现实的阻力,对此我们必须要有深刻的认识。但另一方面我们又必须看到这样一种刑法知识转型的趋势是不可阻挡的,当然这种转型不是一蹴而就的,而是一个逐渐推进的过程,是一个逐渐被大家所接受的过程。

我们可以看到,现在教科书里占主导地位的还是四要件的犯罪构成体系,应该说这套理论本身已经反映出刑法知识的陈旧性。在这种情况下,我个人一直在推动引入大陆法系的三阶层的犯罪论体系,以此来取代现在的四要件的犯罪构成体系。对此,我总是遇到这样一个问题,总是有人问我,为什么一定要用三阶层的犯罪论体系来取代四要件的犯罪构成体系?现在四要件的犯罪构成体系在司法实践中不是用得很好吗?为什么要去取代它?这里面其实涉及对两种理论的评价问题,一种理论比另一种理论具有更大的优越性,或者一种理论完全失去了适用性,它的更新才能顺利完成,否则这种理论的更替会存在困难。关于这个问题,我个人的观点是,我国现在的四要件的犯罪构成体系主要缺乏内在的逻辑性,这种内在逻辑性的缺乏使得这样一种犯罪构成体系在判断一些较为复杂的刑法理论问题的时候就往往会产生一些混乱,这种混乱足以影响这种理论的适用性。而三阶层的犯罪论体系本身具有内在的逻辑性,只有内在逻辑才能最大限度地保证定罪的准确性,而衡量刑法知识的主要标准就在于这种刑法知识是否能保证定罪的准确性。为什么说四要件的犯罪构成体系存在内在的逻辑混乱,这种内在逻辑混乱主要体现在哪些方面?而三阶层的犯罪论体系为什么是精致的,它的优越性体现在哪里?对这些问题首先需要回答。

正如我前面所讲的,犯罪构成理论不仅仅是犯罪成立条件的总和,并不是简单地把犯罪成立条件捏合在一起,也不仅仅在于给定罪提供一个法律标准,更为重要的是犯罪构成本身是一种定罪的思维方法,因此只有我们掌握了一种精确的具有内在逻辑性的定罪方法,我们才能保证定罪准确。否则的话，在定罪上就会出现一些出人入人罪的结果，这是要竭力避免的。另外，主要有以下三个关系需要我们认真加以思考。

第一个是主观判断和客观判断的位阶关系。因为任何犯罪都是由主观和客观两个方面构成的，因此在任何情况下对构成犯罪来说，都需要主观和客观两个方面来判断。但在定罪过程中，到底先考察客观方面还是主观方面，对客观判断和主观判断是否要求优先关系？我觉得这是一个非常重要的问题。在三阶层的犯罪论体系中，是坚持客观的判断先于主观判断，也就是先进行客观判断，再进行主观判断，如果没有客观判断就不能进入主观判断，因此客观要件对于主观要件具有推定功能。比如说杀人，杀人首先要有杀人行为，然后才考虑是否具有杀人故意。杀人行为在客观上是可以独立于杀人故意的，也就是说，判断一个人有没有杀人，我们应先考察有没有杀人的行为，再来考察主观上有没有杀人故意。如果连杀人行为都没有，那就不可能有杀人故意。因为杀人故意是指实施杀人行为时的主观心理状态，杀人故意在逻辑上是以杀人行为为前提的，就是说只有行为是杀人行为，然后才说杀人行为是不是故意实施的。如果连杀人行为都没有，怎么可能具有杀人故意呢？这就是客观判断要先于主观判断的原则。为保证定罪正确，必须严格遵循这种逻辑上的位阶关系来思考客观要件和主观要件的问题。但在我国现在的四要件的犯罪构成体系中，这种客观要件和主观要件的关系并不是固定的，而是可以随意排列的。也就是在司法判断过程中，若主观要件好找就先找主观要件，然后再来找客观要件。在一些比较简单的刑事案件中，先判断主观要件还是客观要件也许不会影响定罪结论，因此在法治需求比较低的情况下，这些理论缺点就不会暴露。但对于解决一些疑难的问题来说，尤其在疑难案件中，到底先做客观判断还是主观判断，最后得出的结论是不一样的，就会有差错。比如我们经常举的一个例子，甲为了让乙去死，他知道在森林里散步如果打雷的话很容易被劈死，就让乙在要打雷下雨的时候到森林里面去散步，结果乙果然被雷打死了。像这样一个案件如果严格按照先做客观判断再做主观判断来进行认定，我们首先去考虑甲有没有杀人行为，也就是说他在打雷的时候把乙派到森林里去散步这个行为本身是不是杀人行为必须首先考虑清楚。显然，这不是一个杀人行为。因为这个行为本身不包含剥夺他人生命的现实危险性，对这个行为不能认定为杀人行为。因为这不是一个杀人行为,因此不需要去考虑甲主观上有没有杀人故意,因为这里没有杀人行为就不需要判断杀人故意,这样司法判断就中断了。但如果不是根据先客观判断后主观判断这样的顺序来进行,而是首先来考虑甲主观上有没有杀人故意,那就很容易认为这个案子里甲具有杀人故意。也就是说甲把乙派到森林里去散步是为了让他死,把这个主观动机当成杀人故意。既然杀人故意都有了,那杀人行为怎么可能没有呢?杀人行为当然有,就是甲派乙到森林里去被雷劈。因此,结论就是甲构成故意杀人罪。但采用三阶层的犯罪论体系就能对这个案件做出正确的判断。在此,首先就要把让一个人死的故意和杀人的故意分开,让人死的故意和杀人故意是不一样的。想让一个人死可以采用各种方法,但是到底能不能构成故意杀人罪?关键看客观上是否具有杀人行为,在杀人行为的问题上要根据行为人是否具有致使他人死亡的现实危险性来进行判断。从这个案例就可以看出来,先做客观判断还是先做主观判断对同一个案件得出的结论是不一样的,先做主观判断再做客观判断就容易把一个非罪行为认定为犯罪行为,因此就不能保证定罪的正确性。从客观判断与主观判断的关系上来看,显然是三阶层的犯罪论体系具有优越性。

第二个是形式判断和实质判断的位阶关系。在三阶层的犯罪论体系中,形式判断先于实质判断,这也是一个基本原则。也就是在认定一个人有罪还是无罪的时候,首先应该做形式上的判断,如果形式上的判断是否定的,就不能再继续进行实质判断。因此先进行构成要件该当判断,具有构成要件该当性就是形式判断是肯定的,具有构成要件该当性以后再进行实质判断,也就是违法性判断。违法性判断作为一种实质判断,由于是在形式判断之后进行的,因此它具有出罪性,而不具有单独的入罪性。比如说正当防卫杀人的案件,首先判断是否具有构成要件的杀人行为,具有杀人的构成要件该当的行为,然后再继续实质性判断,是否存在违法性,因为正当防卫不具有实质上的违法性,就把它从犯罪中予以排除。这样就用形式判断来限制了实质判断,实质判断具有出罪功能而不具有单独的入罪功能,这种限制体现了罪刑法定的基本要求,体现了对公民个人权利和自由的刑法保障。但在我国的四要件的犯罪构成体系中,形式判断和实质判断的关系是非常混乱的,我们始终强调社会危害性是犯罪的本质,因此把社会危害性放在了非常重要的位置上,从而往往把实质判断放在形式判断之前。考察一个人是否构成犯罪,首先判断这个人的行为有没有社会危害性,然后再考虑是否具有刑事违法性,这样实质判断先于形式判断的做法就会使实质判断来压抑形式判断,使形式判断不能发挥对实质判断的限制功能,因此容易把无罪的行为认定为有罪的行为,容易违背罪刑法定的原则。这样一个缺点是显而易见的,也就是它不是先考虑形式的要件而是先考虑实质的要件,只要这种行为具有社会危害性就往往找一些这样那样的罪名,所以实质判断凌驾于形式判断之上恰恰是反法治性。这也是我国现在四要件的犯罪构成理论所包含的,在这之中第一个就是犯罪客体,而犯罪客体就是刑法所保护的社会关系,看这个社会关系有没有受到损害,而社会关系受没受到侵害就是一个实质判断。这种实质判断先于形式判断的定罪方法是很危险的,是会破坏法治的。

第三个是类型判断和个别判断的位阶关系。在构成要件的判断中,有些要件是类型性的,有些要件是个别性的。例如,构成要件就具有类型性的特征,是类型学思维在刑法学中的生动体现。构成要件的行为,可以根据其类型性的特征加以把握,在定罪中是最先需要认定的。而行为动机则具有个别性,必须在确定了行为以后才能去追究行为的动机,否则就会从动机推断行为,这是定罪之大忌。此外,一些本来是实质性的判断,也采用类型化的方法。例如违法性的判断,对于法益是否受到侵害的认定,具有实质性的特征。现在通过建立类型化的违法阻却事由,从反面加以判断。也就是说,不具有违法阻却事由的情况,就具有违法性。在大陆法系的三阶层的犯罪论体系中,遵循的是类型性的判断先于个别性的判断的原则。为什么这么说呢?主要是类型性的判断具有基本的标准,具有客观上的可操作性,因此先做类型性的判断再来做个别性的判断,能够更大限度地保证定罪的正确性,防止司法擅断。但是在四要件的犯罪构成体系中,对于类型判断和个别判断的位阶关系并没有严格的逻辑上的要求,因此就会出现判断上的混乱。

这里所讲的是三个方面的比较,从中可以看出三阶层的犯罪论体系具有它的优越性,它能满足定罪更为精致、精确的法治上的需求,因此这样的犯罪论体系是有它的好处的。当然要从我国的四要件的犯罪构成体系转变为三阶层的犯罪论体系是一个逐渐推进的过程,是一个逐渐被大家所认同的过程。但是,我们首先要来加以推动,如果我们不去推动它,犯罪构成理论本身就很难得到更新和改造,这就是我现在提出刑法知识需要转型的背景。

这里我所讲的刑法知识的转型和刑法理论的演进这两个命题应该说是不一样的,刑法知识转型并不是刑法理论演进的必然结果,也就是说刑法知识量的增长并不必然导致刑法理论的演进。刑法知识转型需要我们进一步去推动它,如果离开了我们的学术努力,那么刑法理论就永远只能在低水平的层次上重复,就不会有理论上的创新,就很难满足日益增长的法治建设对刑法理论的需求,在这方面我个人认为是具有迫切性的。随着刑法知识的转型必然伴随着刑法理论的演进,那么刑法理论的演进是一种什么路径呢?我个人认为,刑法知识的转变必然使刑法知识呈现多维的走向。以往我们把刑法知识单纯地理解为刑法的规范知识,把刑法的思考局限在法条上,在这种情况下就使得刑法理论受制于法条,成为对法条简单的注释,这样一种刑法理论是低层次的。我认为,刑法知识的演进需要我们对刑法做全方位的思考,这种全方位的思考至少有以下四个方面。

首先是对刑法进行形而上的思考,这也就是所谓在刑法之上研究刑法。我们要超越规范,要有超越规范的叙述逻辑,去思考刑法赖以存在的价值基础,这种思考主要是对刑法本源性的思考和追溯,需要弄清刑法知识赖以生长的地基,要清理这个地基。这样的思考实际上是一种刑法的哲学思考。这种思考是要把学术的注意力从规范上进一步提升,要深入到刑法规范后面的价值理念来提升刑法的叙述水平,这样的一种水平对刑法知识的演进来说是非常重要的,如果没有这样一种刑法哲学的思考,那我们的刑法知识就只能保持在一种非常低的水平,很难具有理论的升华。因此,从20世纪80年代末,我就开始了对刑法知识的哲学思考,这种思考正是建立在对当时的刑法知识的不满以及寻求刑法知识的突破的背景下展开的。这种刑法知识的哲学思考主要是为了引进一种哲学的思维方法,对刑法的问题进行理论的清理。我大概用了10年的时间进行刑法哲学研究,出版了《刑法哲学》(中国政法大学出版社1992年版),之后,我又先后出版了《刑法的人性基础》(中国方正出版社1996年版)和《刑法的价值构造》(中国人民大学出版社1998年版)。这三本书,基本上都是对刑法的形而上思考。尤其是《刑法的人性基础》和《刑法的价值构造》被我称为是没有法条的刑法，也就是它探讨的不是具体的法条，不是具体的刑法规则，而是探讨刑法背后的人性基础和价值构造，是对刑法整体性的思考，这样的思考在我个人刑法学术的研究生涯当中是非常有意义的。1999年，我出版了第一本自选集，就是《走向哲学的刑法学》（法律出版社1999年版），今年出了第二版，这里面收集了一些论文。这些论文大概是我在1989年到1999年之间写的，这个书名本身是具有象征意义的，它表明了我的学术努力，就是努力向刑法哲学这个方向迈进。走向哲学这个词是动态的，是有趋势性的，表明了我的学术方向，这本自选集记载了我的那段学术生涯，对我来说是具有纪念意义的。

其次是对刑法的规范研究，也就是在刑法之中研究刑法。这种刑法学就是一种规范的刑法学，规范刑法学就是以德日为代表的刑法知识体系。经过二百多年的发展，德日的犯罪论体系已经形成了一个严密的逻辑体系，这套逻辑体系具有精致性，对于我们现在的刑法问题思考来说，是具有工具性的。也就是说，刑法问题实际上是一个技术问题，是一个专业问题，对某个案件应该怎么来处理，这和看病是一样的，和医学是一样的。医学要诊断病症，它有一套技术来保证诊断的准确性。刑法也是如此，某个行为是不是构成犯罪，构成什么犯罪都有一套知识来保证判断的准确性。看病关系到人的生命，把病诊断错了，可能会送命。刑法定罪涉及到一个人的生杀予夺，它也是非常重大的，不能含糊，所以在定罪过程中要有一套工具性的知识，这种规范性的刑法知识可以说就是工具性的知识。在定罪当中所依照的法律是有国别的，在中国犯罪，必须依照我们中国的刑法来定罪，而不能根据德国刑法去定罪，也不能根据日本刑法去定罪，这就是法律有国界。但是刑法知识是可以超越国界的，是超越规范的，因为定罪的活动是人类的经验活动，在长期刑事司法活动中进行理论总结就形成了这样一套定罪的刑法知识，这套知识是具有工具性的价值的。许多疑难案件我们可能还没有碰到，但人家可能早就碰到了，人家可能已经有了一套比较成熟的处理这类案件的理论知识。在这种情况下，当然可以将这套理论运用到我们案件的定罪上，而不需要我们自己再去发明一套理论。

这里有一个思维经济性的问题，我们看看人家是怎么处理的，再来看是不是能借鉴,而不是自我封闭起来,碰到这种情况我自己想一套办法来看怎么处理,那样思维就太不经济了。过去我们往往把刑法看作一个专政问题,因此强调了国家与国家之间在刑法上的差异性,但实际上犯罪问题是各国所碰到的,因此在如何定罪问题上它的共同性要大于它的差异性,因此我们完全可以借鉴那些法治比较发达国家的刑法理论,引入到我国的规范当中作为对我们规范的解释,这点我觉得是非常重要的。也就是说我们不能去发明一套理论,人家已经有的刑法知识我们一定要引用过来,然后结合中国的法律规定加以借鉴。

当然,这里面我们既要看到刑法理论知识超越国界的一面,在另一方面我们也要看到其对于法律规定的依赖问题,在引入国外刑法知识的时候我们要看到中国的法律能不能支持这套理论知识,需要考虑到法律规范上的差别。如果不考虑法律规范上的差别,随便引入国外的刑法知识,可能会跟我国的法律规范发生冲突。有些法律的概念在其他国家法律环境下是正确的,但到我国这里可能就有问题,因为我国的法律语境不一样,我们过去在这点上还是缺乏思考的,最典型的就是罪数理论。我国现在的罪数理论中,关于罪数的形态有连续犯、营业犯,还有徐行犯等一大堆概念。这些概念都是外国刑法学者根据外国刑法所发明的,这套概念是建立在这样一个法律规则之上——同种罪数罪实行并罚,但如果对所有的同种数罪都实行并罚,就会带来司法上的极大不便,因此就创造了一种方法来对同种数罪并罚加以限制,这样就出现了连续犯等概念。连续犯就是同种数罪,按照同种数罪并罚原则,连续犯就要并罚,但考虑到连续犯有客观上的犯罪行为的连续性,主观上犯罪意思的连续性,因此只要认定了连续犯就不并罚。但是我国刑法中的同种数罪根本就不并罚,我国的数罪并罚指的是异种罪数罪的并罚,同种数罪根本就不并罚,在这种情况下,像连续犯这样一些定位在同种数罪并罚的法律语境中的概念在我们这里是毫无意义的,因为我们同种数罪都不并罚,在同种数罪里面再去区分连续犯与非连续犯又有什么意义呢?没有意义。所以,这些概念的引进就具有一定的盲目性,没有看到这些概念背后所产生的规范体系。这也反映出刑法理论对刑法规范的依赖性,是以一定的刑法规范为前提,刑法规范不一样,刑法知识的基础也是不一样的。应该说,刑法的规范知识是非常重要的,它使我们能正确地解释刑法、理解刑法,所以刑法的规范知识是刑法知识的主体部分,我们学习刑法知识主要是学习刑法规范知识。我们应当吸收和借鉴那些合适的刑法规范知识,用它来解释我国的刑法规范,使我国的刑法规范问题能得到妥善的解决,以便能够使刑法规范得到有效实施,这样一种规范刑法学知识的积累和运用也是非常重要的。

这些年来,我也一直在做规范刑法学知识的研究,应该说我做刑法哲学研究的契机恰恰是对当时规范刑法知识状态的不满,因此我是把刑法哲学的知识和刑法规范的知识对立起来。当时我提出一个命题,也就是要把刑法的规范知识——当时我称为注释刑法学,提升为刑法哲学的知识,用刑法哲学知识来取代刑法规范知识。这样一个命题就把刑法规范知识和刑法哲学知识对立了起来。从现在来看,这样的判断是存在问题的,实际上刑法规范知识和刑法哲学知识并不是互相否定互相取代的关系,而是刑法知识不同的面向,不同的表现方式,我们不仅应该有对刑法形而上的思考,应该有刑法的哲学思考,而且应该有对刑法规范本身的思考,要有丰富的刑法规范知识。因此,从1997年以来我发生了学术转向,从对刑法的哲学研究转变为对刑法的规范研究,先后出版了《规范刑法学》等刑法规范知识的著作,在刑法的规范知识方面不断进行努力,尤其致力于引入大陆法系中的三阶层的犯罪论体系。今年我出版了另外一个论文集,就是《走向规范的刑法学》(法律出版社2008年版),这本自选集是对1997年以来的10年间我的刑法学术的一个总结,这个书名也是具有标志性的,表明了我的学术转向和学术注意力的转移:从刑法的哲学研究转变到刑法的规范研究。我现在越来越体会到刑法规范研究的重要性,刑法规范知识塑造了一个国家刑法知识的基本品格,因此一个国家刑法实施的水平在很大程度上取决于规范刑法知识的水平,我们应当致力于规范刑法学的研究。

如果能对刑法的规范进行科学的解释,这也反映了理论对规范的消化、塑造功能。在定罪当中仅仅靠刑法条文是没办法解决的,在很多情况下都是靠刑法理论来支撑的,这种理论支撑主要是规范刑法的支撑。我讲一个具体例子,关于绑架罪,刑法规定以勒索财物为目的绑架他人构成犯罪,这是法律规定。法律规定不能脱离具体案件,如果脱离了具体案件,我们也可能觉得这个法律规定得很清楚、很明确,但在司法实践中就会出现问题。比如甲乙两个被告人扣押了丙,把丙绑到一个宾馆里,跟他要钱。但丙身上没有钱,就逼迫他去家里取信用卡,然后到取款机上取钱,取了三万块钱。这样一个案件到底是绑架罪还是抢劫罪呢?这里就涉及绑架罪的"以勒索财物为目的"的含义,到底是向谁勒索?向被害人本人勒索是不是绑架罪的勒索财物?如果向被害人本人勒索就是绑架罪的勒索财物,这样的案件就应该定绑架罪;如果绑架罪的勒索财物不是指向他本人勒索,而是指向被绑架人的亲属或者其他人勒索,利用被绑架人的亲属或者其他人对被绑架人的生命安危表示担忧而进行勒索,那么该案就不能定绑架罪。这两种判断到底选择谁呢?前者还是后者?在这种情况下,这个法律规定本身并不能给出答案。我们该如何处理这类案件呢?

我认为,在本案中甲乙实施的是抢劫行为而不是绑架行为,也就是我们把绑架罪的勒索财物理解为是向被绑架人以外的其他人,利用对被绑架人的生命安危表示担忧而勒索财物,因此这样的案件不应该定绑架罪而应当定抢劫罪。但我们对这个法律规范做这样的解释的根据是什么?这里的刑法知识不是规范本身所提供的,我们都说是根据法律规定来定罪,而这个法律规定是靠司法者来解释的:解释为这样就是这样,解释成那样就是那样;解释成这样就有罪,解释成那样就无罪。所以,刑法适用需要刑法理论与刑法知识的支撑,这里面就需要提供一种理论依据:我们可能说为什么必须是向被绑架人以外的其他人勒索才叫绑架,而向被绑架人本人勒索不能认定为绑架?我们可能会说德国刑法是这么规定的,日本刑法也是这么规定的,德国刑法与日本刑法在法律条文上就是这样写的,因此它做这样一种理解肯定就是没问题的。但是我国在刑法条文上没有这么写,我们为什么也作和德国刑法、日本刑法一样的解释?因此有的持不同观点的人有可能就会这样说,我们定罪是根据中国刑法定罪,而不是根据德日的刑法定罪。但是我们为什么还要坚持这样的观点?运用一种理论来解决这个问题和按照德国刑法与日本刑法来定罪是不是有差别,这种差别表现在什么地方?另外我们可能还会说,民国1935年刑法的罪名是绑架勒索罪,勒索也就是把被绑架人当作人质来向其亲属索要赎金,当时的刑法也是这么规定的。当然,人们也会说民国刑法早就作废了,现在用的是中华人民共和国刑法,怎么能把民国刑法的知识当作我们刑法的知识来源呢？这句话很有道理。我讲这个例子是要说明一个什么问题呢？也就是说我们在定罪的时候要依照法律规定，但实际上法律并没有提供一个完整的定罪标准，在很多情况下要取决于我们对法律的理解。因此，立法者所制定的法律规范实际上是不完整的、是半成品，它在很大程度上要靠理论来重新塑造，这个规范的品格在很大程度上要靠理论来决定，理论具有塑造的功能，它塑造某个罪名的内容，规范知识提供了理论塑造的基本框架，这就是刑法理论的作用。所以，规范的刑法学知识绝不是规范的简单附庸，它对刑法知识本身具有某种决定作用，具有塑造作用，它的功能是非常之大的。我们要了解一个国家的刑法是怎么实施的，看法律条文往往是看不明白的，甚至是枉然的，还必须看它的理论怎么说。在某种意义上来说，法官往往不是单纯地根据某个法条去定罪，而在很大程度上是依照理论去定罪，离开了刑法理论，法官是无法定罪的，这也是规范的刑法知识对于规范的适用的重要意义，这是刑法知识的第二个维度。

第三是在刑法之外的刑法，也就是引入社会学的知识、经济学的知识、人类学的知识等来对刑法进行研究，由此而形成刑法的社会学、经济学、人类学等等。这种刑法知识对于我们认识刑法、把握刑法也是非常重要的。也就是我们要把刑法放在人文科学知识的背景之下来加以把握，只有这样才能深切把握刑法的本质和精神，在这方面的学术努力我们还需要进一步加强，我相信这方面的研究加强以后，我们对刑法的理解就会进一步深化。

第四是在刑法之下研究刑法，也就是我正在研究的判例刑法学。也就是说，刑法不仅仅是一个规范，而且刑法的知识还反映在判例的过程当中。如果说规范的刑法知识还是一种刑法的文本知识，那么判例刑法的知识就是一种实践的刑法知识。我们需要对判例进行研究，因为我们的刑法实施都是以规范为中心的，要么就是法律规范，要么就是理论规范，反正都是那些以规范为中心的理论来展开的逻辑。这点和外国的刑法著作是有很大差别的，外国刑法著作在逻辑演绎过程当中会引用大量的判例，这些判例可能是逻辑演绎的出发点，这样的刑法的理论问题都是从判例中引申出来的，活生生的判例就为刑法知识的生长提供了大量的素养，判例是刑法知识的增长点。但是在我国的刑法理论中，由于我们没有建立正式的判例制度,判例对刑法知识的促进作用并没有真正地表现出来。我认为,我国将来需要推动判例研究,实际上在整个法学知识当中,尤其是在各个部门法知识中,判例的研究具有重要的理论价值。现在最高法院要建立具有中国特色的案例指导制度,没有说判例制度,而是案例指导制度。我国现在对案例指导制度进行理论研究的学者中,相当多是搞法理研究的,是从方法论的角度研究的。但是我们搞部门法的学者更需要对判例进行研究。如果说搞法理研究的学者更追求的是对方法论的探究,那我们搞部门法的学者对判例进行研究可能更主要的是对判例中的裁判理由进行规范的考察,通过在裁判理由和规范刑法之间来进行某种对比,以便发现规范的刑法知识在具体案件中如何运用。我认为,这是将来我国刑法知识的增长点,也是我们整个法学知识的增长点。应当说,在我国现在的刑法知识研究中,已经开始注重判例研究,最近我也在进行刑法判例研究,努力推进刑法判例知识的研究来促使刑法的适用。刑法的适用不仅仅是纯粹地依赖逻辑演绎,而且包含着对活生生的判例的科学借鉴与合理参照,用判例来促进和推动我国的刑法理论研究。

刚才我讲的就是我国刑法知识的四个向度,这四个向度的发展就能反映我国刑法知识的演进趋势和发展方向。我个人认为,我国刑法知识经过30年的发展已经有了很大的进步,但是也必须看到我国现在的刑法知识和其他国家,例如德国、日本、英美相比较,还是处于向它们学习的阶段,我们还需要不断地提升我国的刑法知识,使我国的刑法知识为推动中国的法治发展做出应有的努力。我国刑法学在新时期已经走过了30年,这30年间我国的刑法知识是从学术的废墟上恢复建立起来的,再过30年,我个人认为,我国就能够达到和德国、日本、英美这些法治发达国家在刑法学知识的层面上平等地进行交流和对话这样的水平,这样的目标是我们所追求的。也正如我刚才所讲的,德日的刑法知识从1764年算起已经有240多年,即使从1906年贝林的《犯罪论》出版为标志也已经整整一百年,已经经过了4代、5代甚至更多代的刑法知识的演进。但是我国的刑法知识如果从1910年《大清新刑律》颁布开始到现在也不到一百年,但是在这不到一百年的时间里面,有多少年是应该去掉的?我刚才讲了我们建国以后从1958年到1978年这20年是要去掉的,这里完全是个空白。至于在1949年以前又有30年是要去掉的,那段时间是内乱外患,

197

处于战乱,在战乱的情况下是没有法制的,也就没有刑法知识。所以,我国这一百年来真正的刑法理论研究的时间也就不到 50 年,算上我们这 30 年加上之前的 20 年,也就不到 50 年,但人家是经过二百多年,至少也是经过了一百多年。所以我国的刑法学术历史是非常短的,将来再过 30 年,我国也只有 80 年,再过 30 年人家就将近三百年。所以,我们在刑法学理论发展的时间上是有很大差距的。像现代化一样,我们是后发的现代化,人家现代化早就完成了,我们是后发的,所以我们要努力赶上,要不断提升我们的刑法知识水平。只有这样我们才能无愧于我们的时代,无愧于我们的社会,才能做出我们刑法学者对我国刑事法治应有的贡献。

谢谢。

(2008 年 5 月 28 日)

近十年刑事司法的改革与反思

■ 陈瑞华

[演讲者小传]

陈瑞华,男,1967年2月出生,1989年至1995年在中国政法大学学习,先后获得法学学士、法学硕士和法学博士学位,1995年至1997年在北京大学法律学系做博士后研究工作,2002年2月至6月在美国耶鲁大学法学院做高级访问学者。现为北京大学法学院教授,博士生导师。中国政法大学、国家法官学院、国家检察官学院兼职教授。研究方向为刑事诉讼法学、证据法学、司法制度和程序理论。出版《刑事审判原理论》(北京大学出版社,1997,2004)、《刑事诉讼的前沿问题》(中国人民大学出版社,2000,2007)、《看得见的正义》(法制出版社,2000)、《程序性制裁理论》(法制出版社,2005)、《问题与主义之间——刑事诉讼基本问题研究》(中国人民大学出版社,2003,2008)、《刑事诉讼的中国模式》(法律出版社,2008)、《法律人的思维方式》(法律出版社,2007)等著作。在《中国社会科学》、《法学研究》、《中国法学》等出版物发表论文数十篇。曾获得第四届"全国十大杰出青年法学家"称号(2004)。

非常感谢法学社和团委的同学的邀请,让我有机会和大家就刑事司法改革问题做一个交流。今天有这么多同学来听讲座,有点出乎我的意料。因为我选择的这个题目——刑事司法,在法学中不是热门领域:部门法来说,民商法更热门一些;从理论的角度说,研究宪政、法理的人更多。我选择这个演讲题目主要出于两种考虑。一方面,根据我所做的调研,我可以得出这样一个结论:近十年来,中国的司法改革在刑事司法领域中遇到了最大的困难;迄今为止,刑事法已经成为最大的难产法律,我们已经呼吁了十来年,刑事法仍然没有完成修改,而最近几年对其进行修改的可

199

能性也微乎其微。另一方面,刑事司法在实践中自动自发地进行了大量的改革,并且取得了成功。

这些自动自发的改革有几个特点:第一,它不是学者推动的,而是检察院、法院等在实践中自己做出的调整。实际上,不只是这个领域,包括其他领域在内,学者推动的改革大部分是以失败告终的。第二,它不是自上而下的,既不是立法部门主导的,也不是最高法院的改革,改革往往来自基层。第三,这种改革没有多少高深的理论,也没有什么教条指引,完全致力于解决实际问题。

我下面会讲到,近年来改革取得的最大成功中,有一个就是关于被害人问题中的刑事和解。刑事和解近年来成为一项蔚为壮观的运动,席卷了整个中国的刑事司法。虽然这个概念在立法中没有任何规定,在司法解释中也找不到依据,但是根据统计,一半以上的伤害案件是通过刑事和解来解决的。在建设和谐社会的大背景下,它获得了政治的话语权,并在全国推广开来,没有遇到任何理论上的问题。

第二是少年司法改革。很多人都在呼吁推进沉默权、非法证据排除规则等改革,但是进展甚微。有人呼吁要加强律师的辩护权,包括律师在整个过程中的在场权,其前景也是难以预测。但是,就在我们要推动这些改革、呼吁中国司法按照联合国的相关规定进行调整的时候,几乎没有人关注的少年司法改革却取得了极大成功。根据我最近的调研,好几个学者想都不敢想的成果却在基层少年司法改革的实践中成功实现了。首先就是前科消灭。上海检察机关制定了前科有限披露制度,这是为了保护那些犯了罪但是受到轻微刑罚的少年(主要针对在校的学生),防止他们日后就业困难。因为中国盛行所谓的"政治本质",就业、参军、上大学、当飞行员,包括女孩子当空姐,一旦有犯罪前科恐怕就难以如愿。上海已经开始限制前科的公开程度了。河北石家庄的长安区法院也试图建立前科消灭的制度,但是仍然面临一些困难。目前做得最成功的是四川彭州,在当地党委、政府的支持下,法院建立了前科消灭制度,规定了一些前科消灭的条件。比如说,一个人被判有期徒刑,缓刑考验期结束,经过一定的检验和审核,没有再犯新罪的,就取消前科。取消之后,前科不被记录在档案,将来的就业也不会受到影响。如果到网上搜索"前科消灭制度",你们会发现相关的论文很少,大多数学者对这个改革不抱任何希望,因为中国多年来的政审制度不光是一个简单的法律问题,它是中国的政治、经济、文化传统的产物。政审制度带来的问题在短时间内是消灭不了的,所以成年人的前科消灭制度难以开展。但是少年的前科消灭改革取得了一定进展,至少在某些地区出现了。这种改革是学者推动的吗?当然不是,它也不是自上而下的,而是为了解决问题、让少年拥有较好的前途,在实践中探索出来的。再比如说刑事和解制度。十年中,河北省石家庄长安区法院建立的刑事和解制度已经在全国推广开来。刑事和解最大的特点就是不按照传统的审判格局来审判,注重教育,注重心灵的交流。这个制度已经取得了成功。还有少年刑事司法中的社会调查报告制度。按照法系来说,中国追随的是大陆法的量刑制度,其缺陷在最近的"许霆案件"中暴露无遗。"许霆案"的第一次审判,法庭审判了两个小时,没有对量刑进行任何辩论,控辩各方的参与对量刑没有任何影响。我在广州中院讲课的时候,一个刑庭的庭长告诉我,当时关于量刑就没有讨论,大家都默认盗窃金融机构十万元以上要判无期。这个案件就这样判了,没想到引起轩然大波。二审到了广东高院,高院发回重审。让人吃惊的是,在重审进行的四个多小时中,控方的观点是构成盗窃,辩方的观点是不当得利,长达四小时的辩论没有一句提到量刑问题,而只是围绕定罪问题展开法庭审判。量刑问题变成了法官的办公室作业,不能走向公开化、透明化,没有社会调查报告,没有风险评估,也没有量刑基准的考量,更没有量刑情节的评判,法院的法官就在办公室像阅卷一样把这个问题草率解决了,于是出现了从无期到五年的量刑变化。在这里,无期是任意的,五年也是肆意妄为的,案件只是在极大的压力下才改成了五年。谁能保证下一个类似的案件不会判成无期?但是少年司法打开了一个缺口。我们可以看到在上海、重庆等地出现的一种改革,即在少年案件的审判环节,控辩双方可以围绕着一个社会调查报告来展开辩论。这个社会调查报告对被审判者的出身、家庭背景、社会关系、教育情况等作出调查,并且对其回归社会的可能做出风险评估。可以说,现在少年司法案件的核心是围绕着量刑展开的,主要手段是教育、感化、挽救。你可以对这种做法提出各种批评,可以说它不注重程序正义,但是少年司法案件百分百都是有罪辩护,没有一个是无罪辩护,在这种情况下我们可以说,少年司法中的量刑开始走向科学化,控辩双方可以争论,量刑的过程和结果是公开透明的。

以上我介绍了刑事司法领域的三项成功的改革。除了基层自觉自发的实践,中国共青团在这些改革中发挥了出人意料的作用。团中央的权益部指导全国各省的团委权益保障部门,吸纳了很多地方的社会工作者,英语中被称作 social worker 的社工在中国开始大量出现。上海市共青团组织下还出现了很多 NGO 组织,专门负责量刑的社会调查报告;重庆与上海类似;安徽通过全省共青团系统做社会调查报告;北京的改革是另一种模式:让基层的司法所充当社区矫正机构提供社会调查报告。听到这里,大家可能会感觉到,这些跟平时我们在课堂上、书本上学习到的知识大相径庭。在普通司法改革领域中没有涉及的,在少年司法领域中却取得了较大的突破。

介绍上面的情况是想表明,我国的刑事司法改革在某些方面较难推进,但在另一方面又出现了令人深思的现象,即有些改革出人意料地取得了成功。我总结了一下,在中国,改革要想取得成功,要具有以下几个特点。

首先,被告人放弃无罪辩护权。如果所有的被告人都放弃无罪辩护权,中国的司法改革就能取得一种内部聚合力,官方没有障碍,民众中没有障碍,社会各界也都没有障碍。很多改革都是在被告人认罪的情况下展开的,比如刑事和解,就是以被告人认罪为前提的。我经常思考这样一个问题:为什么被告人不认罪,改革就没有任何空间。这很值得深思。我们可以做以下解读:与官方持对抗立场的辩护,官方是不会给出任何妥协的。官方希望被告人在政治上放弃对抗,在道义上承认错误。少年司法中的一句口号是"教育、感化、挽救","教育"就说明你已经犯错,"感化"是因为你已经误入歧途,"挽救"说明你已经坠入深渊,官方把被告看作一个犯了错的人来加以治疗。成人司法也跟少年司法一样,被告人只有放弃对抗,采取配合服从的态度,官方才有可能照顾到他的权利。这是从中国近十年来的司法改革中得出的结论:只要做无罪辩护,司法改革就很难推进。这不禁让我想起很多联合国公约,包括《儿童国际权利公约》,它们跟中国的实际差距如此之大。比如《儿童国际权利公约》中有一条无罪推定,联合国的很多公约和国际人权标准也都是以被告人不认罪为前提的。通过这样的对比,我们可以看到,所有来自西方的话语系统都是以被告人无罪为原则进行辩护,为同国家进行对抗而建立的一套司法系统,无罪推定、程序正义、沉默权等都是如此。而让人震惊的是,在中国,凡是以这样的思路所进行的改革没有一个能成功的。我们的情况是:只有被告人认罪,司法改革才能给他一定的空间。

中国的刑事司法改革要想取得成就,必须考虑一个重要的角色:被害人。维护被害人的利益和权利几乎成为近五年来中国刑事司法改革的主要目标。就在刚刚过去的两个月中,中央政法委又启动了新一轮的司法改革。我参加过司法改革的讨论,被害人的司法救助制度是这次改革的重中之重。因为我们注意到,很多被害人在第一次受到犯罪者侵害之后,又受到了司法制度的怠慢和冷落,即犯罪学上所谓的"第二次伤害"。西方犯罪学中还有一个第二次伤害理论。有人做过统计,中国目前所有的上访案件中,凡是涉及法律的,1/3以上都跟法院相关。我在调研的时候遇到过一个妇女,跪在当地法院门口、拉出横幅要求讨还公道。她的丈夫被当地一个黑社会性质的组织杀害了,但是犯罪者并没有被判死刑,她也没有获得足够的经济赔偿。在附带民事诉讼中陷入了困境,复仇的心理又没有得到满足,她迫不得已走上了上访之路。这一类的上访是最悲惨的,因为他们本身已经是受害者,还要遭受司法系统的第二次伤害,并且从此对司法公正产生不信任感。因此,官方把如何保护被害人当成司法改革中的重大课题。2004年前后,黑龙江牡丹江铁路运输法院进行了中国辩诉交易第一案,法学界把它解读为引进美国的辩诉交易的第一案,这种说法有一些不准确。一个铁路工人把另一个铁路工人打成重伤,按照辩诉交易的模式到法院判了一个缓刑。表面上看这场诉讼是学习美国,很多媒体也都是这样报道的,但实际上这个案件属于重大误读,是对中国国情的不了解。在这个案件中,辩诉交易的前提是:被害人得到了4万元的赔偿金。4万是什么概念?被害者一个月挣300元,4万是他多少年的工资!当被害人拿到赔偿金之后,表示愿意配合法院。没有被害人的谅解,不可能有辩诉交易。所以,有些人认为把美国的方法引进来就能解决很多案件的想法太天真了。要追溯起来,中国自古以来的文化基因中,充满了对被害人的同情。如果我们读联合国公约和一些外国宪法,就会看到嫌疑人权利的问题被放到宪法的高度。美国联邦宪法修正案的前十条都主要围绕着被告人的权利,联合国人权国际公约中也有专门的条文规定被告人的权利保障,没有一个国家的宪法中制定了关于被害人的权利保障。如果人为地从西方借鉴这样一套改革的思路,就会产生被害人不值得关注的错误印象。非常不幸的是,在中国如果不关注受害人,司法就会出问题——轻则申诉上访,重则社会动荡。第二,被害人家属的权利保障跟我们的司法系统多年来"重实体,轻程序"的传统相关。被害人的权利保障主要有两点:一个是复仇的欲望,即希望使加害人获得刑罚惩治的政治愿望;另一个是获得赔偿的愿望。尽管我们禁止血腥复仇,但是想要获得复仇的心理满足感是人的心理本能决定的。我最近去贵州讲课,那里发生了一起惨案,可能大家也都有所关注。有两个中学生,其中一个把另一个杀害了,因为他们都喜欢上了他们的班主任。法庭庭外调解的时候,被告人打算大额赔偿以取得被害人的谅解,被害人家属却放话说一分钱不要,只要被告人的命。我还曾经接待过一个吉林来的老太太,她的儿子被当地一个官员的儿子杀害了,官员愿意向她赔偿60万,但她一分钱也没要,她更希望官员的儿子被判死刑。你可以评论这种现象,但不能忽视它。有时候,获得赔偿的欲望会随着暴力程度的增加而降低。对于暴力性的犯罪,被害人家属一般都希望讨还血债;对于财产性的犯罪,他们才更希望获得经济补偿。总结来说,这两个方面——不管被害人是希望获得复仇心理的满足还是经济上的补偿,都要求结果公正。如果被害人得到一个较满意的公平或者说胜利的结果,就不会走上申诉上访之路。但是我们经常看到,当公安机关、检察院和法院不作为,法院判决出现问题的时候,被害人一方经常是希望落空的一方。所以,如果被害人的权利得不到保障,刑事司法改革就很困难。

中国近年来的刑事司法改革还有一个值得关注的地方,即放纵犯罪会带来整个社会所不能承担的恶果。迄今为止,我们的法制建设已经开展了30年,仔细回想起来,我们每个人,包括学法律的人,真的能够承受这种代价吗?为了保障人权、为了保障程序公正,不惜放纵犯罪。我们中很多人可能在书上读到过这句话,在课堂上听到过,但在实践中却做不到。2003年"刘涌案"的出现就是一个最典型的样本。刘涌有没有受到刑讯逼供我们不得而知,但至少现在看来有很多证据显示程序不公正。然而当刘涌被判死缓的时候,民众的反对之声就出现了。如果说通过"刘涌案"我们还看不真切的话,再看近年来关于死刑问题的讨论。2007

年,最高人民法院把死刑判决权收回,也因此有些地方统计得出死刑案件下降了70%,官方数据是30%左右。国际上一片叫好,说中国往国际标准靠拢了。有一个原本极端反华的国际组织,对中国去年死刑的判决情况也给予了肯定的评价。按照它的标准,恨不得明天就完全废除死刑。我们很多刑法专家也同意废除死刑有时间表,虽然不同的人给出的期限不同,但都乐观地以为在中国,废除死刑只是时间问题。但是社会现实是,不光是被害人,即使是普通民众,看到非常惨烈的命案时也做不到支持完全废除死刑。比如前一阵子引起广泛关注的案件,一个女孩被强奸之后又被弄瞎了双眼,尽管并不是杀人案,犯罪者还是被判处了死刑,媒体上是一片叫好之声,我相信这种叫好是发自肺腑的。我们的民族性格是要求血债血偿的,或许有人批评它过于原始,但是如果有人想通过司法改革中的程序建设和证据规则的确立让真正有罪的人逃脱法网,这样的改革恐怕很难实行。数据表明,最近五年来中国的无罪判决,尤其是证据不足的无罪判决,大幅度地下降。最高人民法院院长肖扬在工作报告中提到,目前这种无罪判决率是极低的,还不到百分之零点几,这其中证据不足的案件更是微乎其微。根据调查,全北京的三级法院今年的无罪判决案件不超过十个,上海的三级法院五年之内只有几件无罪判决,有些中级法院一件都没有,刑事法中规定的"证据不足判无罪"在实践中是一纸空文。就连最高人民法院的院长都提出一句口号,叫"留有余地的判决",证据不足可以从轻判决。学习法律的人都可以拿无罪推定来批评他,但这是现实,是压力下的结果。

以上是给同学们做的大体概括,即目前值得大家注意的两个现象,刑事司法改革有的成功有的失败,我们也已经解读了原因,概括了成功的三个奥秘。

下面我给大家介绍这样几个问题。
第一,十年来中国刑事司法改革的三条线索。
第二,中国刑事司法改革不成功的原因。
第三,自动自发的改革目前的现状和未来的生命力。
第四,对未来的司法改革作前瞻性的预测。

第一部分：中国的刑事司法改革的三条线索

第一条线索：程序法的修改和证据规则的制定

我认为中国的刑事司法改革，规则走在了体制前面。这么多年来，我们改革的方式是证据规则的制定，我称为规则之治。规则实际上是很简单的事情，只研究规则过于简单。比如北大和哈佛都有校规，看起来也似乎大同小异，但是两个大学政治结构、性质、文化传统和政治方面的因素等都不一样。哈佛大学是著名的私立大学，学校的最高权力掌握在董事会手中，政府无权干预，校长由董事会提名，通过向全世界的校友征集意见之后任命；北京大学是国立大学，教育部直接认定，校长人选甚至要通过国务院讨论，由中央组织部部长任命校长，拨款主要来自政府。如果单纯看规则，对于了解这两个大学之间的差异一点收获都没有。这十年来，规则之治在中国取得了理论上的成功，却没有落实到实践中去。我去年发表了一篇文章，研究中国刑事程序被架空的原因。在中国，有两个法律的实施状况非常让人担忧，一个是宪法，一个是刑事诉讼法。举例说，这些年来，我们引进了美国对抗式的刑事诉讼方式，建立了交叉询问机制。但是实践效果表明，法庭审判基本上流于形式。法庭审判程序本该是决定审判结果的唯一依据，证据的采纳、事实的认定、法律的适用都通过审判过程来实现，法庭审判应该是三方参与的过程，法官通过审判过程获得信息，作出判决。然而非常遗憾的是，从1979年中国刑事法制定之后至今，我们的法庭审判流于形式，1996年的刑事司法改革本想解决这个问题，却没能解决。你可以去旁听任何地方、任何一级的法院审判，全都是以案卷笔录为中心的，一上午两三个小时的时间审完一个死刑案件是很正常的。既然法庭审判不是产生结论的场合，那么审判结果是如何做出的呢？是靠法官庭外的阅卷、调查、沟通和交流。一句话，如果上升到政治哲学的高度，程序对结果的影响微乎其微，结果产生于程序之外，程序带有浓厚的做秀性质。如果只看书本，我们的程序公正几乎达到跟西方一致的水平了，但在实践中这些根本做不到，基本上都被架空。第二个例子是二审开庭。去年，最高人民法院创设了死刑案件二审开庭，但也基本上流于形式，法官完全靠阅卷来做结论。还有律师会见嫌疑人问题，这是1996年刑事法修改的一个巨大进步。实践中，律师的这个权力变成了两次审批制度：第一次是侦查人员的审批，第二次是看守所的审批。我去年参观了河北省石家庄第一看守所。当时,河北省高级人民法院三个厅长陪着我们,说他们也是第一次到生活区参观。那里不是真正的、现代法治意义上的看守所,而是比监狱还要苛刻的地方。那里所有的人见到我们本能地就会说"报告政府",男性都要剃光头。我们进入他们居住的房间的时候,所有的人抱头蹲下背对参观者。男性嫌疑人空闲的时候要挺直腰杆坐在床上打坐。我们可以想象,在这样的环境下,如果嫌疑人无法跟律师会见,他怎么能得到帮助?但是目前,律师在侦查阶段的会面并不能起到实际的作用。我想告诉同学们,规则之治只改变了书本的法律,引进了很多西方的条文,但是实施效率低,大量规则被架空,潜规则大行其道。比如说,法律明文规定合议制,三个法官或陪审员组成合议庭进行审判,实践中合议庭完全被架空,真正使用的是承办人制,承担责任的是一个审判员,通常是审判长,由他一个人准备卷宗,一个人做庭前调查。所以,我们法庭上会出现有些审判员在审判过程中睡着的情况。因为他不是承办人,实际上进行审判的只是承办人自己。我们程序法中的规则,书本上是一套,实践中完全是另一套。之所以强调合议庭,是因为没有合议庭就没有一切证据规则,就没有审判原则:辩护原则、无罪推定、证明责任、证明标准、评议制度、传闻证据规则等,所有这一切诉讼法的概念都以合议庭拥有独立审判权为前提,合议庭一旦没有独立审判权,程序法的所有改革之制都是名存实亡。

以上跟大家介绍了很多现象,现在我来总结一下这条线索。总体上来说,规则之治主要是诉讼法领域的学者在推动的。它的标志有两个,一个是1996年刑事法的修改,一个是目前正在推动的刑事司法改革。很多学者在刑事诉讼法的改革方面呕心沥血,付出了很多精力和时间,但是实际上诉讼法的改革或许有不少反映到了书本上,实践中大多却都是落空的。比如现在很多学者鼓吹的律师在场权,就是警察在审讯嫌疑人的时候让律师在场。这个听起来很理想,有律师在场,侦查的任意化会受到很大的限制,但是这个有可能实现吗?或许能够争取到律师在场权,情况变成:律师可以在旁边坐着,警察也可以连续审讯个七天七夜,律师一班倒,警察可以三班倒。请问律师会不会成为刑讯逼供的共同受害者?进一步说,如果警察就是不允许审讯时律师在场,律师又能怎么办?到哪里上告?用法律语言来说,怎么获得救济?无救济则无权利,得不到救济的权利只是一句空话,如果一项权利得不到救济的保障,只会面临一次又一次的侵权。我觉得规则之治的推动过程很悲壮,虽然取得了一定的成果,但已经步履维艰。规则之治这条路没走错,但是我把它称为"孤军深入"。它有两个重大的缺陷:第一,规则移植已经出现了负面效应。近30年来中国一直在移植西方的规则,最初是大陆法,现在是英美法,还有其他一些国外的经验。但是法律之所以成为一门科学,绝对不仅仅是因为这些规则,而更多的是规则背后的政治、经济、社会和文化等因素。在这些因素没有发生根本变化的情况下,移植规则只能是书本法律的变化,而难以带来社会法律实践的变革。按社会学的理论来说,只有一个国家的法制在全社会得到全面实施时,才算是真正的法治国家。最起码,移植过来的法律和规则要得到实施,而不能像现在这样移植到书本上,这是我们应该吸取的最大的教训。多年来我们都满足于建立一种规则,这是我们做的所有工作,尤其是部门法的学者们。第二个缺陷,就是刚才所讲的,规则之治超越了体制改革。没有体制改革,规则之治就成为无本之木,没有存在的空间。我们举两个例子。第一个例子是律师会见权为什么得不到实现,为什么变成了两次审批会见?很重要的原因,一方面是缺少法律救济,另一方面是因为看守所是由公安机关掌握的,由侦查机关掌握,这种体制就决定了看守所不可能保证律师的会见权。如果了解了以下的数字,学者们就不会妄谈改革了:中国的刑事案件20%左右是通过看守所侦破的,也就是说十个案件中有两个是通过在看守所中同案犯或者同监所的人互相检举、揭发而侦破的。我们到看守所调研的时候,墙上写的不是"坦白从宽,抗拒从严",而是"积极检举,争取立功"。一句话,看守所是重要的侦查部门,它承担着20%以上案件的侦查职能,根本不可能对律师有多客气,这注定律师会见权会遭到种种的拒绝和刁难,律师跟嫌疑犯会见难,很重要的原因是体制原因。再举个例子,中国审判权的改革现在已经陷入困境,因为我们在体制上缺少一块:审判权没有司法审查。中国审判权存在大量的侵犯人权的现象,没有一个法官介入进行司法审查和司法救济。我们的法官只是在审判阶段审判被告人有罪没罪,在其他比如侦查、调查阶段没有法官介入,没有法官相当于没有裁判,整个诉讼前的活动就不成为诉讼活动。2003年的时候我们国家想建立司法审查机制没有成功,最近中央政法委又提出一个改革方案:检察院自己侦查的案件,主要是贪污贿赂案件和渎职犯罪案件,把拘捕权交给法院。这相当于先撕开一个口子,构建审判权的司法审查。学过法律的人都知道这个问题非常重要。我国台湾地区在2000年左右的刑事改革中构建了侦查法官制度,法官负责签发逮捕令和财产扣押令,检察官不再拥有这项权力而只是申请者。改革之后,案件积压现象大幅度减少。目前在大陆,积压案件的情况非常严重。这样一种确保候审制度,使法官手里拥有司法审查权,改变了辩护状态和被告人的人权状况,包括积压状况。

通过上面两个例子可以看到,没有体制改革,规则之治已经走到了尽头。让人非常担忧的就是诉讼法的学者还在做规则之治的研究。

第二条线索:体制改革取得了一定的探索成果

这些年来,中国法律的体制改革还是有所进展的。站在司法改革的角度来看,我们有几个改革取得了成功。一是国家司法考试制度。2000年统一的国家司法考试制度的构建,无论如何相比于过去都是一个很大的进步。现在批评这个制度的人当然有足够的理由,比如考试靠死背,考试制度不合理带来的西部法官流失严重,但是这个统一的考试制度使得中国朝法律共同体大大地迈进了一步,比以往高干、复转军人直接当法官进步不少。还有鉴定制度,如果法院使用自己的鉴定机构,自审自鉴很不公平。现在法院不再是鉴定机关,司法行政机关也不再是鉴定部门,除了保留公安、检察院内部对侦查服务的鉴定机构之外,其他的全部面对社会公开服务。但是这样改革之后,新的问题也出现了。从湖南的黄静案到近几个月刚发生在广东的模特跳楼案,再加上马加爵案、陕西的邱兴华案,大家可以看到,几乎所有的鉴定结论都遭受到来自社会各界的批评,因为中国的鉴定体制存在致命的缺陷:鉴定机构主要是官方垄断性质的,鉴定人主要来自侦查机关,尤其是公安机关,公安机关的鉴定过程是高度封闭化的,提供的鉴定报告考量性差,鉴定依附于侦查。到了审判阶段,就算发现了重大问题,也不允许被告自己寻找鉴定人,我们的鉴定是垄断性的,只有控方鉴定。鉴定制度的改革虽然在实践中还有一些问题,但也确实往前推进了。还有一个跟体制有关的改革,就是最高人民法院收回死刑复核权。很多人把这项改革简单地解读为权力回收,但是根据我们的调研,这绝对不是简单的权力问题,还存在两个体制内涵:其一,最高法院把死刑的终审权从地方手中夺了回来,是最高法院与地方党委争夺终审权的较量，最终最高法院成功了。之前的死刑复核权绝大部分都交给了地方高级法院，高级法院要请示当地政法委，而政法委隶属于党委，这就意味着一个死刑案件的终审权落在了地方手里，死刑判决多也跟这个有关系，去年最高法院收回死刑终审权之后，死刑判决大幅度下降。其二，这次改革让死刑的二审真正公开、透明。之前高级法院的二审与死刑复核是统一在一起的，一般都不开庭审理，等于是一审终审，现在真正实现了两审终审。目前最高法院的改革意图很明显，它的司法改革办公室里有全国法院中的优秀人才，一个办公室有三十多人，都是著名的学者型法官，他们目前正在推进的一项改革就是以死刑案件为契机，建立一个非常程序，未来沉默权等大量的犯罪规则都有可能在死刑案件中率先得到应用，再进一步，甚至三审终审制也有可能实现。这是一个远景，我们可以期待。

我下面做两点评论：第一点，总体上来说，司法改革没有取得完全的成功，有很多遗憾的地方，尤其大量涉及体制因素的没有变化。比如说最近大家讨论比较多的，法院的拨款体制要不要改？法院的人事任免体制要不要改？人、财、物问题对于法院来说非常关键，现在都控制在地方政府手里，司法的地方化首先是人财物的地方化。人财物只要不独立，不可能有司法的独立；司法不独立，这项改革就总是有缺陷的。第二点，从死刑复核权的收回可以看出，出现了一种牵一发而动全身的改革远景。我们十年来的规则之治，没有取得实质性的进展，而体制稍微一改革，面貌大变。从中可以看到一些希望：只要决策者做改革，改革体制，中国司法的未来还是有很大的改善空间的。现在大家都公认，最高人民法院收回死刑复核权后，地方高级法院对死刑的判决非常慎重，如果被最高法院发回重审，将来业绩考核不过关，轻则影响奖金，重则影响升迁。而过去高级法院自己拥有终审权的时候，死刑判决就不那么慎重。

第三条线索：自生自发的改革取得了成功

自生自发的改革是自下而上，来自基层，没有理论的指导，没有立法机关和最高司法机关的指引，自己探索出来的。这一部分我在引言的时候讲了很多。自动自发的改革的例子，一个是刑事和解，一个是少年司法。少年司法在前面讲得比较多，这里就再简单说一下刑事和解。刑事和解是不是来自西方的恢复性司法在中国的表现呢？我认为，中国的刑事和解运动是受西方的影响,但是最初动因绝对不是西方的恢复性司法。恢复性司法有两个最基本的前提在中国是不具备的:第一,恢复性司法把被害人和加害人都当作受害者,这里所说的被告人是广义上的受害者,社会疾病的受害者。此外,社区也是受害者,还要另外承担责任。一个案件发生之后,所在的社区人心动荡,滋生恐惧。同时社区对案件的发生也要承担责任,比如对加害者的歧视,对人的不闻不问。因而,恢复性司法强调的是:每个人都要承担责任。第二,强调对话和倾诉。所有有责任的一方都可以加入到恢复性司法中来对话,发表言论、倾诉不满,达到心理的互动。恢复性司法是基督教哲学的表现,强调精神层面的交流,强调社会关系的修复。而我们的刑事和解,要点则是以下三个:第一,被害人得到民事赔偿。中国的民事诉讼,附带民事诉讼执行率不到15%。北京崇文区法院的统计是:最近五年来,截止到2006年,附带民事诉讼案件在伤害案件中没有一个得到执行。马加爵案给我们提供了一个图画,马加爵家境贫寒,被害人的家属要求获得民事赔偿,法院判决向被害人家属赔偿2万,实际上根本执行不了。中国的刑事和解之所以发生,主要是为了解决赔偿问题。既然法院判决执行不了,不如私下达成协议,被告人给被害人高额赔偿,有时候高达法院原本判决的3—4倍。我见过的最惊人的数字来自于一个烟台的法院:一个普通的交通撞车案,撞死了一个农村的老人,正常情况下这种案件最多赔偿十来万,但是通过刑事和解,这个案子最终赔偿了108万,而且是现金支付。撞人的是一个公司老板,对他来说拿出这么多钱轻而易举。最后法院判被告人缓刑,被告人满意,被害人也满意。由此我们可以看到,刑事和解启动的最大动因是民事诉讼落实不了。第二,申诉上访的减少。谁都不能回避,中国是申诉上访数目最多的国家,西方甚至都没有上访的概念。上访不仅已经成为中国社会不稳定不和谐的因素,也是司法不公的表现。但是根据我的研究,只要是达成刑事和解的案件,没有一个出现上访的情况。北京朝阳区一年的刑事和解案件有1000件,根据对他们的追踪,没有一个上访。第三,涉及考评机制。中国目前的考评机制已经达到了这样一种地步:办案人员对案件的责任终身制,即如果十年后,你办理的案件中的被害人来北京上访了,还是你负责把他领回去。如果能够通过刑事和解减少上访,对办案人员来说责任就减轻了。刑事和解之所以成功,就是这三个奥秘。关于刑事和解也有不少的批评,在重伤害案件中,有钱的被告可以拿钱买命,减轻徒刑;没有钱的则只能赔上性命。但是我们也可以发现,轻微案件的刑事和解取得了很大进步,像一些轻伤害,普通盗窃,尤其被害人是在校学生的情况下。另外,最近几年来,中国未成年人刑事犯罪中的和解率也是持续上升的。

  总结来说,为什么自生自发的改革能够取得成功,有两条基本经验:第一,这是实用主义哲学的胜利,对教条主义形成了冲击。很多年来,我国的学者都喜欢讲教条,这些教条也成为我们在法学院学习的重要内容。一旦把诉讼的原则上升到教条的高度,不允许有例外,那就会出现问题。当年邓小平经济体制改革取得成功的一个标志,就是以实用主义哲学对抗僵化了的教条主义。今天,中国刑事司法改革重演了中国经济体制改革。实用主义哲学的一个标志,就是为了达到好的结果,有的时候可以不在乎教条,可以探索一条新的路径。自生自发的改革很实用,你可以批评它不符合原则理念,但是实践效果非常好。有些太离谱,距离基本的公平正义理念太远,甚至挑战公平正义理念的改革,再实用也不具备正当性,但是在问题不太尖锐的时候,就可以采取实用主义。第二,自生自发的改革之所以取得成功,是因为它满足了各方面的需求。我们可以参照美国的辩诉交易。上个世纪70年代以来,美国的最高法院确定了辩诉交易的正当性,但是直到今天仍然有人批评,辩诉交易损害了被害人的利益,出卖了社会正义,让检察官和辩诉人达成协议,出卖了真相。辩诉交易是典型的实用主义哲学的产物,尽管批评之声不断,辩诉交易还是占据了美国刑事案件的90%,这就是因为它满足了各方。法官喜欢辩诉交易,因为它节省了时间,不需要开庭审理;检察官喜欢它,因为它可以避免败诉的风险;辩护律师喜欢它,因为辩护律师大多是美国援助律师,交易的特点是一揽子完成,一个案件说定2000美元就2000美元,如果能一上午交易成功,就省得出庭好几个月的时间;被告人也喜欢它,没有哪个被告人喜欢在看守所待太久;国家也从中得到了好处,资源得到节约。唯一的受害者就是被害人,社会正义无法兼顾——这是美国辩诉交易最大的问题。尽管如此,辩诉交易还是成功了。类比中国的刑事和解,我认为这是我国观念上的一个大突破。因为在中国,只要政治上不正确,道德有问题,就绝对不能被接受。这种泛政治主义和泛道德主义阻碍了中国改革的进展。最近两年实用主义在司法改革总算有所抬头。

当然我并不是说刑事和解就是完美的,它也有缺陷。

第二部分:有些改革不成功的原因

在这里我给大家梳理一下规则之治没有成功的原因。十二年来的规则之治没有取得成功,潜规则反而大行其道,总结起来有以下几点原因:第一点,迄今为止,中国法制建设最大的难题,就是如何构建一套程序上的法律责任、制裁机制。这是摆在立法司法前的头号任务,具体来说,即程序法如何能够得到实施,违反程序法的行为怎么追究。在法理学中,法律责任那一章都遵循了罗马法以来的责任自负原则,这是实体性的法律责任的一个特点,它还有个特点是以制裁违法者个人,剥夺其利益为目的。但是这里有一个问题:法庭违背了公开审判的规定,怎么追究个人责任?追究法官的个人责任吗?还有,轻微的刑讯逼供承担责任吗?法官应该回避的而没有回避,承担什么责任?一句话,在程序上法理学缺陷很大,很多违反程序的行为没有办法追究实体上的法律责任。在西方,程序性违法跟违宪使用的是同样的标准,可以宣布无效,这跟运动场上的规则逻辑是一致的,即有人违规,结果无效,而不是实体法中的谁违规处罚谁。这样看来,我国的刑事法就是缺乏"宣告无效"。可以跟我国澳门的刑事法典对比一下,澳门的刑事法典中,"宣告无效"这四个字出现过 58 次,我国刑诉法只出现过一次。中国的规则之治之所以没有取得成功,最重要的,是缺少"宣告无效"的制裁机制,这是一种法律文化。比如,大家都知道刑讯逼供是不对的,有人针对刑讯逼供提出了一个解决方案:刑讯逼供的信息如果是真的,可以用,但是要对警察进行处罚。看起来似乎挺公平,但是实践中能做到吗?我们看到的都是警察在前面刑讯逼供,破案之后立刻受嘉奖,只有在判错案的时候才重新追究刑讯逼供的责任。刑讯逼供靠实体追究,解决不了问题。第二点,中国规则之治的第二个困难,是诉权的极度不发达。诉权是第一权利,是所有权利的终结和桥梁。中国的基本法就缺少关于诉权的条款。我们不应该说"国家尊重和保障人权",而应该考虑国家如果不尊重和保障人权怎么办?中国不缺乏权利的列举,缺乏的是权利的救济,上访数目如此之多,也是因为在法律上缺乏诉权,有理无处说,有冤无处申。几百年前的英国国王在 15、16 世纪前后,构建了一个王座法院,只要是普通法院不审理的案件都可以到这个法院来,到了 20 世纪,这个法院演变成了英国最高法院的王座法庭,仍然是英国受理非常诉讼的一个庭。联想到现在中国大量的申诉上访,或许唯一的出路就是构建一个国家申诉法院,在各地方设分院。规则之治之所以此路不通,就是因为缺少救济,嫌疑人没有诉权。我们有很多承诺,但是承诺被侵犯了却得不到法律救济。

第三点,很多的改革方案和规则来自西方,在中国缺乏法律文化的背景,这些规则也就因此成了无本之木。近年来一直讨论的沉默权问题,难以引进中国是因为它跟中国政治、文化中的两个因素产生了矛盾:第一,我们默认嫌疑人和被告人绝大多数都是罪犯,罪犯就要承担配合、服从的义务,坦白从宽、抗拒从严。到今天为止,法院在定罪判刑的时候仍然以"认罪态度不好""无理狡辩"为由依法从重判决,从中级法院到高级法院都是如此。我们一直在争取程序性辩护,被告人可以对自己在程序中受到的不公而辩护,但是"认罪态度不好从重判决"类似的字眼还是不断地出现在判决书中,坦白从宽、抗拒从严在中国的实践中变成了"辩护从严",这不禁让我们感慨万千:宪法和刑诉法一方面给了被告人辩护权,然而另一方面,实践中只要一辩护就会受到惩罚。罗马法中规定,任何人不应该因为行使权利而受到惩罚,否则这个权利就成为一种负担。这些我们移植过来的原则规定,跟我们的政治文化背景不契合,在程序法中表现得尤其严重,我把这称为两种法律传统的博弈,结果往往是西方的法律原则在中国变成了书本法律,中国古代以来多年的法律传统变成了真正行之有效的,法律实践的潜规则。

第三部分:自动自发改革的生命力

这一部分我们来探讨一下自动自发的改革的生命力所在。我今天的演讲总体上看来有两条脉络,一条失败的,一条成功的。我们上面已经从三个角度揭示了规则之治失败的原因,下面就探讨一下,为什么有些改革成功了。前面也涉及一些,除了从细节上探讨原因,我们可以从大的角度,探讨为什么自动自发的改革取得了成功。

给大家列举一下近年来取得成功的改革。(1)刑事和解运动。(2)少年司法改革部分成功,比如社会调查报告、定罪量刑、前科消灭等。(3)附条件(不)起诉,但是最高检察院否定了。所谓附条件的起诉,指既不做起诉决定,也不做不起诉决定,而是附带有条件的起诉或不起诉,主要针对在校学生。比如规定三个月到半年是考验期,考验期期间检察官发一个社区服务令,让学生到某个社区去劳动,由专门人员进行监管,考验期满由监察人员和机构作监察报告反映其考验期间社会劳动改造的情况,检察官再根据社会服务情况和罪行情况决定是否起诉,如果决定不起诉就是无罪,这就是附条件不起诉。全社会对此一片叫好之声,它有两个学者想都想不到的改进:第一,把回报社会的改造提前到公诉阶段,过去放在执行阶段过于僵化;第二,处理的对象往往是在校学生,这种方式既避免了起诉带来的定罪后果,又避免了不起诉带来的被害人不满和社会不满,有利于被告人回归社会,也促使检察官慎重地考虑判决方式。但是这一制度被最高人民检察院以"没有法律依据"为由而叫停,我觉得其中最大的原因是检察机关不想考虑回归社会的改造,只想做好公诉工作。(4)暂缓判决,也主要是针对在校学生和未成年人。这种方式也有很好的社会基础,也是设定考验期,下一个社区服务令,有些地方还给父母下监管令,把父母牵涉进来帮助被告人回归社会,既是教育未成年人,也是教育父母,使得孩子能够迅速回归社会,减少再犯案率。但是这项改革也被最高人民法院叫停了,还是因为没有法律依据。(5)取保候审的改革。目前的取保候审出现这样一种动向:凡是认罪的,有可能判三年以下徒刑的,开始扩大取保候审制度。过去的取保候审适用范围很小,现在得到了扩大。我国的关押场所人满为患,这带来了三个后果:一是如果嫌疑人被判无罪,国家赔偿将是一个重大负担;二是违反无罪推定原则;三是看守所是一个最黑暗的犯罪学习学校,让人避之唯恐不及。任何一个国家的看守所都会出现犯罪的交叉传染,被称作犯罪的培训学校。我到看守所考察的时候发现,贪污犯、强奸犯、杀人犯和交通肇事犯关押在一起,而那些交通肇事犯不少都是刚毕业的大学生,刚学会开车经验不足而肇事,跟杀人犯、强奸犯、黑社会头目关押在一起。我还看到一个更让人无法接受的现象,一个16岁的少年盗窃犯跟一个58岁的诈骗犯关在一起,什么都学会了。取保候审范围的扩大意味着让嫌疑人在人身自由不被剥夺的情况下接受审判,但是社会上的普遍观念认为,一个人只要被关起来了,就肯定有罪,甚至认为取保候审的扩大是放纵犯罪。这样的观念需要转变。取保候审的范围扩大有两个机制上的原因,一个是因为关押积压过多,容易导致国家赔偿;还有一个就是一旦关押,到法庭上就很难争取缓刑,法院判缓刑与公安机关的取保候审形成了一种不正常的默契一致,为了打破这种不良状态,取保候审的范围就相应扩大了。

第四部分:刑事司法改革未来的前景

到目前为止,中国的刑事诉讼法还在修改讨论之中。现在民事诉讼中已经有了证据规则,行政诉讼也有了,刑事诉讼中的证据规则却还迟迟纳入不了。这里给大家简单地预测一下中国刑事诉讼改革的前景。

最重要的,未来司法改革应该把刑事司法改革当作重要的线索,把它放到司法改革的大框架下。刑事司法改革离开了司法改革的大框架,很难有出路。现在给大家介绍一下近期大的司法改革的动向。春节以后,中央政法委启动的这一轮改革,可能会落实2003年刑事司法改革讨论过的一些项目,比如三审终审制的确立;在全国五个地区设立最高法院分院以减少申诉上访;把法院的执行机构整体移交给行政执法机关;把检察院的反贪机构独立出来构建全国廉政总署;看守所从公安机关剥离出来,让监所与侦查独立起来。2003年改革最大的问题就是改革的主体也是改革的客体,所以很多讨论根本没办法贯彻。司法改革的主持者,必须是一个超然的、独立于司法系统之外的机构,很多其他国家和地区都采取这样的方式。中国的司法改革则是由中央政法委员会领导的改革小组来进行,小组成员来自各个地方的法院和检察机构,这些来自公检法司的专家成为改革的主导力量,以至于中国的司法体制到现在都没有发生实质性变化。还有一点原因,社会的参与不够,没有来自民间的声音,专家的声音倒是不绝于耳,但是专家不是利益相关者,不能感同身受,真正的利害相关者是受害者、普通民众、企业家和律师。司法改革现在反而成为知识分子实现自己学术理想的领域了,而且这些学术理想还不一定正确。社会各界的参与对于司法改革的推进非常重要。现在正在进行的这一轮改革中,法院、检察院的经费问题可能会发生重大变革,在这里跟大家详细介绍一下。大家都知道人财物对于司法系统非常关键,法官检察官是由组织部门考察,人大任命,政法委监督,所以人事制度的改革非常困难。但是经费问题相对简单,是这次改革关注的重点。经费问题主要有两点,第一点是法院检察院的经费来源——地方政府。有一级政府就有一级法院检察院,经费由政府来划拨。从政府那里拿钱就受制于政府,地方保护主义严重。第二点,所谓的收支两条线的改革彻底失败,这涉及政府的社会控制和财政问题。中国自古以来,在管理司法机关问题上,最大的缺陷就是把法院检察院当成了一个创收部门,自支自收。法院的收入主要有三部分,最大的一部分是诉讼费,其次是罚金、没收财产。这些收取的钱全部上缴财政部门,财政部门按比例返还给法院作为其办公经费,一般是70%—100%,中国的各级财政部门不给法院一分钱,全部要靠它自己创收。这样一种管理体制必然导致法院检察院变成一个企业,因此一些奇怪的现象也可以解释了:为什么有些小区的拆迁现场可以看到法官的身影?因为他们收受了拆迁费,参与拆迁,将来利益受损的住户也无处申诉。还有很多法院直接从自己办理的案件中截留资金。一个法官受贿是腐败,一个法院把它的办案经费充当办公经费则是更大的腐败,法院不可能保持中立。有人提出,把法院所有的经费收入上缴国库,支出的部分由上一级法院来保障,还有人提议把诉讼费的收取权转交给行政执法部门。最近一段时间讨论很多的还有执行问题,有人主张把民事判决和刑事判决的执行权从法院分离出来,交给司法行政机关,因为这些年,法院的执行权力过大,执行权分离出来可以限制法院滥用自由裁量权,防止腐败。第三个在讨论的问题是,看守所要不要从公安机关剥离出来,交给司法机关。如果看守所真的能够从公安机关分离出来,就可以为未来的规则之治创造更多的空间。第四个近期讨论的问题,就是被害人的司法救助问题,现在有可能采纳这样一种建议,即引入外国对于被害人的国家赔偿,构建被害人的司法救助。被害人问题已经引起了高度重视,如果学过侵权法的话就知道,被害人的生命被剥夺或者伤害了,财产被剥夺了,严格说来国家没有责任,尽管国家没有责任,但是国家一直在赔偿。比如最近的西藏暴乱,出现了两种非常罕见的赔偿,一种是所有因为暴乱致死的人,每人由西藏自治区政府赔偿20万,这是以前从来没有的;另外一种是所有在暴乱中受到损害的店铺,由政府提供一定的救助;还有些学生受伤害了,由学校提供一些补偿。这些都没有任何法律依据,全是出于人道主义的考虑。所以未来的国家救助主要就出自这样的理念:一个是公平原则,即给予社会弱者特殊的保护;一个是无过错责任原则。有人用保险原则来形容国家对被害人的司法救助:对于任何一种伤害事件,保险公司并不承担事故责任,但是有赔偿责任,所以国家对个人的责任承担有点类似保险公司。

当然,对于今后中国刑事司法改革更长远的发展,我有这样一个考虑:在大的体制能够得到改革的情况下,刑诉法程序规则、证据规则才有发展的空间,否则,目前的状态只能是引进和重复规则,永远落不到实处。未来中国的刑事司法改革应该有两条线索,一条是体制的改革,涉及利益的调整、诉权的强化;另一条是改造规则,用一套更有效的规则适用于刑事诉讼程序。过去十年来,我们的工作光在规则上做改变,已经出现了瓶颈效应,现在必须体制先行,给规则的治理提供空间。

(2008年5月8日)

被忽略的私人力量
——公司董事服务合同的文化解释

■ 蒋大兴

[演讲者小传]

蒋大兴，男，生于 1971 年。1989 级湘潭大学法律系本科生。在南京大学法学院获得经济法学硕士、博士学位。曾赴日本庆应义塾大学、意大利罗马第一大学、罗马第二大学、印度尼西亚大学、香港大学、香港城市大学、台湾大学等地访学。担任过湖南省邵阳市中级人民法院助审员，南京大学法学院教授、副院长。现为北京大学法学院研究员、经济法博士生导师，兼任北京大学企业与公司法研究中心副主任、江苏东方公司法与清算法研究中心主任。研究方向为：经济法与商法理论、私法伦理、公司法的裁判与解释等。已出版《公司法的展开与评判：方法、判例、制度》、《公司法论》（合著）等著作，主编《公司法律报告》各卷以及东方公司法与清算法文丛各本；在《法学研究》、《中国法学》等法学杂志上发表论文 60 余篇。主持或参加课题多项，并有若干科研成果获奖。

主持人：

我们从今天开始，有针对性地举办一些私法的讲座以及公法和私法交错的讲座。特别是上学期已经开始筹办的第三法域的系列讲座，主要是社会法、劳动法等方面的讲座。最近正在做改革开放 30 年的法学反思系列。既然是法学的反思，当然是公法和私法的平衡反思，而不单单是公法的反思。因此，我认为今天的这堂讲座是非常有意义的。

下面我首先介绍一下今天的主讲人蒋大兴研究员。蒋大兴老师原来是南京大学经济法博士，南京大学法学院教授，今年初调入北京大学法学院任教，担任北京大学法学院研究员和企业与公司法研究中心副主任。

他的代表性著作有《公司法的展开与评判:方法、判例、制度》等书。另外,他还主编了系列卷的《公司法律报告》等书,曾参与起草《国有企业监事会工作规程和实施要则》等文件。今天晚上他主讲的题目,就是上面打出来的"被忽略的私人力量——公司董事服务合同的文化解释"。

接着介绍一下薛克鹏老师。薛克鹏老师来自中国政法大学民商经济法学院,待一会儿会对讲座做一个专门的评论。主讲人大概在 8 点半结束本场讲座的主讲阶段,评论阶段是十五分钟。评论十五分钟后是开放与同学互动阶段,希望大家能够积极进行互动。这是蒋大兴老师来北大之后的第一次面对学生公众的演讲,下面我们以热烈的掌声欢迎蒋老师。

蒋大兴:

各位同学,非常高兴有机会应法学社的邀请来给大家做一个报告,将最近的一些研究心得向大家汇报。我主要讲五个大问题。

第一个大问题,是关于这个报告的问题意识。

大家知道,在我们国家《公司法》中对董事义务有很多强制性规定。但是,在实践当中,这些强制性规定、这些法定的强制,并没有得到很好的遵守。有一个问题值得研究,到底有没有什么方法,可以促使公司的董事更好地遵守这些法定的强制?今天这个报告的内容主要是试图坚持一种解释的立场来回答这样一个问题。

最近几年,中国公司法的研究比较偏向于经济分析。当然,我并不否定,这样的一种理论解释路径对公司法研究的推动有着重要的意义。但是,过于偏重经济分析的思考,可能导致我们忽略法律背后的一些文化知识。任何制度都不是凭空冒出来的,而是基于一定的脉络背景之上形成。所以,在很多情形下,它不是有更多想象力或者说假想性的经济分析,而是内含于人类习惯当中的一些文化基因,在现实地左右或者改变我们的法律规则及其执行。当然,对于公司法规则和公司法的执行,也同样存在这样一个问题。我今天所试图进行的解释有点类似于常人方法的解释。

选择这样一个题目来给大家做报告,直接动因有两个事件:一个事件是,2007 年我在江苏、浙江以及上海的一些公司做调研,我想知道被调查公司的董事有没有和公司签订过聘任合同或者劳动合同,所问公司没有一家告诉我曾签署过这样的合同(包括个别的上市公司)。可能他们认为,公司的董事无需和劳动者一样与公司签订合同。无论是劳动合同,还是雇佣合同,我们都没有看到,这是一个事件。

第二个事件是,在调研过后,我又请教了香港某大学法学院有普通法背景的公司法教授。当我问他——在普通法中,董事和公司之间是否需要因聘任董事职务而签订聘任合同,对方的表情十分惊讶。在他看来,这个问题是个常识,不需要问的,肯定是要签订合同的。这种对比的差异,使我意识到董事和公司之间是否存在合同,可能折射出一个比较大的文化差异。我觉得,有必要研究这个问题。同时,我也联想到,这么一种差异会不会直接影响到中国《公司法》关于董事义务一类"法定强制"在生活中的执行?在这次报告中,我试图具体地解释这种联想。

第二个大问题,是董事服务合同的法理构成。

首先,我想介绍一下董事合同的法理构成,或者说在法理、在制度上,两大法系关于董事服务合同的规则中它大体上是一个什么样的状况。当然,这里说到的董事服务合同主要是指聘任合同,也即董事因为被聘为董事而与公司形成的那种关系。这种董事与公司的关系合同,无论是在英美法系国家,还是在大陆法系国家,都能找到一些根据。

在英美法系国家中,像英国的公司法以及美国的一些公司法文本中,并没有对董事服务合同做出强制性的规定,但在英美法中,董事在被聘任后一般都事实上存在这样一种服务合同(或者说聘任合同)关系。为什么会存在这种聘任合同或者说服务合同呢?恐怕还得从信托关系、信义义务的角度来解释,这与对董事地位的理解有某种关联。在英美法中,一般把董事与公司间的关系理解为信托关系,而信托在很大程度上是根据契约设立的。如果把董事与公司间的关系理解为信托,而信托又要根据合同或契约设立,当然董事也就要和公司签订聘任合同了。从信托关系推导出董事服务合同,也就十分的自然。

在大陆法系国家,实际上是从委任关系来解释董事在公司的地位。比方说,日本《公司法》就明确规定公司与董事间的关系遵从有关委任的规定,无论是2005年修订前的公司法,还是在2005年后修订的法律中,这个判断都得以保留。日本《民法典》同时规定,委任是位于契约当中的,是一种契约关系。可见,一方面,《公司法》规定董事与公司间的关系是委任;另一方面,民法又说委任是一种契约,通过这种委任契约将公司与董事之间的关系物化为合同。我们再来看一下台湾地区,也是这种情况。它也明确规定,公司与董事之间的关系,除本法规定外依"民法"关于委任的规定。同时,"民法"也很明确提到,"所谓委任,是当事人约定通过一方委托他方处理事务,他方代为处理的一种契约"。台湾地区"民法"也将委任这种行为解释为一种契约关系。如果从契约的角度来解释委任,一旦某人被选为董事,且该人与公司之间的关系又被解释为一种委任关系,并且在法律上规定委任是一种合同或契约,也就自然而然地要签订董事聘任合同。可见,大陆法系国家或地区是从委任关系衍生出董事聘任合同。

当然,我也注意到,一些国家的董事和公司之间除了有聘任合同外,有时还存在雇佣合同。比方说,有些国家明确提到雇员董事应和公司签订两个合同,一个是董事服务合同,还有一个就是雇佣协议。它允许同时存在这两种合同关系。当然,在同时存在这两种合同关系时,一般是采取"区别原则"对待这种关系。当董事作雇员时,董事职务的解聘可能并不影响其作为公司雇员的身份。反过来,雇员身份的解除,也可能不对董事职位造成影响。这只是一般情况,也可能在合同当中还会有特别约定。当然,独立董事和一般董事可能是有区别的,独立董事的独立性要求,使得他可能与公司之间不存在劳动合同或雇佣合同。

第三个大问题,我想解释一下,为什么在中国,董事服务合同在法律和现实当中我们看不到?

在理论上,我们也有不少文献把董事与公司之间的关系解释为一种合同关系。理论上,通常也用委任来解释董事与公司间的关系。但是,把董事与公司的关系看成合同关系,在我们的现实生活中,更多的是一种捏造或者说是一种推断。我们在实践中很少看到董事与公司之间有签订聘任合同的现象。我查阅了大量国内的公司法文献:在2002年以前,我们的公司法文献基本上不提董事和公司的聘任合同,没有这个说法;从2002年以后,有一些公司法教材和专著开始提到董事和公司之间应当签订聘任合同。这些判断实际上是直接受到2002年《上市公司治理准则》第32条的影响。《上市公司治理准则》第32条明确提到,上市公司的董事应当和公司签订聘任合同。尽管《上市公司治理准则》有了这样的要求,但在实践当中,有些上市公司并没有这样做。我曾经在上海调研一些上市公司，他们在2006年、2007年也没按要求签订这些聘任合同。

为什么会出现这种现象？在实践中，一个人被选为董事后，在我们国家，他接受这种任命，主要通过三种方式来进行：

第一种方式，通过股东会决议直接任命。也就是说股东会做出决议直接任命，然后办理有关工商登记手续。在股东会做出决议到去工商局办理有关手续期间，公司并没有和董事之间就这个问题（任职）来签订合同，或者说再实施其他法律行为。

第二种方式，我注意到有的公司是采取对董事颁发特别任命状或委任状这种方式，来任命董事。尤其是在一些外商投资的公司里面，在任命董事时这样的方式曾被使用过。

第三种方式，就是由国家机关以文件形式直接委派董事。国有资产监管部门通常以文件形式，向国有独资公司委派董事。

这三种董事任命形式是平常见得比较多的。在实践当中，我们也很少见到董事和公司签订劳动合同。一些研究劳动法的学者认为，董事不需要与公司签劳动合同。如果董事和公司签订了劳动合同会很麻烦。因为，《劳动法》对解聘劳动者有很多限制条件，这必然会对公司解聘董事有很多不利。尤其是，很多国家对董事的解聘采取无因解职，只要股东不信任董事，就可以解聘他。在这个大背景下，更加认为不应该、不需要，也不能够用劳动合同来解释董事和公司之间的关系。

为什么在我们的现实生活中，董事聘任合同会消失或者被忽略，这里面有什么原因？我想可以从以下几个方面来理解。

第一个原因，恐怕是与单方行为和双方行为有关。在理论上，对于董事和公司之间的关系，我们使用"委任"这个词，但在《公司法》上，我们对董事的聘任用两个词，一个是"选举"，还有一个是"委派"。董事的任职，要么是选举，要么是委派。一般公司是选举，国有独资公司可能是委派。而且，我们的《公司法》也没有像日本、台湾地区那样，规定"选举"和"委派"是一种合同或契约行为。然而，对于公司经理，在《公司法》中是用"聘任"这个词的，经理是由董事会聘任。"聘任"在解释上既有聘又有任，似乎是一个双方行为。在实际生活中，公司经理呢，也的确是和公司签订了劳动合同的。经理作为高级雇员，就像我们高校一样，实行教师聘任制，聘任以后我们是和学校签合同的。与聘任不同，给人感觉选举和委派是单方行为,是不需要签合同的,为什么会这样?你可以想象一下,像我们人大代表选举,人大代表选出来后,会不会签合同啊?好像也不用签。为什么呢,因为人大选举当中选民人数众多,没法和他签合同。董事"委派"要不要签合同呢?委派是上级对下级的委派,我们一般理解为委派是从上到下的一种指派,这个中间是不对等的,委派过程中很少就委派行为直接签订合同。委派董事,好像也是理解为单方行为。法律中的选举和委派是单方行为,而不是双方行为,这可能是我们没有董事服务合同的一个原因。

第二个原因,可能在《公司法》中有一些合同替代机制,它们起到了替代董事服务合同的功能。比方说,股东会决议。《公司法》明确规定:"董事的报酬是由股东会决议的",董事报酬本来是在合同中可以谈判的条款,却直接通过股东会决议把它明确下来了;还有,比方说委任状,如果对一个董事进行委任,在委任状中,可能会对他的任期、报酬做出安排;另外,比方说公司章程,《公司法》明确规定,公司章程规定有关公司机关的职权及其组成、选任,公司章程也可能规定董事的任期。因此,董事服务合同中的有些内容可能被公司章程取代。除此以外,董事服务合同的内容,还可能被法律所取代。例如,《公司法》明确了董事的一些法定义务,甚至也包括董事的一些责任,由于法律本身对董事义务、董事责任、董事的权利(体现为董事会职权)都有一些明确规定,这种规定也可能取代了合同的需要。一般认为,有法律规定的内容可合同性就小。这个恐怕也是实践中忽略董事服务合同的一个原因。

第三个原因,应该和长期以来的法定代表人体制有关。在我们对国有企业实行普遍的公司化改制前,国有企业是实行厂长经理负责制的。大家都知道,厂长(经理)一手抓物质经济建设,一手还要抓精神文明建设。这种"两手抓"的权限,是有关国有企业法(《全民所有制工业企业法》)明确规定的。法定代表人的权力非常大,在企业中可以视为"企业之王",这也是中国企业的特点。在公司化改制后,这种权力集中于企业核心的法定代表人的体制仍然事实上得以保留。例如,在中国公司中始终存在一个核心,而且,这种核心通常不是以一个团队的形式出现,往往是以个人形式出现的。比如说,像联想的柳传志,还有万科的王石等等,每个企业都有这么一个标杆似的人物,这是中国的特点。在改制以后,这种权利集中的形态会直接进入到我们公司当中。法定代表人的权力很大,监督却非常有限,无论是在国有企业改制前还是在改制为公司后,这种监督缺位的状况(当然,我说的监督缺位不是指在制度上缺位,而是指在现实生活当中缺位)都并没有太大的改观。甚至公司化改制后还有一些倒退,这是我的感觉。为什么这样说呢?因为,在此之前法定代表人对上要向国家主管机关负责,对下要对企业职工负责。我们的国有企业法也的确让员工有主人翁的那种感觉,你厂长经理有问题时,职工他就会向主管部门举报,他会去告状;但是,在公司化改制后,职工就变成了雇员,他的这种监督权不断地被弱化,我们不断强调在公司法中的"资本主权"观念。所以,职工从下到上的这样一种监督被削弱、被淡化,从上往下的主管部门监督也已倒塌。公司被视为无主管部门的企业,自己的事情自己解决,公司被视为是私人企业。当然,一些国有投资主体占主导的公司,可能还部分地延续了原来的监管机制。在总体上,企业进行公司化改制后,监管状况没有得到根本改观,这是一个事实。大家有时间也可以去看这样一本书,好像是丁力写的《上市公司》。他里面就讲到国有企业改制为公司以后监管状况的糟糕。他甚至认为,还不如民营企业,不如原来的国有企业,因为股东根本是没有办法监督。法定代表人这样一种"王者"心态,如果延续到公司里面,会产生一种什么后果呢?会产生合同的"抵抗"和"叛逆"行为——如果让法定代表人和公司签订合同,自然会对他有一些约束,这他当然不愿意。

第四个大问题,显形董事服务合同的意义——关于董事服务合同的文化解释。

董事服务合同尽管对于我们公司来说并不是很常见,不是一种常态,但是却很有意义。为什么很有意义呢?我想从文化的角度来做一点解释。

第一个问题,私人之间的"白纸黑字"与作为公共产品的法律之间的关系,是一个很有意思的问题。在中国,私人之间的"白纸黑字"有时会超越作为公共产品的法律。我选择"白纸黑字"这四个字,作为我们的文化符号来解释董事服务合同的意义。有一些研究者认为,"白纸黑字"作为一种文化符号,是有强大的制度意义的。为什么"白纸黑字"在中国甚至有可能会超越作为公共产品的法律?老百姓为什么会对"白纸黑字"

如此重视？这又有三个小问题：

第一个小问题，是厌讼的文化基因需要"白纸黑字"。虽然关于古代中国社会，乃至于现时代的社会是不是一个厌讼、无讼的社会，存在着很多争论，但是，无论是厌讼或者无讼，至少我们中国人是不愿意到衙门去打官司的。因此，我们需要有一些特殊的机制来解决问题——不打官司也能化解纠纷。对此，我看到了两个非常有意思的渠道：

一个渠道，是为了逃避到衙门去打官司，我们允许民间意愿解决纠纷，就是所谓的私力救济。私力救济即便在以礼为核心的儒教文化中，也得到了一定程度的认可。比方说"有仇不报非君子"，这些民间谚语都说明了私人复仇、私力救济都有一定的民间合理性。这种私力救济是不利用国家权力体系而展开的执法机制，是用私人力量来代替公共权力机构、公共法律，或者说是被法律支持的一种生活态度，这是一种逃离法院、逃离衙门来解决纠纷的重要方式。

另一个渠道，是我们特别重视纠纷的预防工作。比方说，"防患于未然"、"白纸黑字"、"先小人后君子"、"先礼后兵"，其实都反映了一种重视纠纷预防的特点。而且，中国是追求静态稳定的社会，因此，在政治上，"稳定是压倒一切的大局"这样的口号很容易在中国得到支持。这也反映了我们国家追求一种静态稳定的结构，不愿意在动态中前进。

第二个小问题，是厌讼的文化基因要求民间解决纠纷，要求民间的治理机制，"白纸黑字"的法律意义就体现为它是一种民间治理的替代形式。"白纸黑字"有这样一种民间替代功能：首先，它具有一种证据意义。白纸黑字是汉字的一种思维模式，他强调以文字化的形式将法律行为固定下来，避免将来口说无凭。这在中国是非常奇怪甚至带有一点矛盾的现象。为什么这样说呢？因为，一方面，我们在文化交往当中，中国人是很难抹开面子去说话的，因此，为了确保交易顺利进行，确保交易的安全性，我们往往倾向于选择熟人进行交易，在熟人身上展开或者完成生活资源的分配。而当交易在熟人身上展开时，为了保存面子，很难去索要书面证据，这是很矛盾的，尽管我们内心有时非常想要书面证据。另一方面，"白纸黑字"是对他人的口说无凭的不信任，"白纸黑字"要求必须抹开面子。虽然表面上看，"白纸黑字"似乎和熟人交易规则是相矛盾的，是不给人面子，其实不完全如此。因为，事前的"白纸黑字"，往往是为了将来能够持续性和气生财,现在不给面子是为了给以后留面子,为了避免以后打官司伤和气。这样看来,先"白纸黑字",还是为了保全将来的面子。大家想一想,如果有"白纸黑字"在别人手上,一旦将来发生了纠纷,你还会随便去衙门敲鼓吗?如果去衙门敲鼓岂不是自投罗网?因此,这样一种机制确定下来以后,就相当于履行合同的抵押。应用这种机制,可以在一定程度上使当事人远离诉讼,也可以避免熟人交易而产生的问题。为了化解熟人交易中需要"白纸黑字"的尴尬,我们还发明了或者说是在生活中形成了一些习语,例如"亲兄弟明算账"、"先小人后君子"、"先礼后兵"、"先离后不分"等等。中国人是很聪明的,这样一些文化习语形成以后,就可以解释"白纸黑字"在私人伦理或者情感伦理上是有正当性的,它实际上是我们的情感伦理在私法交易过程中的一种理性转化。"白纸黑字"的使用过程,也使我们的先民在经济交往中可以适当排除人情的脆弱,利用契约这么一种机制来消解人情因素,应该说它是一种非常重要的民间治理机制。

第三个小问题是,"白纸黑字"为什么会超越了法律?事实上,在民间,超越了法律的"白纸黑字"是一种力量,在中国传统的人际交往中代表了一种特别的人际交往模式,也是一种非常不错的民间治理缓解机制——"先礼后兵"事先提示可能发生的问题有"白纸黑字"的交代,有利于以后化解纠纷。所以,虽然传统中国很少有现代意义上的市场经济,但是传统中国却是一种契约社会,这种现象可以说与"白纸黑字"这种文化因素(传统)有关。传统中国具有鲜明的身份性特征,但即使是这种身份性的等级特征(包括社会秩序)的维持,契约仍然是关键和基础。我查过这方面的资料,在中国古代,契约的种类和范围是非常广泛的,不仅仅是财产关系,甚至是人身性交易关系都大量运用这种方式,例如卖身契。这些考据性的资料至少可以说明:在中国传统社会,契约的广泛性印证了民间对"白纸黑字"的重视。

当然,这样一种私人治理观、民间的治理观,也使得中国社会的法律一概后退。在民间资源分配中,我们可以看到,中国人相信"白纸黑字"甚至胜过相信法律。这样的传统可以说流行到今。"白纸黑字"取得了超越纸上法律的权威地位。在这里,我要解释一下。大家知道我们的很多普通百姓,包括商人和官员在"行为"时,并不是特别重视这个东西"是不是有法律规定",他特别重视的是"自己有没有签过字",这个事情我有没有同意过。如果签过字、同意过了,就得谨慎点,约束一下自己的行为;如果没有签过字,恐怕会"事不关己,高高挂起"。所以,在行政法中,会谈到红头文件的盛行。红头文件实际上是一种私下约定,因为其中有很多事项超越了法律。但这个东西在中国就能流行下去。另外,我们也可以看到,在生活中有一些官员,基于其职位,实际上有很多约束,包括法律约束,但是他在任职过程中,经常有一些责任状之类的东西,他更相信这个。一项工作要来个责任状,治理来个责任状,清洁卫生也来个责任状……官员们更重视这种现实化的东西,而不是法律上如何规定这样一种职位有什么样的义务。当然,这种行政契据式的文件的流行,也说明了"白纸黑字"的影响有多广。因此,在中国如果一项文件、一件事情是由当事人签字画押了的,相比较于该事件仅仅由法律规定,哪怕是强制性规定(甚至是刑事规定)而言,更容易约束当事人,也更容易得到执行。在我们商法中,这种现象也比较多,比方说代理,我们经常可以看到被代理人通过各种理由来逃脱责任,为什么呢?因为有关法律行为是代理人签字的而不是被代理人签字的,虽然法律规定被代理人应当承担由代理人行为而产生的责任,但是被代理人却可以想出各种借口来逃避责任。另一个现象,是法定代表人的问题,最高法院曾在司法解释中提到,前任法定代表人离职后,后任法定代表人不能不理前任事。这样的事情还需要解释吗,为什么要解释这种现象?就是因为实践中有人在观念上认为,前任行为的字是他签的,所以,应该由他来对其行为负责,后任不签字不负责。如果把你的眼光引入在刑事程序中,也可以发现这样一种现象,什么现象呢?由于对签字画押非常重视,我们在刑事程序中非常重视犯罪嫌疑人的口供。尽管《刑事诉讼法》早就规定,没口供也可以定罪。但是,在办案当中,口供仍然具有十分重要的作用,甚至有事实上难以取代的地位。有了犯罪嫌疑人的口供,办案的人就觉得理直气壮,要是没有这个嫌疑人的口供,他总会觉得好像缺了点什么,他会有这样一种心理。因此,为获取口供,我们设计了"坦白从宽,抗拒从严"的司法政策;为获取口供而屈打成招的现象,无论是在中国古代还是近现代社会一直都没有能够避免。可见,"白纸黑字"不仅仅是一种民间认同,它也根深蒂固地渗入到我们的政治结构乃至整个司法过程中。应该说,这是非常有意思的文

228

化现象,它透露出的文化信息非常丰富——可能我们中华民族是很重实利的民族,重视直接利益。因此,我们签字画押后,有这么个"白纸黑字"以后,就可以将某一主体与他的行为更密切地联系在一起,使法律的威慑落实到可能被约束的人身上。我们所说的"不见棺材不掉泪",也许就是这个意思。

另外,中国是一个很特殊的大国,基于大国治理的需要,我们在很长一段时间内一直存在着集权统治。集权统治中存在着法律效力丢失的现象。俗话说"天高皇帝远",地方弄权擅法的现象,无论是在古代还是在现代都时有发生。为了实现、解决地方正义问题,在中国就演化出了很多民间治理形式,"白纸黑字"是其中一种。另外,家族治理的发展以及所谓乡绅裁判、村规民约等等,都是应对我们这样一种集权统治的需要。签字画押作为民间治理方式,至少在一定程度上弥补了皇帝缺席、法律不在的问题。当然,法律不在、皇帝缺席也带来了自组织的痛苦。孙隆基在《中国文化的深层结构》一书当中也提到,中华民族是缺乏自组织能力的民族。所以从小学开始到成人以后,我们一直要不断地搞"五讲四美三热爱",教育大家讲礼貌、讲卫生,从出生到死亡都要讲这些东西。

第二个问题,为什么在公司里要强调签订董事服务合同呢?不仅仅是因为"白纸黑字"的文化传统,另外还有一个非常重要的因素,就是合同和合同法本身的功能——私人合同对强制性法律的执行具有非常重要意义。

在我看来,我们好像有点误解了合同与合同法的功能。合同法属于自我规定(设定)义务的法律的一部分,合同长期以来被认为是自我设定义务的一种行为。合同法是一种自我设定的法律。所以,我们认为合同是一种选择性行为,存在于当事人自主选择的领域。因此,长期以来,合同都是在法律强制之外的合同,在强制性领域规定之内没有合同活动的余地和意义。如同科宾在《论合同》中提到的一句话,"公共福利要求有法律强制性的义务应当独立存在,而不为当事人同意与否而存在"。所以,强制性规范应该和合同没有关系。合同自然而然地被划定在强制性法律以外,和法律保持着相当的距离。可以说,在社会生活领域当中,强制性规范的领域与可合同领域是截然分开的。"违反法律强制性规定的合同无效"被理解为法律常识。与这个理解相一致,合同法也就被理解为一种固定与保护当事人自己行为而产生的合理预期的法律。合同法实际上是合理预期保护法。什么叫合理预期？第一，它一定是合法的预期，也就是不违反强制性规范的预期；第二，合理预期是发自当事人内心的预期，很多合同法的著述表达了这样的判断。当我们把合同视为在私法自治领域发生作用的私人机制，合同法被视为"在强制性规则约束下的自由"这样一种法律，合同和合同法与强制性规范之间的对抗就显得十分明显了。只要一个领域被强制性规范规整了，这个领域合同就要退出，这是一个非常重要的判断。

但在我看来，这样的一种理解应该是一种误解，合同可以成为强制性规范的执行者。更多的时候，我们观察到的是一种私人力量，而不是国家暴力在现实地引导和推动着法律所设定的固定目标的形成。先辈也早就告诉我们"徒法不足以自行"，任何法律都不是"自执行"的，总有一种显性或隐性的机制在推动着法律文本从理想走进生活。这种力量不仅是法律中所安排/表达的国家暴力，在有些/甚至更多时候，是一种私人力量而非国家暴力在现实引导/推动着法律设定秩序目标的形成。为什么说是私人力量在引导或者推动呢？因为，有时候当强制性法律被突破后，本应由国家强制力来解决问题，但国家强制力可能在休眠、没有启动，这时就要用私人力量来修复。因为要启动国家强制力的话，首先要得到情报，从得到情报到启动还有一个过程，实际上，在很多情况下法律的破坏都是通过私人力量来修复的。在强制性规范没有被打破、没有被违反的时候，强制性规范也是更多地通过私人行为来实施的，这就是我们所说的守法。所以，我们看到私人合同不仅在强制性规范不得进入的领域中，有分配社会资源的功能，同时，它在强制性规范已经进入的领域中，也有执行强制性规范的功能。如果我们用一种表格来显现，可合同领域应该有一部分是在强制规范领域当中的，而这一块在我们平时的想象中很容易被忽略掉——我们认为强制性规范就是通过公共权力来强制性推行的。我们认为，公共权力的强制性推行就排除了可合同性，在这种情况下就不属于"可合同"领域。在很多实际情况下，国家暴力是隐含在内的，最多是一种心理压力。而现实当中的强制性规范往往是通过私人力量去执行，所以，守法总是主要的，违法总是少数现象。如果法律普遍出现违反的情况，则只能说明这个法律是有问题的。也就是说，常态的强制性规范的执行是借助私人力量的,只有在少数情况下才直接依托国家暴力去实施。多数情况下强制性规范是依靠私人力量去间接实施的。这是强制性规范和可合同领域关系的一个真实表现。国家暴力只是在强制性规范被动实施时才出现,在主动实施时,国家暴力是隐蔽起来的。

第二个原因,合同为什么能执行强制性规范?可能是到目前为止,国家还没有掌握一种确保彻底兑现法律的强制性承诺的方法。虽然国家规定有些行为不能做,但是有人违反后,国家目前仍没有一种可靠的方法去解决这些问题。有时是基于腐败导致国家暴力机器的运作失灵;有时候国家暴力机器的运作可能没有失灵,它也积极地去执行这个强制性规范,但可能会出现其他问题。被执行者没有能力,或者被执行者恶意逃避执行,这种现象普遍存在。假如"死猪不怕开水烫",国家再怎么强制也没有用。如果我们将法律执行本身视为一个合约过程,法律文本的公布最多可以理解为向受其约束的行为人,发出了一个守法要约。这个要约和我们合同法上说的要约是有区别的,守法契约最终能否达成,取决于相对方的承诺,也就是说相对方有没有把国家法律变成私人的行为过程,有没有变成自己的思维过程。只有这种强制性规范进入当事人的思维过程,才能促成所谓主动守法的状态。所以,我们看到国家强制性规范的被实施是靠私人力量来完成的,如果强制性规范没有借助私人力量,其往往很难实施。否则,国家只要去制定强制性规范即可,根本不用去宣传它。为什么我们会制定很严厉的刑法,同时还要不断地普法?就是为了使这个强制性规范能进入私人的思维和行为过程,而不仅仅是由国家暴力来推行。

第三个原因,可能还有一个成本考量问题。有时候,在强制性规范可以由国家强制力推动执行时,它却不一定依托国家强制力来执行,为什么?因为,借助私人力量来执行能节约我们的公共财富。因此,国家在强制推行法律规范时,也希望有私人参与。

第四个原因,合同之所以能成为强制性规范的执行者,还在于它有一种提醒符号的功能。人是一种符号动物,不可能直接面对存在,他往往生活在符号的世界里,要借助各种符号的提醒来完成自己的行为。执行法律的私人合同的存在,在某种意义上就构成了符号提醒,将法律这种公共知识转化为他的私人知识。当然,对于一个重视"白纸黑字"的民族,"白纸黑字"作为一种符号提醒显得更有意义。

第三个问题,我们再回归到"董事义务的重复强制是否必要"这个问题上来。因为,在《公司法》中有很多关于董事义务的法定强制,这种法定强制有没有必要以合同形式重复规定?

很多人反对董事服务合同和董事聘任合同就是基于这样的理由,认为这些合同的内容我们在法律上已经做了强制安排,没有必要再用合同去宣示它。但是,如果你仔细阅读《公司法》第148条、149条,你就会发现《公司法》关于董事义务的规定,并不是我们想象的那种法定强制,其中有些属于"空洞的强制"。所谓空洞的强制,就是存在大量的解释空间的强制,而这些解释空间并不是通过立法改造就可以彻底解决的。有些空洞性的规定必须在公司的自我运作过程中来个别化地解决。比方说,我们在第148条、149条用了很多开放性的词语,例如"忠实义务"、"勤勉义务"、"擅自"、"所得收入"等等,这样一些概念都是有很大的可解释性的。基于"白纸黑字"的文化传统,即使非空洞性的义务,也有重复宣示的必要。因为,这种重复宣示可以产生一种符号提醒功能,可以将法律和具体的约束对象联系起来,董事服务合同的出现,至少可以达到宣传法律的效果,使强制性的法律变成董事的私人知识。的确,在现实当中有很多董事之所以违法,主要在于他们不知道法律是怎么规定的。比方说,许多在纳斯达克上市的公司,甚至被美国SEC谴责,它们不是不想守法,而是不了解法律的具体规定。因此,将法律义务合同化至少可以起到这样一种普法的功能。虽然,目前没有确切的数据证明,将强制性规范转化为私人合同后,是不是被遵守的效果要更好,但是,有时人类社会不一定就是数据为王,有时科学也要依赖于模糊的判断,社会科学有时候是要靠一些感觉去触摸的。法学也是需要感性的,一个人如果没有感性是学不好法律的。我们国家的一些管理、执法部门,比如说证监会、商务部门,它们也发现了董事服务合同对公司管理具有重要意义,所以,在2002年时要求上市公司要签订董事聘任合同。

第四个大问题,我想解释一下,具体来说,在中国,董事服务合同应该如何签订?这里有三个小问题:

第一个小问题,首先我们要面对的是:什么样的公司需要董事服务合同?目前的制度设计好像认为上市公司更需要。所以,我们在《上市公司治理准则》中明确提到上市公司应当签订董事聘任合同。但是,法律的控制与其他社会控制是成反比的。也就是说,在公共执法较强的地方,私人执法的需求会较少;而在公共执法较弱的地方,私人执法的需求会较强。如果这个判断是正确的,我们也可以用来解释董事服务合同的需求。在上市公司和非上市公司中,上市公司领域中应该说公共监管的制度和监管力度相对较强,在上市公司,法律设定的公共执法机制要更强。如果按照前面的逻辑,在上市公司中,私人执法的需求应当比非上市公司要弱。因此,非上市公司比上市公司更需要董事聘任合同。基本上,非上市公司没有太多的监督机制,缺少公共执法。为什么私人有限公司可能更需要这个董事服务合同呢?有一段访谈,大家可以看一下,我通过QQ在网上做了一个访谈,纲要如下:

问:是不是在公司上班?
答:是的。
问:可不可以耽误几分钟?
答:有什么事情?
问:你所在的公司是有限公司还是股份公司?我想了解一些情况。
答:是有限公司。
问:你们公司是否和你签了聘任合同和劳动合同?
答:没有签。
问:国外公司董事一般和公司都有上述两个合同,我想了解一下中国公司是否也签订。你能确认吗?
答:那我就不知道了,但是我是没有签的,我就是董事,我们是小公司。
问:再问你一句,法律上规定了董事有很多义务,但你可能不一定知道这些义务的内容。如果将这些义务写到聘用合同里,让你自己在合同上签字确认,你是否会更注意对这些义务的遵守?
答:一定会更注意。每个人的个性不同,但是我会对我所说的和所做的负责。

从这段访谈中可以看到,如果把董事义务明确放在董事服务合同里,至少有一些小公司的董事他们会更加重视。我访谈的这个公司,就是江苏无锡的一个小公司。从这个小事例中可以看出,董事服务合同不仅在上市公司需要,在公共执法相对欠缺的小公司也需要。

第二个小问题,我们再来看一下,董事选举行为的合同结构。就像前面提到的,由于我们在《公司法》中对公司董事的聘用使用的是"选举"一词,事实上影响到了董事合同的签订。但是,一个人不可能被强迫去当董事,所以,无论采取什么方式去选任董事,必须要经过他同意,董事选举行为才能发生确切的法律效力。因此,董事的聘任事实上会形成一个合同结构。无论在英美法系还是大陆法系国家,基本上也都是承认董事聘任行为是存在一个合同结构的。只是对什么时候构成要约,什么时候构成承诺,有不同理解。当然,大多认为股东会的选任决议仅形成公司的意思,并不能直接对外发生效力。要使选任结果得到被选董事的确认,还必须和他成就某种合同关系。以韩国为例,我收集到的资料表明,在董事选举合同行为中,对于什么时候构成要约,什么时候构成承诺,是有不同看法的。有人认为,在股东会选举董事后,应由代表董事向被聘董事发出要约,被聘董事同意当选后构成承诺。所以,判例认为股东会选举出董事后,还要由代表董事向该人发出聘任要约,把内部行为转化为外部行为,被选任者同意担任董事然后才构成承诺。但是,在韩国的实践中,有一些代表董事不向被选任者发出要约的现象。对此,有人提出,在学说上把股东会的决议进行扩张解释比较好,认为应该将股东会选任决议扩张为外部效力,将选任决议视为要约,只要被选任者表示同意,就构成承诺,由此就简化了中间由代表董事发出要约的过程。这种学术解释后来是否有判例支持,我不太清楚。

那么,中国是什么情况呢?在中国,如果是开放式公司、上市公司的话,董事选任一般要经历这样的过程:

第一,要向候选人告知提名,在中国选任一个董事不能在他还不知道时就拿去股东会讨论,要他同意了才会拿去讨论。所以,在我们国家,在股东会做出选任决议后还出现董事缺位的现象,一般没有可能。告知提名要告知什么呢,就是合同法上所谓的要约。

第二,我们往往有个书面承诺,这是对担任候选人进行书面承诺。你可以理解为就担任候选人达成了协议,做出了承诺,也可以就整个董事选任过程而言,把他视为新的要约。就是说候选人书面同意了。同意之后股东会再拿去讨论。讨论什么?讨论他的报酬,讨论他的任期。这个承诺或者新的要约,是指我同意你开股东会去讨论我的任职和报酬事项。当然,所谓讨论,这个概念可能有时不会明确表达出来,是否可以推断出来。

第三,是股东会决议当选。当选以后告知他报酬和任期,告知报酬和任期也可视为再要约。如果股东会他选任通过,本来在同意做候选人时,以为会给他5万块钱一年,但是后来股东会只同意给他2万块,那我得告诉他,看他是否愿意担任董事。再如,本来是准备请他当三年,现在股东会只让他当一年,看他一年愿不愿意干?这可视为再要约。最后如果候选董事同意当选,就构成了承诺。在上市公司,通常一个董事愿意当候选人时,要以书面形式发出候选人承诺书,候选人承诺书要公开。因此,在我们国家,上市公司董事的选任,合同结构相对比较清晰,非上市公司严格来说也可以沿着这个道路来推广。

第四,是具体签订董事服务合同和劳动合同。在中国,有许多董事和非独立董事。应该说对于独立董事没有所谓劳动合同之说,只有非独立董事才可能讨论劳动合同和服务合同并存的现象。当然中国公司董事服务合同可能比较复杂,我想至少有两大类:

第一类,是国企改制来的公司。企业改制的公司董事很多是从员工中"就地解决",由于董事是从公司就地解决的,有必要将董事服务合同和劳动合同分离。否则,会产生董事服务合同解除了是不是劳动合同也解除了的问题,这很麻烦。因为董事原来本身就是劳动者,这有点像英国一样,许可两种合同并立。

第二类,是私人投资的公司。这种公司的董事大多是从股东里面解决的,董事职务和股东投资有很大的关联。这类公司一般来说,股东如果不当董事,往往可能就是不做股东了。通常是不做股东就不当董事,不当董事就不做股东。因此,这类公司的董事服务合同和劳动合同是可以合二为一的,在操作上是有这种可能性的。当然,为了防止纷争,也可以采取彻底的分离政策,将董事的劳动合同和董事服务合同分开,可以把二者放在一块,也可以直接把它们分开,这样比较简单明了。

第三个小问题,还有一种董事服务合同的简化形式,就是董事就任承诺书。在公开型的上市公司,董事选任后,它会要求董事发布一个就任承诺书。这个就任承诺书，理论上来讲是对公司承诺，但是由于董事就任承诺书往往是对社会公开的，因此，他这个承诺就具有对公（公开）的意义，当然我觉得这个是值得研究的。尤其是在董事承诺中明确提到了董事的责任，这样一种董事责任承诺公开以后，是否会有董事责任扩张的功能？我们现在经常谈到，中国公司董事对第三人的直接责任，在立法上没有特别规定（除非是上市公司）。在这种情况下，这种公开的对外责任承诺，在一定意义上会是董事责任的扩张，这能不能在契约法上展开，能不能成立还值得研究。严格来说，董事就任承诺书往往是董事承诺的简略形式，和董事服务合同还是不完全相同的，董事就任承诺书上面没有公司盖章，但有就任董事签名，有时还加个见证律师。一般来说主要规定董事的义务，实际上是董事的公开保证，有点像保证书一样，类似单方做出的承诺。所以说，它与董事聘任合同在形式上还是有差别的。而且，在董事就任承诺书中，一般往往强调董事义务，忽略董事的权利。

最后，简单回顾一下报告的主要内容。董事服务合同之所以在中国具有非常重要的意义，主要在于"白纸黑字"的交往模式，以及"白纸黑字"在公司法中的应用。因为"白纸黑字"这个文化基因，董事服务合同有助于董事义务的强制履行。所以，《公司法》对董事义务的强制规定，并不否定董事服务合同的可能性。我们有可能在修改《公司法》时明确规定，董事与公司应当签订聘任合同，并且，也可以将所谓的"股东会选举董事"改为"股东会聘任董事"。在《公司法》未做修订以前，董事可以与公司自行签订董事服务合同，我们可以将董事聘任合同的有无作为公司治理是否完善的一项指标来考虑。这种考虑还有其特殊的意义：它不仅在于揭示了中国公司董事服务合同的现状以及中国公司需要重视董事服务合同的原因，其意义还在于提出，董事的法定义务在中国如何实现的问题，以及解释了私人合同对于强制性规范执行的意义。我发现在一个处处依托国家强制力的社会，我们可能遗忘了一些不应该遗忘的东西。至少在公司法中，有这个问题存在。

我今天就讲这么多，谢谢大家。

现场答问

主持人：我在离开南大以前，上过蒋老师的"公司法"课，跟着张（千帆）老师这几年研究公法，对于公司法一直没有关注。今天也作为一个外行，我首先极简短地讲一下我的理解，然后请薛老师进行评论。蒋大兴老师从公司法中很小的一个董事服务合同问题着眼，首先用比较法和实证的方法观察中国与西方董事服务合同在制度和实践上的差异，进而通过文化解释和功能主义的这种研究，得出结论——在中国国企改革和公司法改造的背景下，以及"白纸黑字"传统的支持下，对董事服务合同的契约化改造是应该推行的。

蒋大兴老师的最大创新之处是，他实际上超越了公私法二分法的这种传统法观念。他今天表面谈的是董事服务合同契约化的可能性，实际上是建立一个关于改造我们国家法律执行的契约哲学，以及对强制性的董事义务进行契约化的执行，这在我们行政法领域叫做公法的私法化。我觉得蒋大兴老师的创新之处在于，他是一个有法哲学觉悟的公司法学者。我不能说得更多了，说得更多了就显得外行。谢谢。

现在请薛老师评论。

薛老师：蒋博士是商法、公司法研究的大腕，我对这个方面涉猎的不是很多，评议就显得有一点外行评价内行的味道。不过，我是从一个学者的角度提点自己的认识。在听蒋博士这个报告之前，我以为《公司法》没有什么可研究的，因为我们中国所谓的立法，无非是在英美法系和大陆法系国家之间抄来抄去，而且我国台湾不也是这个样子？文化、经济也一样，不管是理论还是制度，我们一直抱着这样的观点。但是今天听了蒋博士的报告以后有所改变。为什么呢？这个《公司法》出来以后我们都有一些评价，都围着这个展开。特别是我们参与起草的这些学者，不是孤芳自赏就是对这个法律给予了很高的评价，这个在抽象的法律中的确是一个很大的进步，比原来的法律有所改观。但很多人认为，它也是一个有缺陷的产品。正像蒋博士所说的它是一个公共产品，而中国的法律制度就更多地围绕着这个产品，这个产品也和中国的部分商品一样存在一些质量问题，有的可能还有严重的质量问题。这个缺陷，有可能我们没有人发现,特别是我们在学习研究《公司法》的时候,认为这个公司的治理结构非常非常简单,因此,我们在接受这个知识的时候都没有去学会评判,更没有把它同我们中国的现实问题联系在一起。中国的现实问题是什么?蒋博士给我们讲了,因为他的研究是从问题出发而不是无病呻吟,是为解决问题而研究的。一开始我们就发现了,这些问题也许我们在座的同学没有实际接触过,但像我们给公司做法律顾问,也处理过法律纠纷问题,发现的的确确存在研究起来很棘手的问题。董事不但没有尽义务,而且是在董事会缺位的情况下,明目张胆地侵犯公司利益,来谋取他自己的私利。要想真正理解蒋博士的报告,我们可以调查,哪些问题同公司董事有关系。因此,报告给我们一个反思,为什么我们的公司法不断在进步,而我们公司治理存在的问题却更多? 到底这些问题和我们的制度有没有关联性?

听了蒋博士的报告,我找到了一个理解的路径,原来是和我们的《公司法》设定的董事义务有关,其中包括董事会的义务。我们再回到《公司法》对于董事的权利和职权聘任等法律上,因此,我们再来理解这个法律是天经地义的,都应该按照《公司法》对应的模式去执行,否则就是违法。但是我们回到蒋博士这个报告,他推翻了我们这样一种理解和假定。也就是这些法定包揽了我们国家的一些智慧和我们私人的权利,也可能是立法者对《公司法》的设定是立法者站在自我明白的基础上,也有可能有学者的参与这样一种模式,便恰恰是这样一种自我陶醉式的设计导致我们这个问题。怎么去理解这个问题呢? 它就是一种强制性的规定,还有没有解决的办法,这个蒋博士从契约的角度给我们指引了一条路子,也就是用公司现有的模式去解决;还有就是法律通过董事服务合同,通过签订合同这种方式来解决,而论证的观点说得很清楚了。

我们现在的理解不管是信托关系,还是委任代理关系,其实它本身就是一种契约。只是我们这个契约被我们的权利和义务给掩盖了。没有看到这个我也赞同,这是的的确确存在的。我举一个简单的例子,我问一下蒋博士,因为我是山西人,我经常去平遥古城,我到那儿看什么呢,为什么在近代以后的80%的金融业在山西? 山西是整个东亚的金融中心,山西人打一拳中国就感冒,那时没有《公司法》也没有《银行法》,为什么它的业务能做得这么大? 我看了一下内部治理结构,其实就是两个关系:一个是东家,一个是掌柜,相当于我们的股东或董事,他们之间其实是一种契约,没有法律。不管是权利也罢,还是他们如何分配也罢,把当时山西的金融搞得是红红火火,后来是什么使它衰落?不是因为治理结构出现问题,而是战争。我认为在公司治理问题特别是董事义务上,不是有了法律就是最好,私人之间、公司和股东之间这种合同约定可能解决许多问题,克服许多缺陷。这是什么呢?蒋博士对于为什么有这个合同,这个合同有什么样的作用,给我们解释得非常清楚。对于这个事,总而言之,我们觉得蒋博士今天的选题起码给我们学习公司法、理解公司法以及将来参与公司治理的时候多提供了一种选择,特别是给立法者提了一个醒。

立法者你那个是什么呢?站在你自以为是的角度设计这样一个模式,不是唯一的,公司它仍然是一个私人自治的领域,尽管你有国有公司,可以再设计另外一套制度出来,但在典型的上市公司里头,应该遵照什么呢?以当事人的意思自治,用合同这种方式来解决董事在公司中的地位问题。这是我的看法,所以我非常赞同和支持蒋博士的选择。尽管我搞的不是公司法,但我也非常反对那种国家过度的干预,其中包括立法机关的这种不顾私人意思自治的干预。所以,我们说公司法也寄托了,仍然体现了一种国家干预制度,起码没有一个额外性的规定,或者说在以上公司董事义务规定的基础上,当事人可以通过契约的方式或者在章程里指明可以和董事签订这样一个合同,把法定义务以及其他还需要确定的义务用契约固定下来。这样就符合我们中国的这样一种文化传统。我也支持蒋博士这么一种研究制度的问题的方法,不要仅仅是盲目追捧国外的制度,任何制度它必须有一种文化的底蕴,一个文化的背景。制度本身就是文化的一个产物,当然本身也是文化。但我们一定要注意,在移植制度的时候,要知道国外的制度虽然很发达,但是它是解决外国问题的制度,是立足于外国的文化而不是我们本国的文化。

这样来讲的话,我们在理解中国目前的公司法的时候一定要注意,它有时候和我们中国的传统文化,也就是我们的民族个性和民族精神有一个融合性和适应性的过程。目前,我们中国的水土可能不适合这个制度或者这个制度不适合中国的水土,当然,最后往往也有点疑问或者在实践中可能我们也要遇到问题。要把董事和公司之间的这个关系纯粹站在契约的角度来理解,还存在一些技术上的问题。比如说,谁代表公司和董事签订契约?因为,目前的董事主要还是股东担任比较多,那么这个时候,哪些股东和他签订,具体方式谁来承担?是公司?还是股东?股东会?如果是股东、公司的话,那么我们又知道董事长往往担任法定代表人的比较多,这个是不是角色重合?将来我要是一个公司的法律顾问,签合同时也可能存在这样的技术障碍:如果股东去签,小的有限责任公司,可能股东人数比较少,那么股东和股东会不一定通过决议,就会用契约这个方式而不一定要通过法律上这种或那种决议来表现;还有,股东会在整个法律上有没有这个合同资格?牵涉到这个问题,如果有的公司是总经理担任法人代表,而他又是董事会批准的,让他来签有没有问题?蒋博士谈到就是在上市公司已经推行这么一种制度,在上市公司中有这么一种要求。但我们都知道,在上市公司中,股东更规范、人数更多,谁来决定这个契约的内容,谁来签订这个契约?这可能都是一些技术上面我们法律工作者需要明白的地方。这是我的一点看法和想法,当然,同学们可能还有很多问题需要提问。我刚才的一点提问是作为一个外行来评价。好,谢谢大家。

主持人:谢谢薛老师。其实不能说薛老师是外行了,因为他是中国政法大学民商经济法学院的,应该算是这一行的内行。实际上,董事服务合同既然存在契约化的正常性,就可能存在技术上他刚才所说的个别情况下的种种困难。因此,商事化本身就因为特殊跟混合而独立,而商事化又是公法和私法拉锯的一个天然阵地。所以,不同立场的这种抉择,可能对公法和私法在里面、在执行方法上占有什么比例都有自己的见解,对法定主义跟意思自由主义都有自己的立场。我相信同学们也会有很多的疑问或者有需要探讨的地方,还有大概一刻钟的时间开放给大家提问。请每位提问的同学注意时间以及每个提问人不能超过两个问题。下面开始。声音大一点,因为没有话筒。

学生 A:老师好,从董事的常规义务实际上没有得到遵守,但又没法解释这个问题出发,我们看到这样一个结论:就是说董事义务用合同来规定的这种重复强制,有两种情况:一个就是说对于那种空洞性的强制有必要加以补充,就是通过合同的形式;二就是对于这种非空洞性的强制自身,重复宣示,也提到完全必要,就是用到现实中的这种强制可能就是基于你刚才提到的包括文化传统、文化层次、理念、成本的考虑,可能发挥更多的作用。我的问题就是,通过合同来体现董事义务,具体来说通过这个董事服务合同来实现董事义务,这是强制性义务的一个重复强制。合同的作用更多的应针对哪类强制性规范?是更多地应针对那些非空洞的强制,还是更多地应针对那些空洞的强制,比如说诚信义务这样一种义务,它需要合同来加以具体化、加以补充,你觉得哪一种更多一点?哪一种能使得董事服务合同存在的理由更强一点?今天碰巧看到一个董事服务合同,可能没有看到比如说第 149 条所说的董事不能随便用公司名义给他人提供担保,它上面涉及更多的是董事激励,激励他一年达到一定程度能拿百分之一的奖金,或者他自己以及自己的亲戚不能担任财务总监这样的问题,对这个问题,我就是有不太明白的地方。

蒋大兴老师: 非常感谢这位同学的提问,也很感谢薛老师的评论和问题。我想这是两个问题,我先回答第一个问题,就是刚才薛老师提到的,谁代表公司来签订董事服务合同?事实上,董事服务合同一般来说是董事本身和公司签订的,谁代表公司来签订呢?公司董事的改选,有时候可能是全盘改选,也可能是交错任职,那么,如果公司董事长还在任,可能是由公司董事长或者是其他所谓法定代表人来代表公司签署。如果签署者和公司本身存在冲突,比如法定代表人自己也是董事,显然他不能代表公司来签这个合同,这种情况下其他的董事(甚至也可以用公司章程事先规定某一主体)代表公司签合同,这些我认为都是可以的。这是一个技术问题。

第二个问题呢,就是说董事服务合同对于执行空洞性的董事义务方面的意义更大一些,还是在非空洞的董事义务的执行上意义会更大一些?我觉得,其实很难去解释到底哪一个更有意义,这是没法解释和量化衡量的。针对空洞性的董事义务,其实可以通过公司章程来补充。现实生活中更多的是以公司章程,用公司章程的这种方式去将公司董事的义务具体化。我今天主要讲的是第二个环节的问题,是指在已有法定强制的情况下,法定义务的合同化会使董事义务的执行、履行更有效,我主要从这个角度去理解董事服务合同的意义。

我相信你看到过那样的董事服务合同,我也看到过一些董事服务合同的范本。比如说,网上有的范本就是直接将所有的《公司法》第 148

条、149条的义务完全罗列进去。其实我觉得在现实生活当中,董事服务合同也可以用简单的形式来操作。例如,类似于认证的方式,将有关内容罗列好,让董事直接签字。你所提出的事例,实际上是解释了另外一个问题——就是说在董事服务合同中如果有权利条款,它可以解决我们提到但没有具体讲的问题,它可以解决我们现在董事"义务劳务"的问题。现在公司董事义务劳务的现象很多,很多(不是全部)公司的董事是义务劳动者,这导致了董事被认为是一个不重要的头衔。我曾经接触过一些公司,我发现它们的董事在名片上不写自己是公司董事。有一个人,他是公司研究部副总经理,同时也是公司董事,而且公司还是纳斯达克上市的,但他在名片上不写他是公司董事。我一问,他认为那是虚的。在浙江调研的时候,有家公司的总经理告诉我,他们公司的董事长是他朋友担任的,是虚的、不管事,公司真正有权力的是总经理,那个董事长也不在公司拿佣金,实际上空有这种形式。如果在董事服务合同中除了强调义务以外,再强化一下董事的权利,可能会使董事职位的这种虚化现象得到一定的改观,变得更好一些。

学生 B:当然我们非常赞同这种文化解说。我也想问一个问题,通过建立董事服务合同,实际上就是在董事和公司之间建立一种合同机制,用合同机制来明确这种权利义务;但是我们现在公司法只是一种条款,也就是说,第148和149条如果被违反的话,如果公司起诉他,一般来说是一个侵权之诉,如果签订合同而违反的话,可能更多的是合同之诉。在这两种情形下,法律责任的追究方面是不是存在差异?

蒋大兴老师:这是一个特别大的问题。如果按照公司法来解释,那么对违反法定义务的董事之诉是一个侵权之诉;按照合同法来解释,假如他们之间有一个合同,尤其是又扩张了法定义务的那部分,如果违反了,那它显然就是一个违约之诉。我觉得对这个对公司来说,实际上是竞合违法,它得衡量选择哪种诉讼对公司最为有利,或者赔偿更多,或者更容易举证,我觉得有了合同,多了一个选择,这个好像并不是什么坏事。

学生 B:关键这里有一个你提到过的,就是通过这样一个合同机制来加强董事责任,或者加强他的义务,但是我们公司法提供的其实也是一种标准合同。从法律精神角度来讲,我们私人、董事和公司再签订这种合同只能是强化这个合同义务,我刚才的这个提问实际上是,能不能在特定条件下,弱化这个公司法上的标准合同所涉及的权利、义务?

蒋老师:好,我明白了你的意思。如果我们假定《公司法》第148条、149条的这个规定是强制性规定,实际上也就解释了它是一个合同的底线。应该说你可以在董事服务合同中作更严格的规范,但不能做更下游的放宽——如果可以这样的话,我想我今天就是一个"罪人",实际上就是通过我这样的一个判断(解释),把法定的强制性义务全部消解了。这不是我的意思。

学生 B:老师,我就是想说一下自己的观点。因为你刚才说到的问题主要是说国外,还有香港,他们都有自己的"白纸黑字",单独从这个角度来理解的话,我觉得不能构成一个问题。你今天所说的应该主要是针对我们现行国内很多董事滥用职权、违背公司信用以及投资商的信用的问题,我感觉意义不是那么大。你说强化,我觉得强化很小,因为现实生活中公司还有别的规定,还有章程。我认为,章程里有董事义务的各个方面。一般董事滥用职权更多的是出于一种公司法的结构,董事间的监督机制缺乏,还有就是有什么样的股东。股东会的监督权就是一种"白纸黑字"的合同,我们从中理解的话,可以说它也是一种合同,就跟契约一样的。

现实生活中,比如说,我们不会去签那个"白纸黑字"的合同,但我们可以有目地自己去写,去理解,而不像你刚刚所强调的是要用一种统一的格式。刚刚那个老师也说了,技术上的确是个问题,还说意义上好像没有那么大。可能我的理解就是,问题价值可能不是你刚刚说的那么大,因为主要解决的问题是董事滥用职权,而不是说一个问题是我们国家没有外国有,是不是?

蒋老师:我想有这么个机会沟通也是非常好的,并不是反对通过法定的强制来对董事义务做出安排;当然,我也不是说如果有这个董事服务合同后,董事义务不能得到履行的问题就完全解决了。其实我想解释的就是,通过董事服务合同可以在一定程度上去促进我们强制性义务的落实,或者说将这种强制规则现实化。

当然,这样一种判断,在不同公司也可能产生不同效果。对有些公司的董事,可能这么一个机制对他非常有效,就像我在网上调查的一样;但有的公司董事,他可能明明知道哪怕我签了字,我都要干违法的事情,那么这个机制对他就没有意义,合同机制对他也没有意义。但是,这种合同机制对某些公司没有意义,并不意味着这个问题是没有意义的,也并不意味着这种解决问题的方法是没有意义的。因为,我们说任何解决方法都不能解决你想解决的一切问题。它可能只能解决一些问题,那么,它就有意义。其实,我的逻辑也并不简单的是因为这个:国外有,我们就得有;国外有,所以我们要有。我觉得你恰好忽略了中间最为重要的一个概念:中国为什么需要?我想解释的就是,中国的文化背景说明中国需要这种东西。

学生C:你刚才提到的问题,现在签订"白纸黑字"合同对于我们董事义务的理解会有很大帮助,也会造成民间有很多纠纷。比如说,如果朋友借钱的话不可能签这种合同,每个人都有理性的判断。如果我借钱给一个朋友,这个钱要达到一定量时,我才会签合同,这是一个真实的问题。从公司法角度来说,董事义务应该是有法律约定的。如果是董事的话,你应该知道你的决策,如果连有什么决策、权利和义务都不知道,要通过签订一个合同才知道的话,我觉得这里面的逻辑好像不能自圆其说。你必须通过合同安排的话,那只有安排的人才知道,没有合同我就不知道我要干什么?那我有什么义务呢?所以这里面的逻辑是不通的,不知道我的理解是不是正确?

蒋老师:我很感谢你的问题。你是站在一个应当的场面去解释,我是在一个理解的基础上去寻找解决问题的方法。如果你去接触一些公司的话,包括我们现在还算比较大的一些上市公司,你就会更理解问题的答案。这些公司有很多一开始(其实,所有公司,包括国外的都这样)大多有不可告人的发家史,但它们一旦成长起来后,它们也都希望规范运作,但有些公司就是不知道该怎么去规范。也就是说,他作为董事应该了解法律,但他的确是不了解,这种状况在很大范围内是存在的。所以,我觉得采取这样一种合同的做法,让他自己签个字,意识到自己有什么责任。这对有道德感的或者说道德感相对较强的董事而言,是有意义的;但如果说你是摆明了明知故犯,是一定要违法的,你再怎么强制他可能也没什么意义,即使违法就处死,可能也不一定有意义。就像我说的"死猪不怕开水烫",这种合同机制在这个群体里当然也是没有意义的。

主持人:其实,如果你们刚才认真看的话,蒋老师有个符号提醒的说法。我刚才在听讲的时候,把这种董事服务合同,就是把董事义务这种契约化的功能解释成个性化的处方。这里面有个问题就是提醒功能,但提醒功能里面也有个问题,就是你在这个公司章程里面已经重复提醒,但是章程你开完会回到家肯定不看,但如果有你亲自签字的,OK,具体问题可能就解决了⋯⋯

蒋老师:我们现在很多董事都没有看过公司章程,但如果是一个比较简要的合同,把义务放进去一眼就能看过去,我觉得可能要更容易刺激他了解自己的法定义务。

学生 D:老师,你好,刚刚说到《公司法》,既然是《公司法》,就应该尊重私法自治,最大限度地强调合同当事人之间的一种自治。但蒋老师后来说,公司法修改时,应该规定董事跟公司要签订董事服务合同。我想说,这个强制实际上就是加强了国家权力对私人权利的一种干预。我在想,如果做这样一个规定的话,尤其是对那些很小的公司而言,是不是谈判的成本会提高?你如果使用今天这个合同,它的谈判成本就会很高,实际上可能在现实生活中会不太容易做到。我在想,现实生活中既然没有、大部分公司不签这个合同,肯定还是有一定的合理性的,谢谢。

蒋老师:我觉得你的问题产生了一个误会,你以为我们走到了《公司法》的自由主义时代,但其实我们远远没有走到这个阶段。如果你有兴趣,对《公司法》条文做一些比较,你就可以发现我们现在面对的仍然是一个强制性规范居主导地位的《公司法》。我们只是相比于旧《公司法》,强制性的参与削减了,这是第一点。

第二点,我们说在公司法中尊重公司自治、尊重股东,并不意味着我们不可以在法律中增加强制性的安排。其实,就董事义务来看,新法的规定更主要的是强化了。所以,增加董事与公司签订服务合同这样一个义务性要求,我觉得不能说它抵抗了我们公司法改革的这样一种基本立场。

那么,在现实生活中,会不会产生谈判上的困难、谈判上成本的提高?我觉得谈判是很多同学出去后都要做的一个重要工作。那么,你们以后介入公司事务,给你们提供更多的机会未尝不好,而且这样的机会会使我们的公司更规范,公司又没有因此而遭受什么太多的损害。再说,对于合同谈判会增加多少成本,在我看来,不会像我们想象的那么高。

学生 E:刚才蒋老师回答了这位同学和那位同学讲的两个问题,其实是因为我自己没想到这个问题意义这么大。但我觉得这位同学他是在讲,只想给他施加一种心理强制,效果我觉得很难说。其实是大家想把你这种方法应用,并寄希望于它能改善现有的公司制度不能解决的问题。在国外可能会通过判例来累积经验,但我们现在很模糊,如果你把法律照抄一遍的话,他看得太多,这东西意义不大的。所以,我觉得蒋老师应该给大家说说你如何去具体化这个问题?董事服务合同会不会消解传统的契约制度?因为,契约法可能只关注契约当事方,在董事服务合同中,当事人除了股东和董事之外还纳入了第三方。那么,是怎么在传统的契约法结构下,把第三方给纳入进来?蒋老师刚才提到董事服务合同有公开的一面,能不能扩展一下?我想问问在这个问题上还有没有什么作支撑物的研究?

蒋老师:谢谢。这个问题非常好。当然,如果我认为董事服务合同这个问题没有太大意义,我不会花这么多精力去研究。这只是一个来自实践的理性判断。有时,我们的生活实践会影响一个判断。至于董事服务合同具体在生活实践中会是什么样子,它到底能产生多大的意义,我也真的不知道。我想如果有,可能只能等以后来看。这种合同方式对传统的契约法结构的消解,以及在公开化方面的影响,我会再对它进行研究,目前我所做的都已向大家报告了,以后如果有了进一步研究,我们还可以探讨。

主持人:好了,最后两个问题吧!

学生 F:董事服务合同是用来做什么的呢?在公司里起着什么作用?

蒋老师:这个问题很重要。刚才我们也提到类似问题,我们希望董事服务合同干什么,到底希望用它来做什么?其实这里面应该有两个内容:

一个是董事基于被聘为董事签订的董事职位合同;还有一个就是董事的具体工作目标,是基于完成其工作任务或者各项工作目标而达成的协议。我今天主要谈的就是第一个方面的问题,就是基于董事职位,他应该达成一个什么目标？当然,也包括你所提到的公司利益的考量,这是一个核心问题。至于董事在他的具体工作中的那些工作任务、工作目标,能不能在这个董事服务合同签订时把它们包括进去,我觉得恐怕不是太难,它应该是一个合同中义务的扩张减少的问题。

主持人:好,最后一个问题。
同学 G:董事和普通劳动者的区别是什么？他们在报酬取得上有什么不同？
蒋老师:我认为,董事可以是一个劳动者,但董事和普通劳动者的区别是简单和明显的。如果我们理解脑力劳动或者说智力劳动者或者说管理型服务也是一种劳动,当然董事在提供管理服务时也是一个劳动者,但是因为他同时具有董事职务,所以在具体的合同权利和条款上,要将他作为一般劳动者的角色和作为董事的角色区分开来。当然,这不妨碍一些国家的劳动法,对劳动者的定义做特别选择和安排。

至于他们的区别,我觉得是否可以考虑这样一些问题,比方说就报酬来讲,如果董事也是劳动者,以董事身份获取报酬时,就应当将他与一般劳动者分开,给他另外一份报酬。但是,基于一般劳动者应当享有的一些基本福利待遇,他应该是一样的,比方说社会保险等,作为职工应该有的个人保险,不能因为他是董事就没有了或者减少了。也就是说,在一些基本的劳动待遇方面他应该和其他劳动者是一样的。如果董事同时是一个雇员,那么在一些基于董事职位要有报酬的单位,包括上面谈到的一些期权等规定的报酬性待遇,肯定跟劳动者的区别是比较大的。

当然,尽管董事多半时候是以集体的方式行动(劳动),集体这种方式其实就是他们提供服务或劳动的一种形态而已。普通的劳动者,也可能有这种情况,只是在不同的场所解决不同的问题而已。我们这个单位,或者说我们这个小团队、我们这个设计小组,其实也是这样。你要共同解决一些问题,有反对的,也有赞同的,最后也能拿出一个决定。这个实际上和董事会决议没有什么本质性差异。可能对于董事来说,在权利方面除了有些管理权是法定的,还有相对自由一些。在报酬权方面和一般劳动者相比较,他可能享受更多公司利益。不过,劳动者也可能和公司利益挂钩。但总的来说,我觉得二者在报酬方面的差距是很明显的。

主持人:由于时间原因,我们今天的讲座就到此结束了,请大家在关注我们老师所研究的智力成果、功能构造以外,还要学习他这种法学方法论。最后我们以掌声再次感谢两位老师。

(2008 年 5 月 22 日)

从地震的视角审视中国的崛起

朱 锋

[演讲者小传]

朱锋,国际政治学博士。现任北京大学国际关系学院国际政治系教授、博士生导师,国际安全研究项目主任,中央电视台一套、四套等新闻频道特约评论员,中国日报网站特约评论员。长期从事国际关系的教学与研究工作,主要研究领域为:现代国际关系史、国际关系理论比较研究、西方国际关系理论评介、人权与国际关系等。著有《人权与国际关系》、《导弹防御计划与国际安全》、《风云2001》等专著。发表《国家认同、国际意识与未来中国的发展》、《"非传统安全"呼唤人类共同体意识》等重要文章。

我今天要向大家汇报我最新的研究心得和感触,主要跟大家讲三个问题。

第一个问题是,2008年对中国外交意味着什么,我们应该如何看待中国在2008年所面临的外交局势。

对于中国来说,今年是苦难和光荣共存的一年:下一场雪把路阻塞了;火车出轨不要紧还撞车了;传递火炬差点被人抢了;紧接着又有汶川大地震。三四月份对于中国外交来说是充满风险和挑战的时间段,尤其是3月14号的西藏事件对于中国的影响。西藏事件实质上是西藏分裂主义势力对中国主权和领土完整的践踏,我们绝对不能接受。但是主流的西方媒体却认为西藏本来就应该是一个所谓的独立国家,中国占领西藏是强权的做法,批评中国在西藏实行严格的宗教限制,并且把达赖喇嘛塑造成和平主义的世界精神领袖的身份,使其在西方获得广泛的同情,不仅认为中国应该无条件与达赖谈判,还妄想达成西藏独立的最终目的。

西藏事件之后，整个西方国家利用西藏问题对中国发难，除抹黑中国之外，另外对中国制造的压力就是把它和奥运挂钩。奥运本来是一场体育盛事，中国今年主办奥运，对世界充满善意，我们认为奥运不仅是沟通世界的桥梁，更重要的是可以向世界展示一个负责任的大国的姿态，为世界的和平与繁荣提供巨大的机会。但是在西方的语境中，他们认为中国主办奥运是为了加强集权统治，是为了提升中国共产党领导的合法性基础。在他们看来，2008年奥运会是中国的一场政治秀，是宣传机器为达到某个集团利益而进行的游戏。在火炬传递过程中，从巴黎到旧金山，各国政要纷纷出面表示不仅要制裁中国奥运，还扬言要利用火炬传递的过程给中国颜色看。这样一种把政治与奥运挂钩的做法，不仅代表西方对中国意识形态的攻势达到了一个新的高潮，事实上也大大恶化了中国与西方的关系。

如果我们仔细关注西方媒体在三四月份对中国的反应，我们大概可以观察到三股反华逆流：一个是整个西方媒体根据西藏事件对中国发难，不仅妖魔化中国，而且不惜歪曲事实掩盖真相，利用西方媒体传播的话语权，向世界发起新的反华浪潮。第二个主要体现在西方政府对中国提出了无理的政治要求，包括美国众议院的佩洛西，在她的积极推动下，美国国会在4月28号通过了所谓的西藏问题法案，要求中国不仅要无条件与达赖谈判，而且要求谈判过程接受国际核查，甚至中国的整个西藏问题要由西方任命的西藏特使全程干预。除此之外，欧洲议会也通过了类似的法案，在西藏问题上强调中国无人权、不自由的基本状态，强调达赖西藏自治提法的合法性，而且要将西藏问题变成一个国际问题来干预。西藏问题中的矛盾升级带来了中西方之间新的危机，不仅是外交问题，而且是涉及西藏主权和中国改革开放形象问题的一场斗争。第三股反华逆流体现在西方社会和民众对中国的看法和态度出现了严重的倒退。中国和欧洲是一种战略伙伴关系，不仅需要提升双方在政治、经济等各个领域的合作，而且中国和欧洲战略关系的加强给世界的政治格局带来更有建设性的平衡和制衡的因素，因而从2003年伊拉克战争之后，中欧关系有了很大发展，比如中法互相举办友好年。对于欧洲来说，中国不仅提供了重要的机会，而且是重要的市场。但是到了2008年4月15号，新的民意调查揭示了欧洲社会对中国的看法。美国的一个社会调查公司在欧洲的19

个国家进行民意调查，向他们提出的问题是，在他们看来，目前世界上哪一个国家最具有威胁性，居然有81%的受访民众回答是中国。同时，这个社会调查公司从2004年到2006年同样在欧洲的19个国家，做过有关欧洲人对中国观念的调查，在那三年间，欧洲人对中国是最有好感的。在2004年，有58%的受访民众认为中国是一个友好的、前途光明的国家，到2006年这一指标达到了66%。而作为美国盟国的英国，在2006年对中国拥有好感的民众达到了62%，远远超过对美国31%的好感度。那么在2006年之后中国到底做了什么，让西方对中国产生如此强烈的排斥感，让西方社会把我们从一个友好的国家看成一个具有威胁的国家？实际上过去我们什么也没做，既没有挑起事端，也没有威胁任何邻国。相反，我们做了一系列努力以积极提高中国的大国责任：比如中国积极参与联合国维和部队，向其中派遣的人数从原来的第18位上升到第11位；我们原本是世界第四大对外援助国，在2007年5月份我们成为世界最大的对发展中国家的援助国；近几年中欧的经济贸易在不断增长，中国是欧盟最大的贸易伙伴。那么，是什么因素应该为欧洲人在中国观念上的巨大转型负责呢？这些都是引人深思的问题。

我们可以看到，在今年三四月份短短的时间内，中国和欧洲的关系发生了重大的变化：曾经我们是重要的战略伙伴，欧洲曾在伊拉克战争之后考虑解除对中国的军售禁令。而今天，欧洲人恰恰把他们的怨气、不满和对未来的恐惧对准了中国。这种关系的重大起伏给我们带来了巨大的压力。

第二，我要对大家讲的是，分析欧洲对中国态度转变的原因。

过去两年我们没有做什么影响自身形象的事情，我们在不断地提升大国责任，在不断地促进中国的外交理念，与世界进一步合作与衔接。我们提倡的和谐世界，是指不管世界存在多大差异，不管今天的中国面临怎样的百年巨变和历史悲痛，作为一个崛起的中国，我们都愿意积极地拥抱和参与世界及世界事务的一切进程，我们愿意成为国际社会一个良好的合作者、善意的投入者，中国崛起对于世界来说是一个繁荣、和平的机遇。我们做了很多应该做的事情，也不惜委曲求全迎合西方世界在中国问题上的基本要求，我们不断地增强大国责任。那么，我们为什么还会受到如此无礼、蛮横，甚至罔顾中国人民尊严，不顾基本事实真相的扭曲、抹黑和妖魔化呢？

我认为有三个方面的原因。

第一个很重要的方面是，中国的崛起过程是一个权力结构重组、游戏规则改写、世界的财富分配重新进行的巨大过程。在这样一个涉及多方面问题的过程中，当发生重大改变的时候，我们现有的游戏规则和财富体系中占有主导地位的西方国家跟我们的感觉是完全不一样的，尽管美国和欧洲表示不遏制中国，接受中国崛起的事实，并且愿意在中国崛起的过程中帮助推动中国的现代化，但是它们心里的感觉确实很不舒服。我们可以举两个例子。中国是世界上最大的出口国，为了生产这些出口的产品，不得不进口很多原材料，如铁矿石、原油等。我们的铁矿石进口量占全世界铁矿石贸易总额的75%，铜矿石占交易总量的55%，世界每年交易的铝、铜、锌等40%都是被中国买走，另外目前我国已经成为世界第二大石油消费国、世界第三大石油进口国，对国际石油市场的依赖达到44%，并且不断增长。因而在欧洲国家看来，中国进入非洲不是为了援助非洲，而是为了自己的资源利益——石油、铜、铁等。实际上非洲确实利用自身的自然资源条件换取资金来发展和建设自己，因而中国与非洲是相互合作的互利关系，而且中国模式的扩张为非洲国家注入了在西方国家那里学不到的第三世界动力因素。利用政治和外交手段获得自己需要的必要的战略资源和能源，是世界所有大国都在玩的把戏，而且在历史上西方国家为了获得自己想要的资源采取过更为残酷、极端的例子。第二个例子就是苏丹。苏丹巴沙尔政府为了平复南方达尔富尔省地方武装的叛乱，采取了高压镇压的手段。因为巴沙尔是一个强烈的反美主义政权，所以他在达尔富尔的镇压行动引起了美国很多不满，联合国在过去三年中已经四次威胁要通过针对苏丹政府的制裁决议，认为苏丹政府在达尔富尔进行了种族屠杀。中国是最早向达尔富尔派遣维和部队的国家，在中国的积极斡旋下，苏丹的局势得到很大改善，但是在西方人眼中却变成了中国在维护和纵容苏丹政府的血腥做法。中国利用外交手段获得苏丹的石油支持，不仅符合中国的需要，而且也是在国际关系中做了我们应该做的。苏丹是非洲第二大产油国，其石油产量的一部分炼成份额油卖给了中国。所谓份额油指的是价格不随市场波动的石油，这就意味着我们可以长期以比较低廉并免于市场风险的价格来获得石油。当我们从苏丹购买了一部分石油的时候,苏丹政府也从我们这里获取了政治回报,这就是正常的国际关系。远的不说,2003年美国发动的伊拉克战争不就是为了石油吗?难道美国和欧洲只许州官放火,不许百姓点灯?我们只是去了他们不想去的地方寻求资源。整个苏丹的石油开采情况非常恶劣,成本高昂。作为一场国际政治权力游戏,我们并没有应该羞愧的地方,相反,我们在政治权力斗争中注入了道义因素。但是西方媒体却把中国在非洲的整个活动称为中国的"新殖民主义",说中国是杀人犯背后的帮凶,他们完全忘记了自己的成长历史,不论是非,犯了历史的健忘症,认为中国将威胁他们的利益。在达尔富尔事件上,中国并没有做错,也完全没必要向西方妥协。随着中国的崛起,世界的利益分配和游戏规则发生改变时,我们不可能希望国际社会对我们"温良恭俭让",它们只会露出狰狞的面目。原因很简单,在人类的社会生活中,权力的本质永远是自私的,所以三四月份中西方的冲突只是告诉了我们一个真理:我们能否成为一个国际社会中的模范生,我们能否担起一个大国的责任,我们能否改善自己的形象,本质并不取决于我们做什么、该怎么做,而是取决于谁来掌控话语,谁来解读标准,谁来制定解释责任的基本条款。这是中西方冲突的最重要本质。

中西方冲突的第二个原因就是今天的欧洲政治是一个没有政治家的政治。现在的欧洲政治已经进入了我称之为"萨科齐-默克尔"时代,我们来看一看今天欧洲政治中的主要领袖。萨科齐这个人,他当总统的一年中,大部分时间花在离婚、拍拖、结婚、跟记者吵架以及国事访问上。尼罗河下游有一个很有名的城市叫卢克索,那里是帝王谷的所在地,即古埃及中王国和新王国的法老陵墓所在地。卢克索有一家英国殖民时期建造的非常有名的酒店叫东宫,萨科齐到开罗国事访问待了两天,在东宫住了三天。今天的萨科齐已经不是法国的希拉克,他对中国和中国的战略价值,对整个中欧关系根本没有自己真正的战略眼光和透视力,所以在他眼中,中国只是一种政治资源,当他想笼络选民的时候,就会努力地敲打中国。另一个政治家,英国首相布朗,看起来挺憨厚,但是他所领导的保守党在英国处于比较弱势的地位,为了振兴保守党在选民心中的地位,就需要不断地破坏中英关系,让选民们感觉到保守党在说他们想说的话,那就是达赖、西藏问题、中国的人权等,所以貌似忠厚的布朗首相本身对英的政治只具有很少的管理能力，更不用说中英关系。我们再来看一位欧洲主要国家的政治人物——德国总理默克尔。我们都知道，默克尔成长于东德，后来以老师为职，她最终在政坛获胜不是因为她的政治才干，而是她给德国民众带来了勇于改变和创新的形象，这一形象来自于默克尔经常标榜的"德国架势"，即德国要做国际人权、生态和环境保护的领袖，她就是靠这样的选举口号上台的，并且以这个简单的口号作为德中关系的标准。在萨科齐、默克尔之前，那时的欧洲，主要国家的政治人物是法国总理希拉克、德国总理施罗德、英国首相布莱尔，这三个人所组成的"希拉克-施罗德时代"是欧洲真正有政治眼光的政治家执政的时代，所以希拉克可以同中国合作一起推动全球化，而萨科齐上台之后急于向美国表白，第一个访问美国，修复与美国的关系。所以当今，在欧洲政治已经没有政治家的情况下，所谓的中国价值，所谓的正确理解中国的方式也随之崩溃。在今天的欧洲政治中，我们所能够听到看到的，只能是对中国的批评、杂音、扭曲和抹黑。

从某种程度上来说，欧洲政治比美国落后了20年。看看三四月份美国的表现，尽管美国是中国的最大威胁，但是它也有成熟的一面。从美国的个性到理念，有两个基本的文化因素比较有利于促成中美的稳定关系。第一个是美国实用主义的生活哲学，对美国人来说，中国是另类，是战略的竞争者，但同时毫无疑问，中国也是一个成功者，而且一个繁荣发展的中国也为这个世纪美国的全球优势提供了新的机会。举两个简单的例子。当今世界有64亿人口，整个西方包括美国在内的人口呈下降趋势，总数加起来是10亿左右，这10亿人掌控着世界82%的财富，成为今天所谓的自由理念的最积极的倡导者。现在有一个崛起的中国，拥有13亿人，台湾地区还有2300万人没算进去。毫无疑问，如果中国以后选择跟西方在一起，那么西方就可以继续它所谓普世的价值；如果我们选择跟其他的人民在一起，未来西方的地位将会动摇。这就是中国的力量。所以，污蔑、诋毁中国的行为从长远来看都是不明智的。美国的功利主义哲学尊重、接受成功者，无论是谁。中美关系现在有一个新的措施叫"利益相关者"，一方面这表明了美国对中国价值的认识和接受，另一方面，权力的本质是自私的，美国人最害怕的《孙子兵法》，其核心就是"兵不厌诈"，所以美国对中国的经济政治实行接触政策，战略上实行看管政策。在这样一种政策环境之下,中国崛起仅仅是产生了权力变化,还没有发生真正的权力转移。举例来说,2007年中国的国民生产总值大概是3.8万亿美元,相当于美国的1/4多一些。如果是30年前,这个比值只有8%,这种发展带来的是权力变化。再给中国20年呢?如果这20年间,中国经济翻两番,能够达到美国GDP的70%,那时候中国和美国就是一个水平了,就会发生真正的权力转移。现在国际上有不少舆论认为中国将会是下一个超级大国。所以,美国一方面接受一个成功的中国,另一方面,既然中国是一个成功的国家,就要采取措施,既接触中国又要看管中国。在美国的中国战略中,西藏问题是处于怎样的一个位置呢?西藏问题只是一个"小土豆"。西藏问题本来不是一个问题。1959年就有西藏问题,当年的CIA为了反共需要向达赖和"藏独"提供秘密资金,训练军事人员,所以就有了60年代的唐八骑兵,直到1974年CIA才停止这项支援。所以,对今天的美国来讲,根本没必要挑战中国对西藏的主权,而且对于中美的全球战略关系来说,西藏问题只是极其不重要的或者根本就不是问题。美国不愿意因为西藏问题跟中国重新建立火线对峙,而且在当今的国际形势下,美国也不认为西藏问题可以成为制衡中国的重要筹码。因此我们可以看到,三四月份美国与欧洲的态度形成了绝对性的反差:在欧洲的政治家喋喋不休地以所谓绝对道义的原则抱怨中国的西藏政策的时候,美国也说希望中共与达赖对话,但是并没有什么行动,包括今年的美国总统大选,三位总统候选人为了拉拢选民的需要建议布什抵制北京奥运会的时候,布什跟他们说了两段话,一段话是"我做什么你们不要插嘴",另一段话是"去北京,有勇气的才去,你们敢去吗?"所以布什和赖斯很清楚,西藏不是一个问题,美国在三四月份中西方的外交政治当中,扮演了一个实在者的角色。美国和欧洲的巨大反差并不表示美国对中国很友好,只能说明美国的对中政策很成熟。小布什还有半年多就下台了,很多中国人不喜欢他,但是在中国政府看来,小布什很可爱。除了对西藏问题美国的基本政策没有起伏之外,小布什执政的八年间,他是1972年尼克松总统访华以来反对"藏独"、反对"台独"声音最坚定的总统。目前的中美关系,必定是最复杂、最具有未来冲突性的关系,但是另外一方面,中美关系经过多年的风风雨雨,恰恰是大国关系中最稳定、最成熟的一个。

第三个原因,很简单,就是不管中国如何崛起,欧洲人对于世界格局的欧洲中心主义,欧洲人的文明、文化中心主义永远不会变,远远没有结束。欧洲可以接受中国,可以和中国建立战略伙伴关系,但是中国对于他们永远是一个异类,他们对待中国问题是采取民主的原教旨主义,所以不管是西藏问题还是其他什么,事实不重要、真理不重要,重要的是欧洲是民主国家,而中国是非民主国家,所以中国就是坏的,所以在西藏问题上不讲道理。西方人文化和文明的优越感要引起我们密切的关注和警惕。莎朗斯通评论说汶川大地震是中国的报应,这并不是说她脑子短路了,也不能说明她的本质就是坏的,很简单:在评论中国事件的时候,不管中国有多大的灾难,她不需要遵守道德底线。她的这些话能够在戛纳直接对媒体说出来,就是一种根深蒂固的西方文化中心的表现,在西方具有普遍性。从这个意义上说,中西方的矛盾和冲突还会继续下去。

下面跟大家讲解第三个问题:地震对 2008 年的中国意味着什么?对中国与世界的关系带来了怎样的影响?

地震是中华民族巨大的灾难,从 5 月 19 号到 21 号举国哀悼,直到现在,抗震救灾的艰巨任务还远远没有完成。但是中国有句古话:天行健,君子以自强不息。就是说,当出现问题的时候,不仅中华民族需要众志成城万众一心,另外,突发的危机事件就像一面镜子,它可以照射出一个国家的政府和人民基本的活力状态。这次的大地震,使我们国家在三个方面展现出了让世界惊讶的地方。

第一,中国政府迅速、果断、高效的危机反应机制和反应能力。

从大规模的军队动员,到整个信息透明的 24 小时跟踪报道,到总理在事件发生后 2 个小时立刻亲自赶赴灾区,到半个国务院搬到四川去办公,我们向世界展示了什么是中国人的危机处置和反应能力,什么是中国政府政策中人性的基本原则和内涵。平时我们可以对中国政府的很多做法提出批评,可以对中国常态下的现实有不满意,但是在关键时刻,政府不顾一切做出了快速反应,军队迅速大规模集结开赴灾区。这一次的危机处理在我看来,不仅是中国政府,而且是整个中国现有的管理机制具有巨大的生命力。

第二,这次地震促成了中国人集体意识的一次新的顿悟。

我们平时总说中国人变得越来越物质主义,80 后的一代越来越欠缺爱国心。但是这次大地震,让我感觉到中国人的爱国和民族责任感是一种文化,一种血液,一种传承,不需要去组织动员,我们自发的就高涨起来了,80后的一代也并不匮乏爱国的激情和责任感。最重要的是,它带来了整个中华民族集体意识的顿悟,在紧急关头,我们可以战胜平时人与人之间的冷漠,可以忘却平时人与人之间的防范,完全可以为陌生人献出我们自己的爱心,献出自己报效祖国的热情。这一次的团结表明了中国的社会志气,我们一直在说大国崛起,说的是经济的发达、军事的保障、科技的进步,还要有社会力量的崛起、民族精神的崛起,一个国家民族士气、凝聚力的崛起。在政治理论中,国家和社会是相互联系而又独立存在的,对于西方国家来说,一个开放的、独立的、有责任感的市民社会,不仅是民主、自由、法治的国家政治体制的根本保障,最重要的是一个国家生命力强大的必要基础。我们欠缺的就是一个强大的公民社会。在以前计划经济时代的中国,国家掌控一切,没有个人的私有空间,而改革开放的30年就是国家和社会分离的30年,从原本的国家掌控社会变成社会力量越来越强大。而最近发生的事件,地震也好,三四月份的事件也好,全球华人牵手护圣火也好,MSN上的红心护中国也好,在网站上表达中国人的独立思考也好,我看到了一个崛起的中国公民社会,这是我们拥有美好未来的真正希望。所以,这次的地震、2008这个年份,都是一个历史性的转折。

第三,政府的行政程序和机制出现了变化。

我们在以前的计划经济时代从来不要求也不接受国际援助,很多信息是封闭和控制的,但是这一次,我们完全放开,愿意接受援助,也同意外界的监督,整个政府的程序和机制都在升级,中国在加速转型,这是地震给我们传递的第三个重要信息。

地震中和地震后中国人积极、团结、果断、坚强、人性的表现,对中国和世界的关系带来了四个方面积极的变化。

第一,把中国人民族精神和民族性格中的坚韧、协作和爱国的一面淋漓尽致地展现给了世界,所以那些最挑剔的西方媒体也感觉到了抗震救灾中来自中国的感动,感觉到了中华民族力量的强大。这一次地震会使得西方真正意识到,中国人不能被藐视,中国不可被妖魔化。法国和英国大概各自有五六千万人口,如果有1%的英国人或法国人走上街头,这就可以形成一个全国性的事件,但是如果1%的中国人走上街头,那就是

1300万人口,足可以形成一个国际性事件。中国的力量不仅仅在于中国人多,改革开放30年来,中国人已经被充分地动员,据报道,今年博士毕业的学生数目第一次超过美国。当中国人都被动员起来,拥有了知识,能够自己寻找接触资源和信息的渠道,中国人就是巨大的力量,只要这种社会力量的1%拥有同样的思想、同样的价值、同样的追求、同样的行动,那就足以形成影响世界的力量。还有一点也不容忽视,目前中国不仅是世界上最大的出口国,也是世界第二大的消费市场,所以当社会力量崛起的时候,中国的人的因素被放大,没有一个国家愿意失去一个13亿人的市场,没有一个国家愿意与13亿人为敌。传统西方的政治言论在解释中国的时候,是把政府和人民分割开来的,他们总是对中国人民充满了同情。对于中国人民的爱国主义和民族主义,传统的西方言论解释有两条:一个是说因为中国人都被政府洗脑了;另一个是说中国政府有意地组织和操纵中国民众的民族主义情绪和活动。现在还有了第三种解释,针对那些在海外受到多年良好教育的华人的爱国情怀提出的解释——因为这些人为了以后回国升官发财。这次的大地震和三四月份的系列事件中中国人的表现,使得西方传统的政治话语、那些让他们在中国问题上保持自己的道德优势的话语不攻自破。因为80后的一代有自己的思想,那些爱国行动的背后并没有政府的操纵。迄今为止,四川地震已经有20万志愿者自愿前往,最让我感动的是山东日照的几位农民,他们没有钱可以捐,于是决定去做义工,开着一辆农用三轮车从日照出发,走了五天五夜,2500公里,到绵阳去做义工。这些类似的让人感动的事件让西方认识到,它们必须认识和思考今天这样一种新的现实,那就是具有独立判断、理性思考,同时又具有巨大凝聚力和集体精神的中国人民对世界意味着什么。所以,我认为,从三四月份到现在,西方在中国问题上的言论要经历新的革命,因为传统的话语已经崩溃,它们必须认识到中国的社会崛起。

第二个影响,它使得中国和西方相互重新评价。因为奥运的关系,政府不想把各种问题扩大化,所以对"藏独"问题等的反应都是有限的,但是我们的社会力量却展示了其在中国外交杠杆上的重量,所以CNN向觉醒的中国社会道歉。这次的地震事件使得西方认识到了中国是什么。前段时间,有一个外国学者来演讲,谈到这个问题的时候他很认真地说,传统的西方人以民主来衡量政府行为,是因为我们都认为民主是最好的政府行为的来源,但是这次的地震让西方看到了,即便中国的政治管理没有依照他们的民主规则来进行,但依然体现了效率、人性和决心。他觉得这次中国的救灾行动让世界认识到,西方式的民主并非是衡量好的管理的唯一依据。

第三个积极方面,就是地震转移了西方对"藏独"情绪化的支持和同情。地震的大悲需要全世界显示出大爱,如果这个时刻还有人再抓住西藏问题不放,不仅是煞风景,还显示出他们灵魂的苍白。我们都知道5月19号达赖到柏林参加纪念柏林墙倒塌的一个会议的时候,默克尔非常明确地拒绝与达赖的直接会晤;另外我们也可以看一看,今天的欧洲还有人在谈抵制奥运吗?

第四个积极影响,那就是地震发生之后,国家之间有了新的渠道来更细致地打量对方。我们可以看到,地震之后日本作为世界上遭受地震最频繁的国家对中国展示了普遍的同情和支持,日本派出了救援队和医疗队,让中国人非常感动。我是一个东亚安全专家,在日本教过书,我认为中日关系最大的障碍不是钓鱼岛,不是靖国神社,也不是东海油气田问题,最本质的障碍是彼此民间和社会在认知和心理的层面的相互排斥和相互嫌恶,所以日本人对中国人看不顺眼,而中国人则一直仇恨日本人,彼此都高构壁垒建立起相差甚远的认知。突然经历这场地震,彼此伸出温情的双手,壁垒被打开,这是对未来中日关系有力的推动。如果这次地震能够打开一个缺口,让中日双方能够跨越隔阂,真正地重新科学和理性地认识对方,我相信未来的中日关系真的值得期待。

大地震带给我们大悲大痛,但是另一方面,中国与世界的关系也开始了一段新的历史进程。

好的,今天的讲座到此结束,感谢同学们!

(2008年5月27日)

市场化进程、通货膨胀与可持续发展

■ 蔡志洲

[演讲者小传]

蔡志洲,男,1956年1月12日出生,1982年毕业于厦门大学,1988年2月在中国人民大学统计系获得经济学博士。现担任北京大学中国国民经济核算与经济增长研究中心副主任,研究员。1994年,受联合国计划开发署聘请,任联合国计划开发署顾问,开展了对中国的人类发展指数的研究和编制工作,研究成果发表在1994年联合国的《人类发展报告》(Human Development Report 1994)上,这是中国最早编制的人类发展指数(Human Development Index)。与刘伟等人合作进行了中国经济产业结构的研究,出版了《工业化进程中的产业结构》一书,获得了1997年度的孙冶芳经济学著作奖。近年来主要研究领域为国民经济核算与经济增长,2004年至2008年,参与主持编写《中国经济增长报告》(2004、2005、2006、2007和2008版),在经济学界和社会上形成广泛影响。其中部分重要成果和研究成果发表在《经济研究》、《经济科学》等杂志上。

主持人:

大家好!欢迎大家来参加今天晚上的讲座,这个讲座是由北大团委主办的"改革开放30年"系列讲座,本场讲座的题目是"市场化进程、通货膨胀与可持续发展"。今晚,我们很荣幸地请到了北京大学经济学院的蔡志洲老师来为我们讲这场讲座,现在让我们以热烈的掌声欢迎蔡老师!

蔡志洲:

各位同学,晚上好,今天很高兴能和大家对这样一个话题进行讨论,也非常感谢同学们来参加今天晚上这样一场讲座。其他的我就不多说了,直接进入讲座的主题。

自上世纪70年代起,我们这个时代就是一个以信息技术、生物技术和新材料为标志的新一轮技术革命兴起的时代。如果说中国在近现代的社会和经济发展的过程中,曾经由于种种内外因素而错失发展良机,那么在这一次的技术革命中,中国抓住了发展机遇。根据国家统计局最新公布的结果,从1978年到2007年,我国的GDP年均增长率为9.8%。改革开放30年来,中国的经济增长速度之快,持续时间之长,在世界经济发展史上是罕见的。改革开放是一次伟大的制度创新,而这一创新的核心是市场化改革。改革激发了中国经济的潜能,解放了中国的生产力,使中国成为世界上规模最大的经济体之一(见图1)。在新的条件下,中国的可持续发展仍然要依赖制度创新和市场化进程的深化。

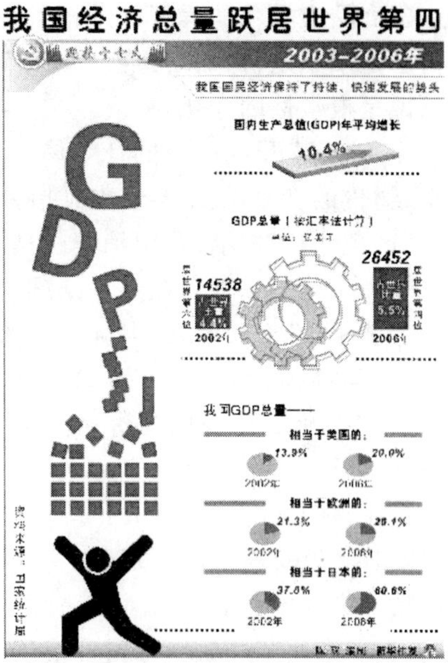

图1 我国经济总量跃居世界第四(新华社发)

下面我将从三个方面来讲,分别是市场化改革的进程、市场化改革的影响以及如何深化市场化改革。

一、改革开放以来中国的市场化进程

大家都知道,改革开放以来的这30年,中国的经济体制经历了深刻的变化,从传统的计划经济体制逐渐转轨为市场经济体制,市场代替政府成为配置资源的主要力量。这种市场化主要表现在三个方面:

第一个方面是商品和服务的定价市场化了。

中国市场化进展的重点是商品市场化,包括投资品的市场化和消费品的市场化。如果以如何定价来判断市场化标准与否,那么可以说,目前中国商品市场化的程度已经相当充分了,至少90%以上的商品种类的价格已是市场定价,而不再由政府行政定价。这与改革开放初期相比较,可以说是根本性的变化。

在改革开放以前的计划体制下,中国对商品价格实施着严格的管制,物价的变动只服从于政府指令,与市场供求无关。历史数据表明,1951年到1979年,我国消费价格总水平的上涨幅度不到20%,年均上涨幅度不到0.7%。在这一期间,除1961年因商品极度紧缺而导致物价上涨了20%以上外,其余年份价格水平与价格关系是长期固定的。虽然商品供应十分短缺,但由于实施了严格的价格管制,供给不足形成的供需失衡没有表现为价格上涨,而是表现为"票证经济"和"排队经济"(见图2)。

在座的大都是年轻人,可能没经历过1980年到1984年的那个年代。那段时间里政府采取"以调为主,调放结合"的方法,由农村到城市,由农产品价格到工业品价格,由消费品价格到服务品价格,先调后放,层层推进,实现了改革开放后中国价格体制的第一次革命。这一阶段出台的价格改革项目主要有:逐步提高和放开农产品收购价格;提高生产资料和交

图2 改革开放前的粮票

通运输价格；逐步调整提高农产品市场零售价格；逐步放开日用工业小商品价格等。1984年党的十二届三中全会后，我国经济体制改革的重心从农村转向城市，价格改革也逐渐由生产资料的价格改革扩展到生活资料的价格改革，价格改革的方针也开始由以调为主逐渐变为"以放为主，放调结合"。在消费品方面，放开生猪收购价格和猪肉消费价格；改革粮食统购制度，实行合同定购；放开电视机、电冰箱等大件耐用品价格；放开名烟名酒价格等等。而对生产资料，也开始进行"价格闯关"，采用的方法是继续提高计划内生产资料价格，放开计划外生产资料价格，实行"双轨制"，最后取消计划内价格。虽然这种改革引发了很多问题，如严重的通货膨胀在相当程度上影响了人民生活，一些人曾利用价格双轨制的漏洞以权谋私等，但中国最终解决了这些难题。到了90年代中后期，随着住宅商品化的改革，中国商品市场化的改革已经基本完成。现在，除了少数商品和服务，中国95%以上的商品已经实现了市场定价。

  第二方面是生产要素市场在不断地建立和发展。

  比商品市场化更为重要的内容在于生产要素的市场化，即包括劳动、资本、土地在内等各种要素的市场化，它所需要的制度变革要远远比商品市场化深刻，因而这对现实经济活动的短期和长期影响也要远远大于商品市场化。我国较大规模的要素市场化的改革开始于上世纪90年代初期。从中国的改革进程来看，在各类要素的市场发育过程中，劳动市场化速度相对较快。无论是农村劳动力还是城镇劳动力，绝大部分的工资报酬，就是劳动的价格，现在已经由市场决定，政府行政性决定工资水平的情况的比例已经很低。尽管中国劳动力市场竞争的公平性、有序性、有效性还亟待提高，但从整体上看，劳动力市场已经形成。

  相对而言，中国资本市场化程度还是比较低的。虽然在上世纪90年代初期，中国就建立了产权市场和证券市场，但无论是直接融资市场还是间接融资市场，发育速度都较为迟缓。就直接融资市场的发育来看，还存在几个问题：一是规模小，在此次证券市场的股权分置改革之前，工商企业资本来自直接融资市场的不足5%；二是秩序乱，中国股市还存在投机性过强的问题。而间接融资市场的发育过程也体现出了几个问题：一是价格，就是利率的决定基本上仍由政府行政管制，而不是市场定价；二是国有金融资本仍然占据绝对统治地位。因而，中国市场化进程面临的突出矛盾在于如何加速和深化资本市场化,尽管现在利率控制开始有所放松,而且在银行体制改革上也取得了相当显著的进展,同时国有大型企业通过上市进行的股份制改造也取得了重大进展,但是和市场经济发达的国家相比,我们仍然还存在着较大差距。

与资本市场化相比较,中国土地要素市场化的程度更低,包括城市土地和农村耕地,无论是在产权制度上,还是在交易制度上,无论是在价格决定上,还是在法律制度上,土地要素市场化配置的条件还远远不具备。

要素市场化发育的滞后,是中国以社会主义市场经济体制为基本目标的改革进程深化的突出问题。要素市场的改造和发展对中国经济发展是一个挑战。因为要素市场发展的滞后,对其的改造可能会对现实经济活动造成冲击,而且这个冲击存在着相当大的不确定性。但从另外一方面来说,这对我们而言也是一个机遇,这个市场中存在着的改善空间预示着中国经济还有相当大的潜能。要素市场化推进的过程,实际上也是中国经济进一步发展的过程。

第三个方面是宏观调控中财政和货币政策的地位和作用发生了变化。

计划经济下是没有货币政策的,政府配置资源的主要手段是与指令性计划相应的财政手段。伴随计划经济向市场经济体制的转换,中央政府和地方政府之间、政府和企业之间的关系都已经发生了明显的变化。企业不是根据政府的指令而是根据市场的需求进行生产,而市场是以货币为纽带联接起来的。在这种情况下,影响货币供求的货币政策就要发挥作用,而且随着市场化进程的深入,货币政策对于经济活动的影响还会不断提升。这也是在2003年开始的新一轮经济增长周期中,我国越来越多地使用货币政策进行宏观调控的重要原因。货币政策的实行并不意味着财政政策的失效,相反,随着市场化进程的深入,在宏观经济调控的过程中,财政政策与货币政策的相互关系变得越来越重要,也越来越复杂。如果说,货币政策更多的是通过调节短期货币需求来对宏观经济的发展进行总量调控,那么财政政策则可以通过收入和支出两个方面对供给和需求、总量和结构进行较为长期的影响。如何将这两方面的政策结合应用,已经成为新时期宏观调控的一个重要课题。

二、市场化改革对经济发展的影响

和苏联、东欧国家等原来实行计划经济国家在改革中实施的"休克疗法"不同,中国的市场化走的是渐进改革的道路。事实证明,这种渐进式的改革是符合中国国情的。它使中国在转轨过程中不断地释放经济活动中的潜能,保证了中国经济长期、基本稳定的和持续的高速增长。

但即使是渐进的改革,实行市场化改革的同时也是要付出代价的。在非市场化的条件下,由短缺形成的供需矛盾被行政干预所压抑,供需失衡不能体现在价格上,因此,商品、服务和生产要素的价格大多是低估的。这也就预示着第一次大的市场化改革将会导致整体或者是全局的通货膨胀,这就是市场化改革的代价。在本轮经济周期以前,我国在改革开放的进程中经历过三次较大的通货膨胀,而每一次又都有其各自的体制和增长性上的原因。

第一次通货膨胀出现在改革开放初期,也就是 1979 到 1985 年间。当时中国还没有开始编制消费价格指数,价格总水平的变动是从零售价格指数中反映出来的。从 1980 年到 1985 年,中国的零售价格指数分别为 102.0、106.0、102.4、101.9、101.5、102.8、108.8。从这一时期序列中可以看出,在这一期间,价格总水平变动幅度较大的年份有两个,一个是 1982 年,另一个是 1985 年,这两年零售价格的变动分别达到了 6.0% 和 8.8%。这是改革开放后我们实施"以调为主,调放结合"的价格体制改革对市场形成的第一次大的冲击。

第二次通货膨胀出现在上世纪 80 年代中后期,也就是 1986 年到 1989 年间。经过 85 年的通货膨胀后,我国的价格指数有所回落,CPI 由 1985 年的 109.3 下调到 1986 年的 106.5 和 1987 年的 107.3。然而在这种背景下,我们实施了"以放为主,放调结合"的价格闯关,使市场价格总水平出现了飙升。1988 年至 1989 年,中国的消费价格指数分别达到了 118.8 和 118.0,出现了改革开放后第二次较大规模的通货膨胀。

第三次通货膨胀出现在上世纪 90 年代,具体来说是 1992 年到 1996 年。1992 年,我国进入了新一轮的经济增长周期,固定资产投资量迅速上升。1992 年到 1996 年,我国全社会固定资产投资的增幅分别为

44.43%、61.78%、30.37%、17.47%、8.85%。与此同时,在上一个经济周期中未完成的生产资料的价格改革也在继续进行,市场整体的价格水平再一次出现了明显的上升。1992年到1996年间,我国的居民消费价格指数分别为106.4、114.7、124.1、117.1、108.3,到达了改革开放以后的最高水平。

剧烈的价格波动会对现实的经济活动造成负面的影响,尤其是在严重的通货膨胀的情况下,居民生活,尤其是低收入居民家庭的生活会受到严重的冲击。从另一方面来说,在通货膨胀的状态下,企业得到的价格信号通常是扭曲的,使人们对未来的供求形势产生错误的预期,从而导致经济资源的不当配置与生产和消费过程中的浪费。在20世纪80年代的前两次通货膨胀中,抢购成为居民对抗通货膨胀的重要手段,第一次是抢购生活必需品,第二次则是抢购电视、冰箱等高档消费品。这种抢购使暂时的紧缺表现得更加明显,并鼓励相关企业继续扩大生产,这也是造成当时我国重复地引进彩电生产线等失误投资的重要原因。在20世纪90年代初期的投资热潮中,这种现象表现得更为明显,由于当时市场发育很不完善,由各级政府主导的投资活动中出现了很多盲目投资的现象,在一定程度上造成了生产力的浪费。

但是如果我们从更长远的利益来看,这种改革所带来的阵痛是必需的。虽然三次大的通货膨胀对当时的经济生活造成了一定的冲击,但是从价格改革的长期效果来看,它们却为理顺各种价格关系创造了条件,促进了以供求关系为引导的市场的发展,这为中国的长期高速经济增长奠定了坚实的基础。如果没有上世纪80年代的价格体制改革,我们就不可能在进入90年代的时候,摆脱由短缺为我们带来的"票证经济";同样地,如果没有90年代初的价格波动,我们就无法完成始于80年代中期的生产资料的"价格闯关",也很难更进一步开展以股份制改造为核心的产权制度改造。

到90年代末期,随着住宅商品化的改革,中国已经基本上完成了商品市场化改革。这标志着中国告别了短缺时代,行政手段不再是改善供应的主要手段。虽然在一些关键领域里,国家仍然使用类似"票证经济"的方法解决一部分人群的特定需求,如向中低收入的居民提供廉租房、经济适用房等,但从整体上看,市场已经成为调节经济活动的主要力量。市场机制基本上已经替代了计划体制,成为中国资源配置的主要机制,价格信号也已经取代数量信号成为引导资源配置的主要信号。尽管这其中还存在严重的无序及不公平竞争等各种问题,尽管人们对中国市场化进程的具体程度的量的判断还存在不同的认识,但承认市场机制对计划体制地位的根本性替代已经是普遍的共识。同时,人们也普遍承认,中国市场化的速度在所有转轨国家当中是比较快的,尤其是在与俄罗斯的比较中,一般认为中国市场化指数或经济自由化指数高于俄罗斯。而在国际贸易实践上,到2007年瑞士承认中国的市场经济国家地位为止,承认中国市场经济国地位的国家已达75个。

就经济发展而言,在体现经济规模的数量指标上,从1978年以来,由GDP反映出来的年均经济增长率高达9.8%,2007年中国真实GDP总量已是1978年的14倍以上,按可比价格计算的人均GDP增长了10倍以上,而按美元计算的人均GDP达到了2400美元。在体现发展质量的结构指标上,农业劳动力比重已由1978年的接近80%降至现在的46%左右,前者显著高于当代低收入国家的平均水平72%,而后者则显著低于当代中下等收入国家的平均水平54%。城乡居民家庭消费结构中的食品支出比重,也就是我们常说的恩格尔系数,从改革开放初期的贫困状态,也就是60%以上,经上世纪80年代穿越了温饱状态,目前已经达到了小康水平,只有40%左右。这一系列的深刻变化,在中国的经济发展史上的确是空前的,在发展速度上,即使放在世界经济发展史的比较当中看,也是罕见的。改革空前地解放了生产力,使中国的综合实力、人民生活水平和国际地位得到了巨大的提升。

三、深化市场化改革与可持续发展

在市场化进程中,既要考虑到社会和经济的长远发展,也要照顾群众的当前利益,这就需要在长远和当前之间寻找均衡点,尽可能减少改革对人民生活造成的冲击。但是从根本上说,要实现长期和持久的发展,关键还是要解决体制上的问题。体制问题解决了,社会和经济发展了,人民群众的利益才能在根本上得到保障。在市场化进程中,我们曾采取过各种补救措施,如实行保值补贴利率、对困难群众发放生活补贴等,降低通货膨胀对人民生活造成的影响,但改革带来的经济活动的巨大波动,不可能不对企业生产和人民生活带来冲击,改革是要付出代价的。但是从整体和长远来看,中国的市场化改革是成功的,否则就不能解释中国在世界上的迅速崛起和人民生活的巨大改善。

从 2007 年以来,中国的价格总水平有了比较明显的上升,2007 年的居民消费价格指数达到了 104.8(见表 1),2008 年的居民消费价格指数还高于上一年。虽然和前三次通货膨胀相比,这一价格指数仍然不算高,但和 1998 年到 2006 年这一增长周期中长期的通货紧缩相比,这一上涨的幅度就显得比较高。从目前的发展来看,这一较高的上涨幅度可能会继续一个时期。国家已经采取了一系列措施,尤其是调整货币政策来平抑价格总水平的上升,也确实收到了一定的效果,但是应该看到,化解经济生活中由于各种原因所形成的价格扭曲,或者说市场扭曲,仍然需要一个过程。

表 1　各地区居民消费价格指数(2008 年 7 月)

(以上年同期价格为 100)

地　区	7 月	1—7 月	地　区	7 月	1—7 月
全　国	106.3	107.7	河　南	107.4	108.9
北　京	106.3	106.2	湖　北	106.5	108.1
天　津	104.5	105.9	湖　南	105.7	107.1
河　北	106.8	107.9	广　东	106.4	107.4
山　西	107.6	109.0	广　西	107.9	110.3
内蒙古	106.0	107.6	海　南	106.8	108.9
辽　宁	104.7	107.0	重　庆	105.1	108.4
吉　林	104.9	107.0	四　川	104.4	106.9
黑龙江	106.3	107.9	贵　州	108.8	110.8
上　海	107.1	107.1	云　南	105.8	108.1
江　苏	106.0	107.0	西　藏	106.7	107.2
浙　江	106.0	107.2	陕　西	106.1	108.2
安　徽	106.4	108.2	甘　肃	108.8	109.8
福　建	104.8	106.2	青　海	110.3	112.0
江　西	106.4	107.8	宁　夏	109.1	110.2
山　东	105.6	106.7	新　疆	109.0	110.3

宏观调控是必要的,经济活动离不开政府的干预,尤其是中国这样一个处于转型过程中的国家,需要有比一般市场经济国家更多的政府干预。但在另外一方面,我们也要看到,随着市场化改革的深入,市场机制已经在当前的经济生活中发挥越来越大的作用。在这种情况下,市场机制本身不完善所引起的市场波动,往往比宏观调控中的失误所产生的波动程度更高。对于目前发生的通货膨胀,各个方面已经有了很多的分析和研究,主要的原因有货币流动性过剩,国际收支不平衡,燃料、动力和原材料价格上涨,国际市场的影响及生产要素价格的提高等多个方面。这些原因有需求方面的,也有供给方面的。随着国家紧缩的货币政策的实施,现在由需求拉动的结构性通货膨胀已经得到了一定的缓解,而成本推动的总量性通货膨胀又开始逐渐显现出来。如果说需求拉动的通货膨胀可以通过国家的宏观调控得到一定的缓解,那么成本推动的通货膨胀则需要通过各种供给政策的长期实施逐步地加以改善。这就需要进一步进行体制创新,为经济活动的平稳发展创造更好的条件。

从表面上看,我国这一次的通货膨胀和直接的价格体制改革的关系并不明显,但是深入考察,就会发现这一次的通货膨胀仍然有深刻的体制原因。从近十年来我国价格总水平的长期波动看,中国可以说是一直处于通货紧缩的阴影当中。1998年,中国的CPI从上一年的102.8下降到了99.8,从那时起到2006年,除了2004年曾因国家提高农产品收购价格而使价格上涨幅度达到过3.9%以外,各年的居民消费价格上涨幅度都在2%以下。但1998年以来中国的经济增长却是不断加速的,尤其是从2003年开始,中国连续6年保持了10%以上的经济增长率。按世界各国的经验来看,高增长必然伴随着较高的通货膨胀,但中国的高增长却是在通货紧缩的背景下发生的,而投资拉动和出口导向,是产生这种现象的重要原因。一方面,在投资和出口领域,存在着需求过热的现象;另一方面,在消费领域,却存在着严重的产能过剩。而需求拉动中的结构失衡,是和收入分配结构的不平衡相关的。在收入分配中,能够用于投资的部分在不断增加,而用于消费的部分在相对减少。这一点可以从全社会可支配收入的构成中反映出来,企业、政府、金融机构和国外所占的比重在增加,居民家庭所占的比重在减少。而且在居民家庭收入中,也存在着收入差距扩大化的倾向。这种现象有着复杂的社会、经济和发展上的原因,但生产要素市场的发展滞后于商品市场的发展，显然是形成这种现象的一个重要基础。

由于要素市场不完备，各个地方要通过行政的力量加快经济发展，各种政策其实是向资本倾斜的，但是这样做的结果是在收入方加剧了收入分配的不平衡，即要素收入的不平衡，而在支出方则是扭曲了投资和消费之间的应该存在的均衡。在2007年以前，我国并不是没有出现过大的价格波动，只不过这种价格波动没有表现为消费品价格的上升而是更加集中地体现为生产要素价格的上升，包括生产资料价格的上升、土地价格的上升、房地产价格的上升以及股票价格的上升。随着收入分配格局的变化，要素市场的规模扩大了，生产要素的交易活跃了，但是市场交易秩序仍然不完善，这就使得各种生产要素价格波动的不确定性更大，波动的幅度也更大。而这些波动发展到一定的程度，最终会传递到消费品价格上来。这时候，它对消费品价格的冲击是很大的，而它一旦转化为成本推进的通货膨胀，不但消费者必须承受价格上涨的压力，连消费品的生产者也要承受着成本的压力。这又可能进一步形成产能过剩，造成前期过度投资形成的生产能力闲置甚至是浪费。这种资源配置不合理将直接影响我国经济增长的质量，以及中国的可持续发展。

这次新一轮的通货膨胀对我们而言是一个挑战，但同时也为我们提供了一个深化市场化改革和实现可持续发展的机遇。从可持续发展的角度看，无论是商品市场还是要素市场，都需要进一步发展和完善。

就商品市场而言，目前国家管制的商品价格已经很少，但是受管制的这一部分商品，却对经济发展具有相当大的影响。尤其是在中国的经济规模到达了目前这种水平的情况下更是如此。中国目前的经济发展仍处于加速工业化阶段，这一阶段的一个重要特征是经济活动对能源和自然资源的严重依赖。如果说在改革开放初期，中国面临的只是能源和自然资源的开采和利用的问题，那么到了现在，我们面临的就可能是由于能源和资源过度开采而枯竭的问题，这当然会影响中国的可持续发展。如果市场机制比较完善，那么价格机制就会发生作用，通过价格的变化来调节供需关系，目前国际能源和初级产品市场上的价格上涨就是在这种背景下发生的。但是中国的情况则不同，以电力和成品油的价格为例，长期以来我们实施低价政策，并通过这种政策来保持和鼓励高速经济增长。

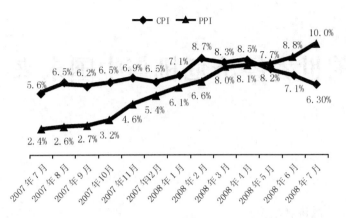

图3　2007年7月—2008年7月月度CPI、PPI走势,网易财经制图

其实,在中国的经济规模达到一定水平后,这种政策既不利于能源企业的发展,又不利于提高企业和社会的节能意识,也不利于我国应对来自于国际能源价格波动所造成的冲击。在经济发展较好的时候,我们担心能源价格的上涨会影响经济增长,而在通货膨胀出现的时候,更担心调整能源价格会更进一步加剧人们的通货膨胀预期,这就使我们的能源价格不断扭曲,能源消耗不断加剧,一旦国内外能源供给出现风吹草动,能源生产企业就可能亏损。从表面上看,我们的能源价格政策似乎是在保护中国的经济增长,但是从长远看,这种保护却可能导致竭泽而渔,是牺牲长远的可持续发展的做法。就要素市场而言,我们的发展任务更加艰巨。无论是劳动力市场还是资本市场、土地市场,近些年来都得到了很大的发展,但发展中的矛盾也非常突出。解决这些矛盾,实际上就是给中国经济注入新的活力。

正是从这个意义上说,中国在通过宏观调控治理当前的通货膨胀的同时,还要注重深化市场化改革,从深层次上解决引发通货膨胀和经济波动的各种矛盾,为我国的可持续发展提供良好的制度条件。

今天我的讲座就到这里,谢谢大家!

(2008年11月2日)

当前世界经济危机与中国未来

■李民骐

[演讲者小传]

李民骐,男,北京人,1969年1月出生。2002年于美国马萨诸塞大学获经济学博士学位。2003—2006年任加拿大约克大学政治学系助理教授。2006年至今任美国犹他大学经济系助理教授。新著 The Rise of China and the Demise of the Capitalist World-Economy 近期将由英国 Pluto Press 出版。

主持人:

各位老师,各位同学,大家晚上好。今天我们有幸请到了美国犹他大学经济系的李民骐教授来和我们做交流,李民骐教授曾经就读于北京大学经济管理系,后来求学于美国马萨诸塞大学经济系,并取得博士学位,李民骐教授是欧美著名的左翼经济学派学者,比较关注欧美进步刊物的同学对他都不会陌生,下面我把时间交给李教授,掌声欢迎。

李民骐:

谢谢主持人的介绍。大家晚上好,很高兴能回来北大跟大家交流一下问题,来之前,协会同学让我说说次贷危机的问题,说实在,次贷危机这个问题我讲不好,经济危机还可以讲讲。先向大家概括地介绍一下我对目前世界经济形势的几点基本估计:第一点估计是当前的经济危机不是一个普通的周期性经济危机,而是带有标志性、结构性的危机,说它带有标志性和结构性是说,很有可能从20世纪70年代后期到现在,世界范围的"新自由主义"时代,可能以这个危机为标志,它的丧钟就要开始敲响。这是第一个基本估计。我们知道,我国最近在纪念改革开放30年,那么

"新自由主义",大概也是70年代后期到现在,基本上也是30多年的时间。我们也可以把"新自由主义"理解为世界范围的改革开放。那么这个世界经济危机会如何发展呢?我个人估计,在今后5年左右的时间里,美国、欧洲、日本肯定会遇到相当严重的经济危机,首先表现为比较严重的经济衰退,而且衰退之后于近期不会有有力的复苏,经济将处于停滞状态。而对于中国经济情况而言,经济危机对中国经济近期的影响应该不会很大,除非政府的宏观经济政策出现重大失误。但是从现在算起的5到10年内,那么情况可能会发生进一步变化,世界的经济危机可能会进一步加深。而就中国来讲,在2020年前后或稍晚的一段时间,很有可能在能源问题上将遇到不可克服的困难。所以,就中国来讲,我估计在2020年,或者在稍后的时候,中国的经济、政治、社会生活将发生重大的变化,中国本身的变化将伴随着世界经济格局的深刻变化,乃至世界政治格局的根本性变化。

下面我详细展开谈谈。说到"新自由主义",我们要从"新自由主义"之前,世界资本主义的发展变化谈起。大家都知道,20世纪前半期,整个世界资本主义体系可以说是危机重重,风雨飘摇。有30年代大萧条,有两次世界大战,当时的世界资本主义可以说到了灭亡边缘。在这种情况下,世界资本主义制度被迫在其体系内部由资产阶级做出重大调整,从50年代到70年代初,整个世界资本主义出现了前所未有的增长比较快的局面,当时都叫"黄金时代"。从生产关系来看,当时的世界资本主义制度有这么几个特点:一是大政府,大政府是讲国家对经济的干预,其程度和范围都有了较大的增强。而且就政府本身的规模来讲,也扩大了很多,比如,第二次世界大战之前,一般西方国家政府占国内生产总值的比重都比较低,如5%—10%。二战后,比较低的像美国、加拿大都达到30%以上;比较高的,如西欧、北欧可能都达到50%,甚至更多。第二,就国家干预的特点来讲,很多国家,特别是西欧等国家当时在很多广泛的经济领域,通过国有企业作为促进经济增长的基本手段,国有企业在有些国家中不仅促进各个重要行业的发展,在经济中的比例也很高。如奥地利,这个国家的国有企业占工业产值的比重在战后很长一段时间里是超过50%的,比我们国家现在要高多了。第三,从阶级关系上来讲,实施了一些阶级改良的社会民主主义的措施,再有就是福利国家规模的扩大。阶级关系尤其是在一些西方国家,或者说在国内通常叫发达资本主义国家,其实我觉得这不是一个很准确的名称,严格来讲应该叫帝国主义国家,或者是世界体系的中心国家。那么在这些国家里面,阶级关系相对缓和,收入分配的不平等程度确实是缩小的。在上个世纪80年代,常常听人们讲,说过去马列主义关于资本主义阶级关系激化的观念过时,说现代的资本主义国家通过社会改良措施,资本家与工人矛盾已经不那么尖锐。这个观点如果用来描述五六十年代西方国家的情况还有一定合理性。第四,从世界范围来说,从当时的整个国际环境、政治及经济环境来讲,对于一般的第三世界国家,还有社会主义国家搞自己的工业化也都比较有利,那个时候不仅是西方资本主义的"黄金时代",也是第三世界工业化的"黄金时代",也是社会主义计划经济的"黄金时代"。

那么说到这里,联系到我们国内的情况,我们国家现在当然有许多社会经济矛盾,有时候基于大家立场不同,大家的看法都不同。那在遇到这些社会经济矛盾的时候,很多人往往会想,是否能通过实行一些社会方面的改良来解决这些矛盾。改良的这个愿望是好的,但是社会历史发展的很多事情是不以人的愿望为转移的,如果说在资本主义内部的改良是可以的,上个世纪五六十年代就是全世界改良主义的黄金时代。即使是这样一个改良的黄金时代,到60年代中期以后,世界资本主义体系又陷入了新的经济和政治危机,同时还陷入了新的世界革命高潮。大家知道,法国的"五月运动",是席卷全欧洲的工人运动;还有美国的"反战运动";再如智利,阿连德政府是通过民主选举上来的,要在智利搞社会主义;还有当时的葡萄牙,它的情况很有意思,葡萄牙当时在非洲有很多殖民地,殖民地的人民起来闹独立,要进行民族解放运动,进行革命,葡萄牙就派殖民军去殖民地进行镇压,镇压的结果就是很多殖民军军官受激进民族主义运动的影响,变成了社会主义分子,回国后自己搞革命,于是70年代就发生了葡萄牙革命,几乎把葡萄牙差点变成一个社会主义国家。还有我们中国在世界革命历史上也是起到了先锋作用。但是,当时的世界革命浪潮因为种种原因,没有从根本上推翻世界资本主义制度,而世界资本主义制度从二战以后到70年代整个一套制度及整个生产关系遇到了严重危机,再也继续不下去了。这个时候可以有两种前途:一种前途是世界革命继续推进,从根本上推翻资本主义,在资本主义范围外解决问题。而另外一种前途是你如果不能在资本主义范围外解决问题,只有在资本主义范围内解决问题。而要在资本主义范围内解决问题,那么就必须存在一些能够使资本主义继续存在的基本条件,这个危机必须要以有利于世界资产阶级存在的条件为前提来解决。

那么,从当时世界政治经济实际发展情况上看,尽管有世界革命高潮,但是没有解决根本性问题。这个情况下,在资本主义范围外解决问题已经不可能,只有在资本主义范围内解决问题。从具体的进程来讲的话,先是1973年的时候,在智利,皮诺切特搞的军事政变,这背后有美国中央情报局的支持,搞了政变以后,杀害了阿连德,并在短时间内屠杀了数以万计的智利工人和进步活动家,当时的几万人在智利那个国家已经是很大的规模了。然后就是在智利实行法西斯主义制度,这个智利法西斯主义政权上台之后的第一件事,是什么呢?就是从美国请去了几个年轻的经济学家,这些年轻的经济学家都是弗里德曼的弟子,叫"芝加哥"男孩。当时请了弗里德曼的弟子在智利搞货币主义,这是最早的"新自由主义"试验。然后接下来是1979年撒切尔在英国上台,1980年里根在美国上台,这是代表整个世界范围"新自由主义"的开始。那么在撒切尔和里根上台之后,再往后,大家知道到90年代,先是非洲、拉丁美洲,还有其他一些国家发生债务危机以后,被迫搞结构性调整,都是按照世界银行、国际货币基金组织的方案,都是在搞"新自由主义"政策,再往后是苏东的"休克疗法",基本到90年代的时候"新自由主义"在世界范围就占统治地位了。

那么,具体来讲,"新自由主义"在经济政策、经济制度方面有哪些特点呢?第一,从宏观经济政策上来讲,一个代表性的"新自由主义"政策就是货币主义,这是区别于从50年代到70年代在资本主义国家占主导地位的"凯恩斯"主义。这个货币主义有些什么特点呢?主要的一个特点就是,从货币政策上来讲,中央银行的主要目标是要稳定价格水平。为了稳定价格水平,可以不管在就业或产出方面的后果。为了配合稳定价格水平,达到抑制通货膨胀的目标,在财政政策方面,要实施所谓正统的财政政策,不能有财政赤字,要保持财政平衡,不管经济的状况怎样,这个概括起来就是货币主义政策。那么从当时的情况来讲的话,世界资产阶级要解决一个什么问题呢?60年代以后发生经济危机,从这个世界阶级力量对比情况来看,当时到了60年代整个世界阶级力量对比发生了对工人有利的变化,于是就出现了世界范围的、很多国家同时利润率下降的变化。我们知道,资本主义国家是以利润生产为目的,有利润才会有投资,才会有资本积累,才会有经济的增长,然后整个资本主义才能正常运转。如果利润率不断下降的话,资本积累就不能有利可图,资本积累也就不能有力地进行,资本主义经济的其他各个方面都不能正常进行,那么这个资本主义就要陷入危机。所以说,利润率是一个很重要的问题。从经济上来讲,首要问题就是如何恢复利润率水平,而要恢复利润率就要使资产阶级与工人阶级的力量对比发生对资产阶级有利的变化。那么,货币主义在这里起到什么作用呢?它名义上是说稳定价格水平,抑制通货膨胀。具体的做法,中央银行就一招,就是大幅度提高利率。提高利率的结果是抑制国内的有效需求,然后抑制需求的结果是形成大规模失业,那么大家想想,形成了大规模失业会是什么后果呢?在劳动力市场上,失业的人越多,那么工人的谈判能力就越弱了。所以,货币主义直接服务于增加失业、抑制工人谈判能力、降低工资、提高利润率这么一个目的。就短期上来讲,货币主义起到这么一个功能。光是这个还不够,从长期上来讲,还必须有一系列配套的政策,使劳资关系发生对资本家有利的变化。这就要对福利国家进行所谓改革,削减社会福利,减少失业补贴,增加工人拿失业补贴的难度,或者缩短工人拿到失业补贴的时间。另外,还要修改一些法律使资本家解雇工人更加容易。如果说放到我们国家的环境就是类似于砸破"铁饭碗"、医疗体制改革、养老保险改革诸如此类的;在国际上来讲都属于使劳动力市场更加灵活化的改革。所谓使劳动力市场更加灵活化,也就是劳资关系对资本家更加有利。第二,在国家与资本的关系上,通过实行私有化,通过在国际上解除对资本在国家间流动的管制,增加资本家寻求利润的机会。第三,从整个世界范围,通过推行全球化、贸易自由化和金融自由化,从而使资本可以在国家间自由流动,资本自由流动之后,资本就可以从美国、日本、欧洲这些国家转移到有廉价劳动力、廉价资源的国家。一方面通过剥削其他国家的劳动力,直接提高利润率。另一方面,剥削例如中国、印度地区的广大廉价劳动力,它起到的作用实际上就是使世界范围的产业后备军大大增加。刚刚说过的在一个国家内,通过增加失业人口降低工人谈判能力,这是增加一个国家范围内的产业后备军。如果说能够把全世界的廉价劳动力都利用起来,就是增加了世界范围的产业后备军,从而间接有利于压低全世界范围,特别是西方国家这些原来高工资国家工人的谈判能力。所以所有这些政策都服从于这些目的。那么"新自由主义"的后果从这些政策上来讲就不难预料了,而且应该也是到目前为止凡是关心世界状况的人都不难了解的。它导致的社会后果是灾难性的,在世界上很多地区,像拉丁美洲、非洲、中东、苏联和东欧这些地区,相当多数人口不断陷入贫困化。除了绝对的贫困化外,全世界的收入和财富的不平等急剧扩大,这也是众所周知的。

所以说"新自由主义"的社会后果是灾难性的,但是这个社会后果对于资本主义经济也不是一点问题没有。实行"新自由主义"的这些政策,对于资产阶级来讲是希望以此来提高资本主义利润率,因此另外的矛盾就产生了。一方面全世界的财富不平等扩大,另一方面相当广大地区人民群众的实际生活水平下降。它的一个必然后果就是,一般群众的、世界大众的收入和购买力赶不上世界经济扩张的速度。有研究曾经显示美国工人实际工资的变化情况,从70年代初到90年代,美国工人的实际工资和实际购买力趋势都是下降的,90年代稍有些回升,这以后又下降了,现在美国工人实际工资的情况还不如60年代的情况。那么,这个世界范围的人民大众的相对及绝对贫困化就不可避免了,一个后果是一般群众的收入和购买力赶不上世界生产扩张的情况,这个相应的后果就是说,大众消费受到抑制。再有,由于搞"新自由主义"政策,如货币主义政策,搞高利率,这个又抑制了生产性投资的扩张;再有,由于实施正统性的财政政策,很多国家不敢搞财政赤字,财政支出也受到抑制。学过点经济学的大家都知道,如果咱们讲单纯的一个国家的话,总需求是由消费、投资、政府支出和净出口构成的。整个世界来讲,净出口就是零,那么整个世界的总需求就是包括消费、投资和政府支出。你现在搞"新自由主义"政策,这三样全都是受到抑制的,那么其结果就是整个世界经济有很强烈的趋于停滞的趋向,不仅有趋于停滞的趋向,而且由于实行贸易和金融自由化,这个资本在很多国家间的投资性流动还导致了金融危机频繁发生,并且愈演愈烈。就90年代来说,有1995年的墨西哥金融危机,有1997、1998年的亚洲金融危机,并波及巴西和俄罗斯;还有2001年的阿根廷及土耳其的金融危机。所以可以说,早在90年代末,由于停滞及金融危机的发展整个"新自由主义"的全球经济就已经遇到很严重问题,存在现实崩溃的风险。之所以崩溃没有早一些发生,是因为还有一些起反作用的因素。那么,这些起反作用的因素一个是美国经济相对快速增长,另一个是中国经济的相对快速增长,实际上中国经济快速增长是和美国经济增长联系在一起的。但是我们这集中讲美国经济的问题。美国经济的宏观经济结构是由私人消费、私人部门投资、政府支出、净出口这几项组成,在它的国内生产总值的比重最大的一项是消费,历史上占其国内生产总值的60%左右,但80年代后逐步上升,到90年代达到70%左右,这是讲消费占国内生产总值的目前比重。如果算消费的变化、消费扩张占经济增长比重的话,昨天和一朋友聊天说,从2000年以后,美国的消费变化或者说消费扩张占经济增长比重大概可以达到接近90%,也就是说最近一个经济周期里面美国经济的增长基本上还是因为私人消费组成。但是我们之前看到另外一个图,美国工人的实际工资其实是下降的,但是美国经济的增长又是主要是由消费引导。那么这怎么可能呢?一方面绝大多数人口的收入是下降或停滞的,另一方面消费又是扩张的,而且扩张得比经济扩张速度还快。那么大家想想这个怎么可能呢?只有通过借贷消费,对不对?只有通过借贷消费,所以说实际结果也就是说美国居民债务在个人收入中的比重快速扩张。大概90年代初,居民债务在美国公民个人可支配收入比重就占到了90%左右,在这次经济周期末期的时候就已上升到140%。那么这个过程当然是不能持续的。咱们再看看,这种情况反映在其对外经济关系上,这里所说的贸易赤字是广义的贸易赤字,也是处于不断扩张的状态,而且达到了相当大的规模。就目前而言,应该是一年七百亿美元左右的状况。这些情况也是不可持续的。那么,实际上在90年代后期,或者说到2000、2001年的时候,当美国的股市泡沫开始破裂的时候,这些问题就已经很严重了。当时美国的格林斯潘通过拼命降息,向市场投放大量货币等方式,算是在他的任内把这个问题混过去了,其结果就是引起更大的房地产泡沫。实际上2006年的时候,房地产危机就已经开始出现,美国现任联储主席,国内翻译成伯南克,当他试图用格林斯潘同样的方法来缓解这个危机的时候,他的运气就没有这么好,目前的危机就全面爆发了。危机爆发起来以后,它的进一步发展会怎样,会有这么几个问题。第一个需要考虑的问题是:美国经济在近两年是否会出现大萧条式的崩溃？这个我估计最近一两年、两三年之内，大概不太会发生，除非美国宏观经济政策出现重大失误，或者是美元发生重大危机。所谓美元发生重大危机，也就是如果发生大规模的私人资本从美国大量外逃。除非出现这样的情况，否则崩溃性的危机不太可能发生。为什么不可能发生呢？因为资本主义制度与20世纪上半期相比还是有很多变化的，这个变化一是因为这个"大政府"，即使是经过这么多年的"新自由主义"以后，这个"大政府"的基本格局没有太大变化；另一个就是中央银行积极干预，充当最后贷款人的角色，实际上在当前的这个危机里面，就最近几个星期来讲，中央银行基本上是银行系统的唯一贷款人，就是最近几个星期来讲，欧美的银行系统几乎是瘫痪的，私人银行相互之间已经不再拆借贷款了，如果大家关注的话，可能会注意到这点。唯一在市场上愿意向银行贷款的就是中央银行了。所以说由于这个制度特点，美国经济于近期应当不至于马上发生重大的崩溃性变化。但另一问题是，美国经济是否会发生强有力的复苏，我认为这也是不可能的。因为这是整个"新自由主义"矛盾积累到现在、多年问题积累的结果。咱们说的这个债务消费是多年积累，冰冻三尺，非一日之寒。到现在这个情况的话，如果要把居民债务消化掉恢复到比较可以接受的正常水平，将会是一个缓慢的、持久的、困难的过程。所以最低限度，今后几年，就美国、欧洲、日本的经济来讲，会遇到很严重的困难。最低限度会很像日本在90年代所经历的经济停滞性萧条。这是讲美国、日本、欧洲这些地区的情况，这些就是世界经济的一大半。但是呢，五六年以后，世界经济可能出现进一步的恶化的变化，不是好转的变化。为什么这么说呢？因为除了金融方面的问题，如我们刚才说的宏观经济结构方面的问题、债务消化问题以外，还有其他的问题。

资本主义世界经济发展到现在，从能源方面来说我们知道它是一直是高度依赖石油的，而石油都是不可再生资源。可以说，现在有相当强有力的证据证明，世界的石油生产不是已经达到峰值，就是即将达到峰值，也就是说世界生产要达到它的顶峰，然后世界的石油产量总的趋势来讲将会越来越少。这个情况在今后五年的时间里可能会表现得比较明显，一方面世界石油产量会越来越少，另一方面，虽然整个世界经济会处于停滞，甚至于萧条，但是我估计中国经济暂时不会受很严重的冲击，能够保持每年8%—9%的增长率,除非是中国政府出现很大的政策失误,保持这样的增长率还是可以的。如果是这样的话,很可能几年之后,中国的能源需求会继续增长,而且增长比较快,但石油生产又不断下降,那必然会对世界能源价格造成压力。如果这样的话,很可能五年以后,世界能源价格将恢复上涨的趋势,石油价格上涨必将带动其他商品价格的上涨,包括粮食,出现这种情况,就不仅是世界经济停滞,而且是全球性的停滞膨胀。美国自身也会遇到比较严重的通货膨胀,美元购买力下降,美元本身在世界市场的地位会更加脆弱,美元危机的概率就会逐渐增加,美元崩溃的风险也会逐渐增加。再往后,到2020年前后,我估计中国自己在能源供给方面将遇到不可克服的困难,中国自身可能会因此陷入相当严重的能源危机和经济危机。一旦这种情况发生的话,不仅中国经济危机,整个世界经济恐怕将遇到无可挽回的局面。因为一直到目前为止,中国对美元的支持,实际上是美元信用的主要基础之一,很大意义上可以说美元信用是以人民币信用为基础的,但是事情如果发生到中国也没办法支持美元的地步,不管中国经济也好,美国经济也好,世界经济也好,可以说是没有别的出路了。到了那个地步的话,可以预测"新自由主义"到了最后灭顶之灾来临的时候。

下面我们说说中国历史及未来预期的能源供给的情况。中国能源供给最大的一块是煤,煤大概占我国能源供给的70%,这是主要的。这个煤不太好估计,因为中国煤的潜在储量有一定不确定性,但是我这里采用的是比较高的估计,假设的是中国未来煤的可采储量,是2000亿吨,这是什么概念呢?根据的是假设地下一千米范围内的资源量是4000亿吨,那么假设这4000亿吨里50%是可以采掘的,这样就是2000亿吨。如果按这个算法算的话,中国的煤产量在2025年会达到峰值,这个是纯粹根据资源量估计的,也就是说不考虑社会因素的限制,不考虑环境因素的限制,这两方面的限制几乎可以肯定以后会是越来越严重的问题,那么这个剩余储量能否到达2000亿吨,还是很值得怀疑的。再有是进口,我假设现在到2020年左右,中国的能源进口能保证中国经济增长年平均8%。但是如果说照这个趋势,中国能源进口在2020年会达到多少呢?应该会达到大约7亿吨油当量,大约相当于美国目前能源进口的水平,7亿吨油当量是什么概念呢?大概折算应该是50亿桶油,如果按照每一桶油100

美元来算的话，就是每年光能源进口就要消耗5000亿美元。即使做这样的假设，中国经济比较快速增长也只能维持到2020年左右。实际上，真正能够允许的，中国能源进口达不到这个水平。如果真达到这个水平，大家可以想象，一个是世界能源价格会涨到足以使世界经济崩溃的程度，再有一个就是会存在很严重的地缘政治的风险。按照这样的假设，到了2020年以后，进口过程继续扩张，按照我前面的估计，中国整个的全部能源供给的峰值大概会出现在2030年左右，这是完全根据资源水平估计的，不考虑其他的因素。那么也就是说，2030年之前，中国的能源供给还会每年比上一年多，但是增长速度就会越来越低；那么到2030年后，干脆是绝对的能源供给量也会越来越少。如果反映到经济增长上呢？到2020年前后，不可避免地，中国经济增长会大幅度下滑，到2020年左右，每年增长8%，到2040年之后，会出现绝对的经济负增长。就经济增长对中国社会政治状况的实际影响的话，基本上可以说在2020—2050之间以后，恐怕中国经济、政治、社会各方面会有深刻的变化。那么伴随着这种变化，美国经济也好，全球经济也好，也必然发生深刻性的变化，也就是说"新自由主义"全球经济的丧钟将敲响。那么，说到这里，大家要思考的一个问题就是，"新自由主义"这条路走不通了。如我们刚刚说的货币政策也好、贸易自由化、金融自由化、私有化也好，这条路是走不通的。那么以后世界经济、政治会发生什么变化，会不会还是在资本主义范围内调整，会不会再产生一个国家干预式的资本主义黄金时代？我的看法是不太可能，为什么不太可能呢？咱们的唯物辩证法里说的"否定之否定"，但是这个并不是说事物简单地恢复到以前的状态，并不是简单的循环往复，一定是螺旋式上升。那么咱们现在的情况与20世纪中期的情况相比的话，世界历史状况发生哪些变化呢？第一个，整个世界经济由于全球化的发展和世界经济一体化大大加深，实际上也就是资本主义固有的生产社会化趋势的表现，在这种情况系下，随着全球化发展，单纯的民族国家范围的国家调节，所能起到的作用已经有限，而在世界资本主义范围内又不可能出现一个世界政府，这既有经验上的理由，也有理论上的理由，我不深入。第二个，就是大家都知道的，马克思有一个著名观点，就是说资本主义的发展一定会导致越来越多的劳动力转换成无产阶级，从而导致无产阶级化的过程，无产阶级一定会成为资本主义的掘墓人。大家一定会想,为什么无产阶级到现在怎么还没有成为掘墓人呢?我认为马克思的这个观点是对的,但你不能把它放到单个国家里面来看,因为资本主义是一个世界历史过程,你要把它放到全球体系、整个世界上来看。如果从整个世界的角度来看的话,整个世界的无产阶级发展程度,与20世纪中期相比,有了大大深化和扩大。这个意义是讲整个世界范围的剩余的、可以剥削的、可以利用的廉价劳动力大大缩小了。比如说20世纪中期的时候,不仅在广大的第三世界国家还有非常广大廉价劳动力,就是在西方国家自身也还有廉价劳动力的储备,这个廉价劳动力的储备到60年代基本消耗完了,这与60年代的世界革命高潮出现有关系。到了"新自由主义"的时候,就动员中国、印度等地的廉价劳动力。那么我想,在我国,总有人爱把工农称为弱势群体,但是我想中国的劳动力不会永远廉价下去,总是要争取些经济政治权利。中国工人阶级到了21世纪总要有八小时工作制吧?但是,大家要想想,中国的企业家有那么大的胆识和气度给中国工人提供八小时工作制么?那么第三个,一直到20世纪后半期的时候,整个世界资本主义的发展,可以说是毫无代价地、随意地利用世界廉价的能源和资源的环境储备。但是现在不行了,经过资本主义几百年的发展,可以说整个世界环境已处于崩溃边缘。如果资本主义继续存在的话,恐怕人类的灭亡也不是太久远的事情。所以发展到现在,今后将不再有廉价的能源、资源的空间,将不再有廉价环境资源的空间。刚才我们说石油问题,不光是石油问题,世界的煤估计在2020—2030年之间将达到峰值,其他的不可再生资源也存在这个枯竭问题。可再生资源也普遍存在过度利用的问题,如世界水危机非常严重,还有潜在的粮食危机,另外,世界的气候危机可能是所有危机中最严重的,在国内谈得比较少,实际上在国际上是一个大话题,整个人类的生存已经受到了严重威胁。那么,所以单纯从能源和环境的角度来看,也不再有资本主义发展的空间。所以可以设想,在不太久远的将来,我们将会看到出现新的世界革命高潮,将可以看到整个世界的政治格局发生根本的、深刻性的变化。

那么我先说到这,可以和大家讨论一下。

现场答问

问：李老师，请问您是否能估计一下这个资本主义制度灭亡的时间，或者说整个社会制度发生变化的时间大概要多久？

答：按照世界体系学派的主要理论家沃勒斯坦的估计，到本世纪中期左右，世界资本主义制度很可能将不复存在。

问：李老师您好，你是否能对资本主义的出路发表一下方向性意见？

答：就是三条路：第一个出路是在资本主义范围内解决问题，这是不可能的；第二个出路是推翻资本主义，走社会主义道路，全世界走社会主义道路；第三个出路，就是前两个路都走不通，人类走向灭亡，听天由命了。

今天讲座到此结束，感谢李老师的精彩演讲。

（2008年5月17日）

中国税收制度改革:问题与对策

■林双林

[演讲者小传]

林双林,北京大学经济学院教授、财政学系主任、北京大学中国公共经济研究中心主任、美国奥马哈内布拉斯加大学 Noddle 杰出讲座教授、国立新加坡大学东亚研究所兼职研究员。1982年1月毕业于北京大学经济系(77级),获学士学位,同年赴美留学。先后获美国西北大学经济学硕士学位和美国普渡大学获经济学博士学位。主要研究领域为公共经济学理论、中国公共财政、经济增长。

大家晚上好,非常感谢大家今天参加这场讲座。现在,让我们一起来讨论中国的税制改革这个重要的问题。

从1978年12月中共十一届三中全会以后,改革开放使我们国家发生了翻天覆地的变化,中国经济30年持续高速增长。人均GDP从1978年的381元上升到2007年的18934元,如果按可比价格计算,2007年的GDP比1978年增长了10.9倍。最近我们国家又成功举办了奥运会。总的来说,我们国家正处于空前的欣欣向荣的时期,我国人民对未来充满自豪和自信。

税制改革是经济改革的一个重要组成部分。30年来,我国税制经历了好几个阶段的改革,刚开始的时候有分权让利、利改税、分税制等重大改革,为促进经济发展做出了贡献。在新的形势下,我国又出现了新的问题,譬如说:贫富差别增大、地区差别增大、城乡差别增大、环境污染、地方公共品不足以及地方政府财力贫乏等。大家知道,目前我们又遇到了美国的金融危机,我们国家出现了通货膨胀、企业生产成本提高等问题,在奥运会后可能会出现经济放缓的趋势。这里面很多问题都与公共财政有关,所以,我们要进一步改革税制来解决当前的经济问题以保证我国经济长期稳定的发展。那么,什么才是好的税制呢?一般的标准就是能促进经济持续增长。持续增长是一个近代的概念,过去的封建时代根本不提增长、发展,而现在我们的税制要能促进经济持续增长,还要能促进收入分配公平、提供足够的税收,并且征税的成本要低,这些都是好的税制的原则。

今天,我们要讨论以下几个方面的内容:先讲税收思想,接着讲税制改革、财政状况、现在的税制存在的问题以及提出一些税制改革的建议。

现在,首先让我们来回顾一下我国的财税思想和近期的税制改革。我先讲讲中国传统的财税思想,因为中国的财税思想很丰富,中国经济思想史里很多都是关于财税的。我只说两点比较重要的且与现在关系较大的。

第一,轻徭薄赋,藏富于民。中国自儒家思想占据了统治地位以后,一直都强调轻徭薄赋。儒家的思想自孟子以后都认为人心是善的,既然如此,那么富人就会救济穷人,私人之间就可以进行收入的再分配,政府在收入再分配中的作用就不大了。而因为人心本来是善的,可以教化,所以就应该少用刑罚手段,所以,儒家是主张小政府的。孟子强调税收低有利于生产,主张"什一而税"。这些都成为以后两千多年儒家的税收信条。

第二,国家垄断,征隐形税。管仲就曾向齐桓公建议,直接向百姓征收人头税、房屋税、建筑税、林木税、六畜税,这样的办法不好,容易引起百姓对征税的反感。好的办法是控制国家的自然资源,"官山海",实施食盐和铁器的国家专卖。食盐和铁器是人们日常生活和生产所必需的物资,价再高也得买。专卖不仅可获得巨大财政收入,也不易引起民怨。历史上很多东西,譬如说茶叶、食油在中国都实行过国家专卖。这些思想其实对现在都有影响,比如我国这些年就垄断过好多行业,如上个世纪90年代,装个电话还要5000块钱。国家通过这种形式完成实际上的征税。中国传统的税收思想是轻徭薄赋加国家垄断,我就强调这两点。

接下来,让我们来看看近代的财税改革。其实,中国从清代末期开始改革税制。清政府也着手引进一些现代税种,像印花税,而且那个时候也有试点。民国初期,军阀割据,税制基本上沿袭了清朝的旧制,极为混乱。那时,中国的关、盐两大税都被外国债权国控制。这个时期,地方政府也有发行内外债的权力,但是地方公债就出现过泛滥失控的局面。一直到1928年,北伐成功,中国重归一统,这时候,国民政府就收回了关、盐税自主权,政府对中央和地方公债发行权予以限制规范,并在30年代进行了一系列财税改革。例如,改数千年的田赋为土地税,建立统税,并引入累进的所得税和遗产税等直接税。

现在让我们来回顾一下与现在有关的历史,先是新中国成立以后的税制改革。新中国成立以后,1950年规定在全国范围内统一征收14种税,包括货物税、工商业税、盐税、关税、工薪所得税、利息所得税、印花税、遗产税、交易税、屠宰税、房产税、地产税、特种消费行为税和使用执照税。1950年9月,政务院又规定向农村人口以家庭为单位征税,按累进税率纳税。1957年又是一个重要的时刻,生产资料的社会主义改造完成,计划经济体制建立起来了。政府除了向农民征农业税外,还以低价购买农产品形式向农民征税。企业利润实行全额分成,首先在政府和各部门分配,然后在部门和国企间分配。1958年9月,国务院合并了商品流通税、货物税、营业税和印花税为一种税,称为工商统一税。1966年"文化大革命"开始后,税收制度被当成"繁琐哲学"、"管、卡、压"来批判。1973年,中国进一步简化税制,把企业的工商统一税及其附加的房地产税、车船使用牌照税、屠宰税和盐税并为一种工商税。大合并后,国有企业只支付一种工商税,集体企业缴纳工商税和工商所得税。税收作用进一步受到限制。在改革开放之前,财政收入的主要来源是国有企业利润。例如,1978年国有企业的直接贡献占到财政收入的50.5%。另外50%大多来自税收,而税收的大部分也来自国有企业。而财政收入占国内生产总值的比重1978年为31.1%。

我们再来看最近30年的税制改革。1978年,中国开始实行改革开放。早期的税制改革目的在于提高国有企业的生产积极性。过去是统收统支,把所有的东西都交给中央,中央就会支付所有的成本。改革开放以后,中央认为应当减少国有企业对政府的财政依赖,促进公平竞争,所以国家首先实行了"放权让利",就是让国有企业保留一部分利润,企业可以利用这部分利润发奖金等。第二阶段就是增加税种,实行利改税。就是不保留利润了,只要交税就行了。再到1986年实行财政包干制。那时候,因为分权让利,国家收入下降了,于是国家实行了包干制。企业包干上缴所得税和利润调节税。但这并没有扭转当时的国家财政收入下降的趋势。所以,到1989年,政府又实行"利税分流"。就是说,国有企业必须缴纳企业所得税,还得上交一部分利润给政府,因为政府是国有企业所有者。这些税制改革也没有扭转政府财政收入下降的趋势。财政收入占GDP的比重从1978年的31.1%下降到1993年的12.6%。中央财政收入占总财政收入的比重1985年为40.5%,1993年下降到22%。中央政府决心扭转这种状况。所以,1993年,中央通过了文件,准备在1994年实行"分税制"。实行分税制就是将税目从原来的37种减至23种。税收分为三类:上缴给中央政府的国家税、共享税和地方税。另外,中央建立了国税局和地税局,建立了税收返还体制。那么,国家当时的目标是什么呢?就是财政收入一定要占到GDP比重的20%,中央财政收入占总财政收入比重的60%。我们知道,财政收入占GDP的比重在2007年达到了20.6%。再看看中央财政收入占总财政收入的比重,1993年是22%,到2007年大约在54%。但是,当时定目标的时候只考虑了收入,没有考虑支出的问题。1993年,中央政府的支出占总支出的比重基本是28%。到了2007年的时候,支出并没有增加,只达到23%;收入一下子就达到54%了,支出反而下降了,这就是问题了。当时定目标的时候光注意收入,忽视了支出,结果中央收了很多钱,地方却要办很多事情。

现在我给大家看一下统计数字,是我国财政收入、支出、盈余及占国民生产总值比重(见表1)。

大家可以看历史资料,1978年的时候财政收入占了31%,那年我们还有财政盈余。1995年的时候,我们的财政收入占GDP的比重到了10.3%,这实在是很低的。我们国家从1985年开始就有财政赤字了,以后一直都是赤字。我们看到,现在财政收入占到了GDP的20.6%。去年,中央政府有了很多财政盈余,这就说明我们的税收增长特别快。大家看看这几年税收的增长情况:2003年,税收增长了20%,2004年增长了25%,2005年和2006年分别增长了20%和21.9%,到2007年税收增长率到达了31.4%,GDP增长率大约是11%,从中可以看出税收增长很快。去年税收总的增长是31%,这么高的税收增长都是从哪里来的呢?一个就是

表 1　财政收入、支出、盈余及占国民生产总值比重

年份	财政收入（亿）	财政支出（亿）	财政盈余（亿）	GDP（亿）	财政收入/GDP	财政盈余/GDP
1955	249.3	262.7	-13.5	910	0.274	-0.015
1960	572.3	643.7	-71.4	1457	0.393	-0.049
1965	473.3	460.0	13.4	1716.1	0.276	0.008
1970	663	649.4	13.5	2252.7	0.294	0.006
1975	815.6	820.9	-5.3	2997.3	0.272	-0.002
1978	1132	1122.1	10.21	3645.2	0.311	0.003
1980	1160	1228.8	-69	4545.6	0.255	-0.015
1985	2005	2004.3	0.6	9016	0.222	0.000
1990	2937	3083.6	-146.5	18667.8	0.157	-0.008
1995	6242	6823.7	-581.5	60793.7	0.103	-0.010
2000	13395	15887	-2491	99214.6	0.135	-0.025
2004	26397	28487	-2090	159878.3	0.165	-0.013
2005	31649	33930	-2281	183217.5	0.173	-0.012
2006	38760	40423	-2163	211923.5	0.183	-0.010
2007	51304	49565	1739	249529.9	0.206	0.007

印花税。去年股票交易额达——，印花税增长500%多。其次就是城市土地使用费，也增长118%以上。再次就是企业所得税，增长39%。

再看看今年上半年的税收增长，今年上半年的税收增长率达到33.3%。中央财政收入增长快于地方。2008上半年，中央财政收入19542.98亿元，比去年同期增长34.8%。地方财政收入15265.21亿元，增长了31.4%。财政盈余也进一步扩大。因为财政支出的增长少，没有财政收入增长得多，财政盈余有将近12000亿。当然，到了下半年，我们的财政盈余就会减少。去年同期，我国的财政盈余是8197.85亿元。我们来看一下国家各种税种占总税收的比重，也就是我国的税收状况（见图1）。

我国最大的税是增值税，是最上面的一条线所表示的，占税收比重最大。大家可以看到，增值税在1994年的时候占到了税收总数的45%，以

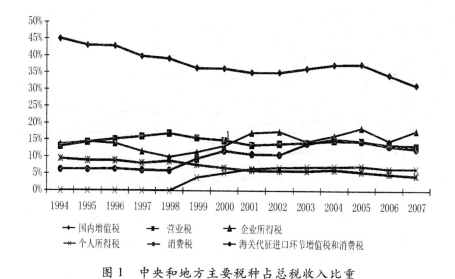

图1 中央和地方主要税种占总税收入比重

后逐年下降,到了2007年,下降到了31%。第二条线是企业所得税,企业所得税是税收中的第二大税,并且呈增长趋势。接下来的是营业税、海关代征的进口环节增值税和消费税等等。最下面的这条线是个人所得税。个人所得税呈上升趋势,但是个人所得税占税收总数比重很小,这也是一个问题。这就是我国税收的基本状况。

说了收入,我们也顺带把支出说一说,看看我国主要的支出(见图2)。

最上面的一条线是文教、科学、卫生支出。经常有人说教育支出不够,卫生支出不够,事实上,这部分支出是政府支出中最多的。第三条线代表的是行政管理费,这项费用的增长一直被批评。改革开放之前,我们的政府是按计划经济体制建立起来的,需要很多人员。改革开放之后,政府的行政人员增长比人口增长要快得多,政府规模太大。而第二条线代表了基本建设支出。原本这项开支很多,现在慢慢下来了。过去几十年中,基本建设投资都特别多。我去年到印度去了一次,它的基础设施很差。回来以后,我觉得中国的基础设施的投资是完全必要的。

我们再来看看目前我国税制存在的一些问题。第一是累进程度低,不能有效调节收入再分配。好多年以来,我们总是抱怨税太高了,其实,税占国民生产总值20%,也不是很高。问题在哪里呢?主要是不公平。

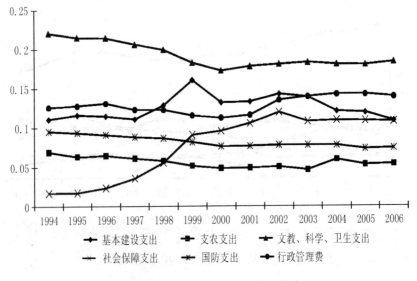

图2 中央和地方主要支出

现在我们已经把农业税取消了,过去有农业税的时候,对农民来说,农业税基本上就是人头税,富人几百元钱的税不费力就交了,但是穷人就交不出这几百块钱。我们大部分的税不是累进税。我国第一大税是增值税,2007年的时候占了税收收入的31%。我国的增值税是属于生产型的,就是销售额减去原材料费,固定资产和折旧都不扣除。第二是营业税,营业税是按营业额收的,税基更大。企业会将增值税和营业税加入成本,提高价格,消费者不论收入高低,都要付一样的价格。因此,增值税和营业税都不是累进的。累进税程度按税金除以收入来算的。在国际上,有的经济学家认为,有收入的人迟早会把自己的收入全部花完,花钱的时候也要付税,所以类似于消费税之类的税种也不是累退的。我们的个人所得税占税收总额的比重很小,只有6.4%,不到7%。现在个人所得税是2000元起征,税率5%—45%,美国最高税率只有35%。而我们的个人所得税是分类的,而不是以整个收入为标准的,也不考虑到家庭的状况。这个税是累进的,但是占税收比重比较小。另外,我国没有个人财产税、遗产税、赠与税。

接下来,我们看一看美国的情况。美国向个人征收哪些税呢?有个人财产税、个人所得税。美国在早期的时候,个人所得税是非法的。在南北战争的时候,因为财政困难,引进了个人所得税。征税范围很小,只包含一部分人。但是国会很快以违宪的理由废止了个人所得税。在第一次世界大战的时候,因为财政太困难,才修改了宪法,把个人所得税合法化了。个人所得税合法化了以后,就一路上升,成了美国主要的税种了。在此之前,哪个税比较重要呢?就是财产税。财产税占税收比重最高达到45%。后来,当个人所得税上来之后,财产税就下来了。所以这两个税此消彼长,互相补充,调节收入分配平衡。美国的个人所得税的纳税人很广泛,包括获得美国助教、助研奖学金的留学生。当然中国和美国之间有免税协定。美国的个人所得税的起征点是很低的。我们看一看美国2007年联邦财政收入的组成,特别消费税,就是汽油、烟酒之类征的税,占了税收的3%,遗产和赠与税占了1%,公司所得税占了14%,个人所得税占了45%。我们再来看一看美国的财产税,可以看出,美国各州的财产税不一样。有的地方财产税率很低,譬如说夏威夷和加州的税率分别为0.4%和0.68%。有的地方财产税率很高,譬如得克萨斯州的税率为2.57%。我们再来看美国政府的遗产税。遗产税的税率达到了45%—50%。美国东海岸边有个州叫罗德岛,那里有一个城市叫新港,有很多豪宅,供游人参观。这些豪宅现在都是公共的,但过去是私人的。那为什么所有制变动了呢?是因为遗产税和财产税太高了。如果美国人没有收入,就很难交起遗产税和财产税。因此,这些豪宅无人继承,最后都归了政府。为什么要提这些税呢?因为我们国家没有这些税,收入分配差距也比较大。下面这张表(表2)是部分国家和地区的基尼系数。

表2 部分国家和地区的基尼系数

国家	基尼系数	国家	基尼系数
匈牙利	0.269(2002)	英国	0.360(1999)
日本	0.249(1993)	美国	0.408(2000)
瑞典	0.250(2000)	中国	0.469(2004)
德国	0.283(2000)	俄国	0.399(2002)
印度	0.368(2004)	香港	0.434(1996)
法国	0.327(1996)	墨西哥	0.461(2004)

这是2007/2008年联合国的《人类发展报告》里采集的数据。基尼系数越大收入分配越不公平，"0"就代表完全公平了，"1"的话就是一点儿都不公平。大家可以看到中国几乎要达到47%了。这是2004年的数据，当时中国的基尼系数比美国还高，美国只有40.8%，英国只有36%。所以，对现在的中国而言，收入分配是一个问题，而且是一个比较长远的问题。下面这张图（图3）是一个关于印度的基尼系数和中国的基尼系数的比较，是从我发表的一片文章里摘下来的。

实线是印度的基尼系数，虚线是中国的。大家可以看到，中国改革开放以后，收入分配差距越来越大了，但印度基本上是很平稳的。那么，是不是像有些人说的那样，在经济发展的初级阶段总是会出现这种问题呢？其实不一定。像我国台湾地区的基尼系数就不是这样。台湾地区过去经济发展很快，上世纪60、70、80年代经济高速增长。当时，台湾地区在收入分配方面做得也比较好，属于均富增长。台湾的基尼系数在经济高速发展的同时，从1964年到1990年，再到90年代中期，都只有20%多和30%多一点。所以，我国收入差别的现状并不是不可避免的，问题就是税收不能起到公平分配收入的作用。

接下来，我想讲一讲我们的企业税制状况。增值税是17%，不论你赚不赚钱，机器一转，就要交17%的增值税。公司所得税现在降到25%了，过去是33%。其实这也不算低，而且在中国，大、小企业税一般差不多，最近才把中小企业税降了下来。另外，国家还要从企业征收

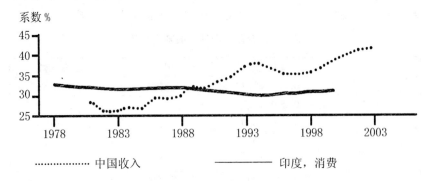

图3 中国和印度的基尼系数

社会保障资金,其中20%进了养老账户,8%用于医疗。税太重了,许多中、小企业都支付不起。2007年,增值税在总税收中占了31.3%以上,企业所得税占了17.73%以上,而且呈上升的趋势。2007年,中国个人所得税占总税收比例仅为6.4%,仍然很低。公司所得税的税基不是利润,而是企业的收入减去原材料,减去劳动力。所以,公司所得税实际上是资本税。美国的企业所得税也是累进税。美国也有社会保障税,2007年企业向政府交纳的社会保障税为雇员97500美元以内工资的7.65%,雇员自己贡献工资的7.5%,以及超过97500美元的工资的1.45%。美国的社会保障是由中央政府管理。另外,企业也向雇员的个人账户做贡献,一般个人贡献多一个限额,雇主贡献同样多。美国没有增值税,许多州有销售税,销售税一般在6%左右。根据美国财经双周刊《福布斯》的"全球2005税务负担指数"调查,2005年在全球52个国家和地区中,中国内地是全球税负第二重的地方,仅次于法国;香港则是仅次于阿拉伯联合酋长国,为全球第二个税负最轻的地方。这个指数的依据包括公司所得税、个人所得税、财富税、雇主及雇员社会保障金及销售税的税率。根据《福布斯》2008年税负痛苦指数,在受调查的66个国家和地区中,中国内地的税负痛苦指数高居全球第5,仅次于法国、荷兰、比利时和瑞典这些高社会福利国家,在亚洲数第1。香港排名倒数第5,台湾第53,都属于痛苦指数较低的地区。这个指数是按照税率来计算的。尽管可以对这个名次质疑,但中国税率高是难以否认的。企业税负高不利于企业生产和发展,不利于扩大就业,不利于经济成长。我们如果不承认税负高,将来吃亏的还是自己,就像几年前很多人不承认人民币估值过低一样。

  第三个问题就是地方政府税收短缺。地方财政收入占总收入比重在减少:1993年的时候,地方政府的财政税收占总收入的78%,2006年就降到了47%。而地方财政支出占总支出比重在增加:1993年的时候是72%,2006年的时候就达到了75.3%。下面这个表(表3)是地方政府的自给率,表里有地方政府预算收入占总预算收入的比重。

表3 中央和地方预算收入和支出

年份	预算收入（亿）			比重 中央	预算支出（亿）			比重 中央	地方自给率(%)
	国家	中央	地方		国家	中央	地方		
1978	1132.26	175.77	956.49	15.5	1122.09	532.12	589.97	47.4	162.1
1980	1159.93	284.45	875.48	24.5	1228.83	666.81	562.02	54.3	155.8
1985	2004.82	769.63	1235.19	38.4	2004.25	795.25	1209.00	39.7	102.2
1990	2937.10	992.42	1944.68	33.8	3083.59	1004.47	2079.12	32.6	93.5
1995	6242.20	3256.62	2985.58	52.2	6823.72	1995.39	4828.33	29.2	61.8
2000	13395.23	6989.17	6406.06	52.2	15886.50	5519.85	10366.65	34.7	61.8
2001	16386.04	8582.74	7803.30	52.4	18902.58	5768.02	13134.56	30.5	59.4
2002	18903.64	10388.64	8515.00	55	22053.15	6771.70	15281.45	30.7	55.7
2003	21715.25	11865.27	9849.98	54.6	24649.95	7420.10	17229.85	30.1	57.2
2004	26396.47	14503.10	11893.37	54.9	28486.89	7894.08	20592.81	27.7	57.8
2005	31627.89	16535.94	15092.04	52.3	33708.12	8775.73	24932.39	26	60.5
2006	38760.20	20456.62	18303.58	52.8	40422.73	9991.40	30431.33	24.7	60.1

到2006年,中央政府占了预算收入的53%,占了预算支出的25%。中央政府拿了很多钱,但是直接支出很少。所谓自给率,就是税收除以支出。大家可以看到,1978年的时候,地方政府有很多盈余。现在,地方政府的自给率只有60%。一般来说,国外研究集权程度,也就是财力集中程度的时候,都是以中央政府占财政收入的比重来衡量的。如果以此衡量的话,那么1978年的时候,中央政府占总预算收入15.5%,好像中国当时是在分权,其实不是。那个时候,虽然地方政府收了很多税,但是中央政府说上交地方马上就得交上去。因为那个时候还是计划经济。当然,我们国家还有预算外的收入。2005年,我国的预算外收入是5544亿多,我们的财政收入大概是50000亿。中央在预算外支出中的比重现在很小。1990年中央在预算外收入中的比重为39.6%,2005年中央在预算外收入中的比重为7.3%。1990年中央在预算外支出中的比重为38.3%,2005年中央在预算外收入中的比重为8.7%。可见预算外收入对地方政

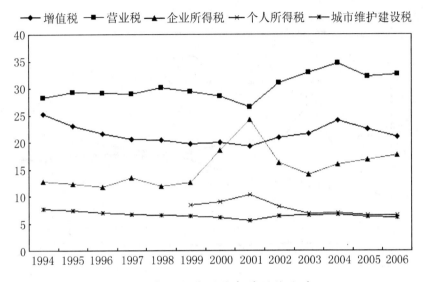

图4 地方主要税种占总税收比重

府很重要。接下来,我们来讨论地方税种。地方税种中主要是营业税,主要来自服务行业。

第二大税是增值税,我们有个增值税返还,中央政府返还一部分增值税给地方政府。地方政府的增值税份额为25%,再加上中央政府的返还,增值税就成了地方政府的重要税收来源。第三是企业所得税。个人所得税在2001年的时候突然增长上来了,但是也是从那个时候起,中央政府开始与地方政府共享个人所得税。地方政府的支出负担沉重,支出包括基础教育、公共医疗卫生、社会保障。另外还有城市基础设施等。最后,环境保护也是地方政府的事。

大家来看一下地方政府的支出状况(见图5)。最高的是文教、科学、卫生事业费,其次是其他支出,再次是行政管理。这大概就是地方政府主要的支出状况。在事权的划分上,义务教育主要由地方政府负责,而地方政府财政困难,义务教育投入就难以保证。政府教育投资占国内生产总值的比重不到3%,2006年教育事业费加上教育费附加支出仅占2.45%,低于5%的世界平均水平。有的外国人看到中国的教育状况,觉得人力资本投入不够。但是他们不知道在中国政府投入的少,但是家庭教

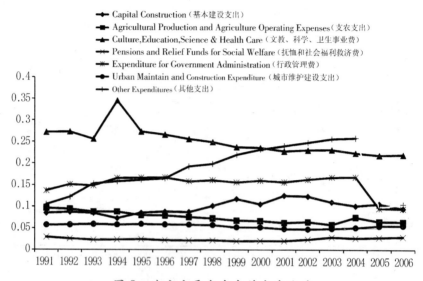

图 5 地方主要支出占总支出比重

育投入的很多。而这种投入对很多贫困的家庭来说也是一个很沉重的负担。地方政府还要承担医疗卫生支出。在事权的划分上,医疗卫生主要由地方政府负责,而地方政府财政困难,医疗卫生投入难以保证。中国医疗卫生投入不足,政府的医疗卫生投入占 GDP 的比重,发达国家一般在 5%—7%,中国只有 2% 左右。下面是卫生事业费占总财政支出的统计表,卫生事业费是医疗卫生投入的一个方面(见表 4)。

2006 年,中国卫生事业费占总财政支出的 1.83%。最后一栏是地方政府卫生支出占卫生总支出的比重(见表 5)。

这个比重在 2006 年达到了 98.2%,这说明地方政府在卫生总支出方面所占的比重很大。地方政府财政困难,很难在医疗卫生事业方面有大量投入。由于政府在医疗卫生上投入较少,所以个人医疗支出的负担就越来越重,这也是我们现在医改关注的一个重要问题。我们在改革开放刚开始的时候,个人支出才占了 20%,2005 年,个人支出占到了 52%。社会医疗支出是什么呢?主要就是企业医疗支出。1978 年社会医疗支出占到 47.4%,现在只有 29.9%。而政府医疗支出在 1978 年的时候占了 32%,2005 年的时候占了 17.9%。大家可以看到,政府的医疗支出降

表4 卫生事业费占总财政支出的统计表

年份	国内生产总值(亿)	总财政支出(亿)	卫生事业费(亿)	卫生事业费/GDP(%)	卫生事业费/总财政支出(%)
1984	7208.1	1701.0	44.39	0.62	2.61
1985	9016.1	2004.3	50.31	0.56	2.51
1986	10275.2	2204.9	59.55	0.58	2.70
1987	12058.6	2262.2	59.45	0.49	2.63
1988	15042.8	2491.21	66.63	0.44	2.68
1989	16992.3	2823.78	74.39	0.44	2.63
1990	18667.8	3083.59	79.47	0.43	2.58
1991	21781.5	3386.62	86.44	0.40	2.55
1992	26923.5	3742.20	96.05	0.36	2.57
1993	35333.9	4642.30	107.87	0.31	2.32
1994	48197.9	5792.62	146.97	0.31	2.54
1995	60793.7	6823.72	163.26	0.27	2.39
1996	71176.6	7937.55	187.57	0.26	2.36
1997	78973.1	9233.56	209.20	0.27	2.27
1998	84402.3	10798.18	225.05	0.27	2.08
1999	89677.1	13187.67	247.89	0.28	1.88
2000	99214.6	15886.50	272.17	0.27	1.71
2001	109655.2	18902.58	313.50	0.29	1.66
2002	120332.7	22053.15	350.44	0.29	1.59
2003	135822.8	24649.95	449.87	0.33	1.83
2004	159878.3	28486.89	479.62	0.30	1.68
2005	183867.9	33930.28	601.50	0.33	1.78
2006	209406.8	40213.16	734.14	0.35	1.83

表5 中央和地方政府卫生支出

年份	中央政府卫生支出（亿）	地方政府卫生支出（亿）	地方政府卫生支出比重
1991	3.77	141.76	0.974
1992	4.05	163.18	0.976
1993	4.34	197.43	0.978
1994	5.56	251.73	0.978
1995	5.99	291.32	0.980
1996	7.00	341.86	0.980
1997	7.83	382.88	0.980
1998	8.62	406.23	0.979
1999	7.19	438.49	0.984
2000	7.32	482.39	0.985
2001	11.76	557.54	0.979
2002	17.25	617.79	0.973
2003	22.07	755.98	0.972
2004	22.39	832.25	0.974
2005	21.26	1015.55	0.979
2006	24.23	1296.00	0.982

低，企业的医疗支出降低，而个人的医疗支出却提高了，这对穷人来说也是很重的负担。

地方的基础设施同样依赖地方财政，多年来，中央政府财政支出大量用于大型公共投资工程，如公路、铁路、桥梁、水库等。而地方性的基础设施投资不足，如城市交通、道路、垃圾、污水处理、空气净化、公共环境卫生设备、社区公园等等，还有一些公共基础设施的维护。地方公共基础设施与民生密切相关，譬如说城市交通、道路、公共卫生设备、社区公园等等。而穷人尤其需要这些设施，富人开车，穷人就要坐公共汽车。

环境保护也依赖地方政府。据世界银行估算：环境污染每年使中国造成的损失达GDP的8%—12%。这个数字是不是有点太大了，我们现在的增长也只有11%，而环境污染造成的损失就有8%—12%。世界银行统计,20个全球污染最严重的城市,16个在中国。而我国2006年环境保护和城市水资源支出仅占财政收入的0.4%和GDP的0.08%。环境保护依赖地方政府,地方政府又财政困难,仅主要靠增值税、企业税。且地方政府为了发展经济,可能就对这种污染不够重视。我们是有规定,但是地方政府为了更多的税收,对企业的监督就没有那么严格了。中央和地方本级财政赤字在1993年以前,包括1993年,基本上是平衡的,赤字很少。但是从1994年开始,中央政府的财政盈余越来越大,而中央政府的财政赤字也越来越大。地方政府基本上没有税收立法的权力,也没有发行公债的权力。那么地方怎么办呢?赤字最后都要靠中央政府的财政来弥补,而中央政府对此也有控制。世界上许多国家都是中央政府在向地方政府转移支付,譬如美国联邦政府对地方政府的转移支付占地方政府支出的20%左右。中国中央政府向地方政府转移支付的规模非常大。

下面,讲增值税返还机制不公平。1994年以后,增值税被列为共享税收,中央得75%,地方得25%。中央建立了向地方的税收返还机制。那么,我们来看一下它是怎么返还的。1993年国务院对税收返还做了这样的具体规定:1993年中央净上划收入,即消费税加75%的增值税减中央下划收入,全额返还地方,保证地方既得财力,并以此作为以后中央对地方税收返还的基数。也就是说,1993年的税收返还额等于100%的消费税加上75%的增值税减去中央下划收入。当增加值增长率固定时,基期人均返还额越高,则地方政府从中央政府得到的人均增值税返还额越高;当基期人均返还额固定时,增加值增长率越高,则地方政府从中央政府得到的人均增值税返还额越高。现行的增值税返还机制并不能减少地区间的贫富差别。增值税返还是中央转移制度的重要组成部分,2001年占到了总转移支付的41%,增值税返还机制向富裕地区倾斜使得整个转移支付机制向富裕地区倾斜。我自己利用我国31个省、直辖市、自治区1995年到2005年的面板数据证实,人均GDP高的地区得到的人均中央转移支付多;GDP增长快的地区得到的人均中央转移支付多。这与我们缩小地方财力差别的目标相违背。另外,增值税返还还受到通货膨胀影响,通货膨胀会使中央份额加大。因为地方财力差别大,税收返还又倾向于富裕地区,所以各地财力差别特别大。下图(图5)显示出了各地人均政府支出,大家看一下。

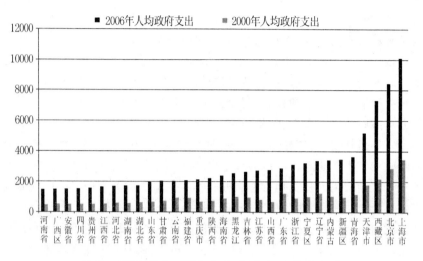

图5 2000年和2006年各地区人均政府支出

  穷的地方和富的地方差别特别大。高的这条线是2006年的人均政府支出,低的是2000年的人均政府支出。最差的是河南、广西那些地方,支出特别低。最好的就是上海、北京、西藏、天津,然后是青海、新疆、内蒙古。总的看起来大形势就是发达地区,少数民族地区转移支出多。另外,人均的教育支出、卫生支出和政府社会福利支出,富裕地区也比贫穷地区高得多。

  最后,我们来谈税制改革,也提一点政策建议吧。在谈我们国家的税制改革的时候,先把近代世界税制改革的趋势讲一下。上个世纪30年代大危机以前,自由主义经济学占支配地位,认为美国和西方经济进入了永久的繁荣时期。但是,30年代大危机以后,国家干预被认为需要了。国家干预了大概30多年,一直到60年代末。70年代的石油危机、农业减产使得世界经济出现了衰退。凯恩斯那套刺激需求的办法不灵了,所以经济学也发生了变化,从凯恩斯主义转变到新自由主义。新自由主义经济学主张政府要少管,政府规模要小,政府要减税。第二就是降低企业税负。过去30年,供给学派占了支配地位。供给学派就是主张增加供给。滞涨问题怎么解决呢?就是要增加供给,供给一上来,产量也高了,价格也低了,问题就解决了。新自由主义者还主张降低储蓄税,增加消费税,以及简化税制,缩小累进程度。

目前我们的税制是偏向于促进经济发展。就像税收返还机制,经济增长越快,返还率越高。设计这些税制的时候,我们国家底子薄、人口多,还很贫穷,需要增长。过了这十几年以后,我们国家的形势已经发生了很大的变化,我们已经成为中等收入国家。我们既要发展生产,也要调节好收入分配。

改革税制一是要降低企业税负。降低企业税负会提高企业投资积极性,增加就业,可以解决中国经济短期内面临的困难,也可以为中国经济长期繁荣奠定基础。首先,实行增值税改革,将投资部分从增值税税基中扣除,这样会刺激经济增长。其次,降低中小企业税负。各国都在不同程度上扶持中小企业。美国的企业所得税都是累进税,盈利小的企业税率低。中国对中小企业税收上优惠少。中小企业大部分是民营企业,融资困难,技术水平低。但是中小企业在促进生产、增加就业、提高收入水平等方面起着重大作用。中小企业规模小,可以因地制宜,易于发展。许多大企业都是从小到大的。另外,大型垄断性企业和竞争性的小企业税率相等实在有失公平。我国应该提高对中小企业的扶持,在税收方面给予更多的优惠。还要降低企业社会保障负担。中国企业养老医疗贡献为工资的28%,养老医疗所占资金达工资的将近40%,这实在是太高了。降低企业社会保障贡献可以减轻企业成本,尽管这样做会影响社会保障资金。我们应该依靠节约支出解决问题。养老金高低差别很大,不少人的养老金比当前平均工资还高,所以应该减缓高收益群体的养老金增长速度。

二是要建立新税种。第一个我要说的就是要建立个人财产税。财产税可以缩小贫富差别,增加税收,解决地方财政收入困难的问题,还可以解决房地产业中的泡沫问题。从长远讲,财产税也可以解决土地集聚问题。还有燃油税。燃油税我们说了很多年了,乱收费的时候我们就说把燃油费都取消了。大家可以看一下其他国家燃油税的比重。美国是30%,英国是73%等。当然,还有其他的一些税,我就不展开说了,比如资本利得税。美国的资本利得税是短期的税率比较高,长期的税率比较低。这个税有什么好处呢?就是你要是亏本了,每年还可以从个人所得税里扣除一些,赚钱了就交一些税。

三是取消增值税返还、增加地方在增值税中的比例,增加地方财政收入。如果取消增值税返还制度,地方政府的税收就会减少。这是因为各省经济都在增长,都会得到一些税收返还。为解决这个问题,国家可以考虑适当增加地方政府在增值税中的比例。取消增值税返还可以使税制简化,符合当今世界税制改革原则。与其他国家如美国、日本相比,我国目前公共财政的问题不在于中央税收份额过大,而在于中央直接支出份额太小。从效率角度讲,既然地方支出那么大,就应该给地方政府更多的收入。

总而言之,各国的税制和支出结构应该是配套的。因此税制改革要和政府支出改革结合起来。在改革税制的同时,我们要加大以下几个方面的政府开支:第一是地方性基础设施,公共交通,公共卫生设施,刺激增长;第二是教育支出,医疗卫生支出,增加人力资本,消除贫困;第三是生态环境保护支出,增加国家财富。这些举措可以促进经济增长,减少贫困,增加社会福利。我想,通过税制改革,就能保持我们国家经济持续高速增长,保持我们社会和谐安定。

我要讲的就是这些,谢谢大家。

(2008年9月16日)

在改革开放中前行的中国保险业

■孙祁祥

[演讲者小传]

孙祁祥,1992年毕业于北京大学经济学院,获经济学博士学位。现任北京大学经济学院副院长兼风险管理与保险学系主任,教授,博士生导师,享受国务院政府特殊津贴专家。兼任北京大学中国保险与社会保障研究中心主任、北京大学学位委员会应用经济学分会副主席、亚太风险与保险学会副主席,美国哈佛大学访问学者。在《经济研究》等学术刊物上发表论文100多篇,主持过20多项国家社科基金以及国家教育部、国家发改委、中国保监会等部委和国际著名机构和公司委托的科研课题。经常赴国外和境外讲学、演讲和学术交流。任现职工作以来,获得过20多项教学、科研方面的荣誉和奖励。其中主要包括:"北京大学首届优秀中青年学术骨干"(1994)、"北京市百人工程人选"(1995)、享受国务院政府特殊津贴专家(2001)、北京大学最受学生爱戴的"十佳教师"(2002)、"北京市高等学校精品教材"奖(2004)、北京大学教学成果一等奖(2005)、北京市高等教育教学成果一等奖(2005)、北京市哲学社会科学优秀成果奖(第三、五、七、八、九届)等。北京市精品课程奖(2007)、国家精品课程奖(2007)。北京市教学名师(2007)。

主持人: 大家晚上好,欢迎大家今晚来参加讲座。今晚,为我们做这场讲座的是经济学院副院长孙祁祥教授,她讲的题目是"在改革开放中前行的中国保险业",让我们掌声欢迎孙老师。

孙祁祥: 大家晚上好,今年正值改革开放30周年,很高兴来跟大家谈谈保险业在改革开放的过程中所经历的变革以及它的经验、反思与展望这个话题。今天,我演讲的内容主要来自于我和郑伟、锁凌燕、肖志光所做的一个有关中国保险业改革开放30年的课题。首先,我想先概要地总结一下保险业在近30年的发展中所取得的成就与存在的问题。

在经济体制改革和对外开放的过程中,伴随着国民经济和社会的迅速发展,我国保险业从1980年恢复至今已有28年了。在短短的28年时间里,从无到有、从弱到强、从一种行政主导的被动制度安排到如今日趋完善的市场体系,我国保险业取得了巨大的发展。其中,保费收入从1980年的4.6亿元增加到2007年的7035.8亿元,年平均增长速度超过30%,保险业的规模迅速扩大;保险密度从1980年的0.47元/人提高到2007年的533元/人,保险深度从1980年的0.1%提高到2007年的2.8%,保险业的作用日渐显见;保险业总资产到2007年底已经达到29003.9亿元,保险业在金融市场中的地位显著提高。与此同时,保险公司数量从恢复初期的1家增加到2007年底的110家,形成了产险、寿险、再保险、保险集团、专业保险公司等多元化的主体形式。此外,还有2331家专业保险中介机构、14.31万家兼业代理机构,保险从业人员达到257.43万人,保险市场体系日趋完善。

在满怀激情庆贺辉煌的同时,我们也必须清醒地看到,与发达国家相比,与世界平均水平相比,甚至与一些发展中国家相比,我们仍有不小的差距。据2006年的统计,我国的保费收入仅占全球保险收入的1.9%,保险深度仅为2.7%,远低于世界平均水平(7.52%)和工业化国家水平(9.18%);保险密度仅为53.5美元,同样远低于世界平均水平(554.8美元)和工业化国家水平(3362.2美元)。不仅仅只是数量上的差距,更重要的是在质量、效益方面的差距。仅以中美两国保险业的劳动生产率为例。两国的保险业就业人数占金融业就业人数均为40%左右,但美国保险业创造的增加值占金融服务业增加值比重约为30%,而我国保险业创造的增加值仅占金融服务业增加值的6%左右。与此同时,我国保险市场上还存在"五多五少"的现象,即"同质产品多,个性产品少"、"综合公司多,专业公司少"、"产品竞争多,服务竞争少"、"机构开设多,市场培育少"、"人员流动多,人才储备少"。这些都反映出这个市场的非理性和不成熟。

具体分析来看,第一,市场是多元的,消费者也是多元的,因此需要有多元的产品来适应市场需求。应当说,近些年来,各保险公司推出了许多名称五花八门的新产品,可谓"种类繁多",但严格说来,尽管名称不同,但产品实质上雷同,个性化产品少,难以满足消费者多方面的需要。第二,在一个成熟的市场上,应当是先有专业化,然后才有多元化。也就是说,只有专业化做好了,做精了,多元化才有坚实的基础。我国保险市场上本身专业化公司就很少,加上即使是"单纯"的产险或者寿险公司也都热衷于"全能型",例如寿险公司创办产险子公司,产险公司创办寿险子公司等,导致保险业的"专业化基础"不强,缺乏核心竞争力。第三,与很多的发达市场相比,我国保险市场上的竞争主体还是比较有限的,但就是在这样一个竞争主体很有限的市场上,竞争却是异常的激烈。然而,这种竞争主要体现在费率和手续费的竞争上,而不管是卖出产品后的售后服务还是赔偿给付时的理赔服务都相对很不完善,由此常为消费者所诟病。第四,保险经营以大数定理为基础,因此,增员、布点都是必要的经营举措。但在目前中国的保险市场上,各公司在迅速增员、快速设立分支机构的同时,整个行业对员工的培训、对消费者的保险启蒙都不够重视,更有甚者,为了争夺保费规模和市场份额而进行的激烈的价格竞争,导致了对市场资源的掠夺性开发。第五,在成熟的市场经济中,员工的流动是很正常的事情,因为它反映并顺应着产业结构乃至经济结构的变化。但在目前中国的保险市场上,人员的流动过于频繁,"集体跳槽"事件频频发生,以至于一些地方和公司不得不出台一些限制人员流动的强制性措施。人员流动异常频繁的背后,反映的是机构扩张的过速和和专业人才的储备严重不足。虽然这些问题都是发展中的问题,我们应当用发展的眼光来看待,用发展的措施来解决,但保险经营者和监管者应当对产生这些问题的原因和后果有着清醒的认识,并着力抓紧解决。

在我国实行改革开放30年之际,在我国保险业恢复即将迎来第三十个年头之时,如何正确评价我国保险业发展的得与失,总结保险业发展中的经验与教训,如何在回顾与总结保险业自身改革与开放近30年历程的同时,全面梳理和正确解读保险业的改革、开放、发展与整个国民经济的改革、开放和发展之间的关系,对于正确理解和把握我国保险业发展的历史与现状,更深刻地理解我国保险业恢复、发展、改革与开放的基本前提和背景,更好地把握我国保险业未来发展的方向与前景都具有重要的意义。所以,我想从以下六个方面来认真反思一下保险业在发展过程中应当正确处理的关系。

一、正确处理市场与政府的关系

市场和政府的关系历来是经济学中讨论的重点。无论理论还是实践都证明,市场是资源配置的基础手段,但是又由于信息不完善、外部性等导致存在"市场失灵",因此,需要政府进行监管。但是,在经济的运行中,到底是市场多一点还是政府多一点,政府监管干预什么、干预到什么程度,却始终是"仁者见仁、智者见智"的问题。

在我国保险业发展的过程中,也同样存在着一个对两者关系的不断探索、认识和处理的过程。1979年,国家出于经济体制改革的目的而做出恢复保险业的决定,让其履行"财政功能替代"的职能,可见政府在保险业恢复初期将占据主导地位。但是,在中国人民银行全国分行行长会议上和《关于恢复办理企业财产保险的联合通知》中一再强调的"自愿参加保险"原则,以及让市场化形式运作的保险补偿替代行政化运作的财政补偿本身,都体现了政府对市场功能的认识。当然,在计划经济思维的长期影响下,保险业恢复初期的运行也自然摆脱不了计划经济的影响和政府的主导。在保险业恢复初期,政府从企业投保、保险公司的人事任命、条款费率等经营活动到保险业发展的方向、保险市场体系的形成等各个方面都进行全面指导、监督,甚至直接进行行政干预。

但是,随着经济体制市场化改革的不断深化、保险业自身的对外开放、市场主体的多元化和国有保险公司的股份制改造等情况的变化,一方面保险业市场化运行的要求越来越强烈,另一方面政府或监管部门行政干预的约束力也越来越弱。因此,如何减少政府不必要的监督和行政干预,让市场规律主导行业发展成为政府和监管部门面临的重要问题。在这种背景和客观要求下,我国保险监管开始不断推行市场化改革,一方面加快对外开放和对内改革步伐,完善市场准入机制,增加市场主体,促进市场主体形式的多元化,另一方面放宽保险公司高级管理人员任职资格限制和审批范围,推进条款费率管理制度改革,逐步放松市场行为监管,推进偿付能力监管,减少对保险公司市场经营行为的干预。

在保险业恢复发展的初期,政府对于行业发展的监督、引导和干预,在一定程度上反映了经济体制改革初期政府的计划和行政干预色彩仍然十分浓厚的时代背景。不可否认,这种政府干预在一定程度上适应了保险业恢复初期加快发展的需要,为后来保险业的全面市场化发展奠定了基础,也使我国保险业的快速超越式发展成为了可能,成为我国保险业能够取得快速发展的一个重要原因。但是,这种政府主导的发展模式对后来我国保险业的市场化改革和健康发展也产生了重大的不利影响。一是这种政府主导的发展模式导致了行业的非理性发展,导致了行业发展"重规模增长,轻生态保护,重引进借鉴,轻自主创新,重市场监督,轻公司治理"的"赶超发展模式";二是形成了监管部门的行业发展主导习惯和保险公司对于政府和监管部门的政策依赖。从而,使我国保险业从粗放式发展向集约型发展模式的转变困难重重,延缓了保险业的市场化进程,这些问题都将影响我国保险业的长期健康发展。

因此,如何妥善解决政府主导发展模式下的遗留问题,正确处理好政府与市场的关系,让政府为市场发展创造一个公正、有序的市场环境,放松对市场行为的监管和干预,保障市场机制有效运营,成为我国保险业今后发展过程中的重要问题。

二、对外开放与对内改革的关系

改革和开放作为保险业发展的两个根本推动力,是保险业能够取得当前发展成就的关键所在。但是,如何正确处理两者的关系,是以开放促改革,还是以改革促开放,抑或改革与开放同步,是我国保险业发展过程中一直需要面对、处理和协调的问题。

一是国民经济的对外开放与保险业改革的关系。一方面,在我国经济体制改革过程中,最早出现的市场化因素来自于经济的对外开放,而经济中对外开放的最早形式是对外贸易。由于对外贸易的另一方主要是西方发达的市场经济国家,因此,对外贸易也必须按照国际规则和市场标准办事,顺理成章,市场经济条件下国际贸易风险的管理行业——保险业自然成为最先接触到国际规则和市场标准的行业之一,学习和借鉴国际经验与市场标准由此成为保险业改革的重要动力。另一方面,在我国经济对外开放过程中,最早开放的是沿海城市的一些经济特区,这些经济特区中的外资企业是我国经济中最早的市场化企业形式。这些企业对于保险产品和服务的需求、投保和索赔的理念是当时企业中相对最为成熟和理性的。因此,满足这部分企业的保险产品和服务需求,以其投保和索赔理念"倒逼"企业经营制度的改革是我国保险业最初改革的另一个重要动力。

二是保险业的对外开放与对内改革的关系。从1980年开放初期的外资代表处形式,到1992年开始的外资分公司形式,再到1996年开始的中外合资形式和2001年中国的入世,我国保险业从未停止开放的步伐,保险业对外开放的形式和领域也越来越多元化,直到2004年保险市场的全面开放。与此同时,我国保险业自身的改革也在稳步推进:首先是监管制度改革,包括条款费率的市场化改革、投资渠道的放宽、监管方式的转变、市场准入机制的建立;其次是经营体制改革,包括营销渠道的多元化、产品和服务创新加快、公司治理和内控机制加强以及股份制改革和集团化经营等等。

从两者的关系来看,主要包括以下几个层面:

(1) 对外开放是保险业改革的动力来源。首先我们必须认识到国民经济对外开放的大背景和大趋势决定对外开放是保险业发展不可阻挡的必然趋势。由于我国保险业起步晚、起点低,导致无论是在产品、服务、技术手段和经营效率等各方面与国外发达的保险市场都存在较大差距。如果保险业不改革、不发挥后发优势加快发展,那么中资公司将会毫无竞争力,并可能"拱手"让出庞大的保险市场。这显然是政府、监管机关和国内保险公司都不愿看到的。因此,加快改革和发展必然成为保险业生存和发展的唯一出路。可以说,是对外开放"倒逼"我国保险业的对内改革。

(2) 对外开放为保险业提供改革思路。在对外开放背景下,保险业的对内改革必不可少。于是,改革什么、怎么改是保险业接下来面临的问题。在国内保险业发展刚刚起步,没有经验可以借鉴、没有标准可以参考的条件下,"恭请师傅进门"无疑是最直接、最有效的一种学习方式。也就是说,在和外资公司同台竞争中学习外资公司先进的产品、服务、经营理念和技术手段;在和国外保险业的充分交流中学习国外保险业的完善制度体系和成熟发展理念。

(3)保险业改革推动进一步对外开放。在保险业的不断改革中,我国保险业不断发展壮大、保险公司的竞争力不断提高,使中资保险公司和外资保险公司竞争力的差距逐渐缩小,这使我国保险业在对外开放中保持本国保险公司的适当竞争定位和市场份额成为可能,从而为我国保险业的进一步对外开放提供了基本的保障。

总之,我国保险业的对外开放与对内改革是相互依存、相互促进的关系。对外开放可以推动和促进保险业的对内改革,而对内改革的不断深入和我国保险业竞争实力的增强,为进一步对外开放提供了坚实的基础。

三、速度与效益的关系

速度和效益的关系,如同公平和效率的关系,两者既有统一,又有矛盾。我国保险业的发展过程,也是不断协调速度与效益这两者关系的过程。

如前所述,我国保险业在恢复初期奉行的是政府主导的赶超发展模式,速度成为我国保险业恢复28年来的主旋律。从发展速度来看,我国保险业保费收入从1980年的4.6亿元提高到2007年的7035.76亿元,平均年增长速度为31.2%;其中2001年至2007年平均增长率为22.2%;从效益来看,在此期间我国保险业利润总额862.2亿元,平均资产利润率仅为0.9%;而且,利润总额中有672.7亿元来自于2007年,准确地说,来自于股票市场上的投资收益。

这种"重速度、轻效益"的粗放型发展模式的根源在于我国保险业停办多年,在恢复后寻求快速发展、盲目赶超成为行业发展的主要目标;而在政府主导、国有企业占主体地位的条件下,增长速度、市场份额成为考核的主要指标,保险行业或公司的保费规模成为行业话语权或公司话语权的代名词。

这种重速度、轻效益的粗放型发展模式,一方面使我国保险业取得了快速的增长,使我国保险业在短短的二十多年里已经初具规模,为保险业的继续发展和转型都提供了较好的基础;另一方面,因为要速度,对产品和服务的创新、人才的引进和培养、公司治理结构的改善和和风险控制等都重视不够,这不仅影响了我国保险公司竞争力的提高,而且可能为我国保险业未来的发展埋下隐患。

总之,虽然发展速度对于恢复初期弱小的中国保险业来说十分重要,是中国保险业发展壮大的根本前提,但是,速度必须以效益为前提,否则速度和规模也只是一组空洞的毫无质量内涵的数字。在我国保险业已经初具规模的前提下,如何推动增长模式的转型已经成为当务之急。

四、发展与监管的关系

发展与监管可以说是保险业的永恒主题。如果说"监管"侧重的是保险业的"质",具体表现为监督管理的有效性所保证的有序竞争;那么,"发展"在侧重"质"的同时,亦强调"量",集中表现为保险市场的扩容和规模的扩张。人们已经普遍地认识到,质量本身就是发展的关键内涵之一,如果为了打破垄断、扩充市场容量以加快发展,一味关注市场主体数量的增加和业务规模的扩大,相应的监管却跟不上,就可能造成过度竞争或者不规范竞争,进而破坏市场秩序,所以,保险市场的良性发展离不开有效的监管;但另一方面,若只是为监管而监管、导致监管失灵或过度监管,也可能会对生产率的提高和保险市场规模的扩大产生负面影响。从过去28年的中国保险业历史来看,发展与监管的关系并没有得到妥善的处理,其关键原因是监管已经为"数量扩张论"所"俘获"。

为了适应国民经济的发展,扮演好经济体制改革所赋予它的"财政替代"角色,这个几乎是从零开始的行业自始至终都有强烈的"做大"的冲动,对市场主体增加、主体规模扩张、保费收入增长的关注从未削减,也的确在这些方面取得了很大的成就;但是,在这个过程中,保险监管却处于相对滞后的状态。在保险业恢复之后,保险监管也面临着从头开始的处境,法规不完善、监管专业力量不足、监管理念不成熟等问题必然会在相当长一段时期内持续存在。但是,由于监管部门同时还身兼行业主管职责,并不是处于独立的地位,因此,当这样一种监管者认识到保险业快速壮大对改革的特殊意义,也认识到对外开放给内资保险企业带来的挑战之后,自然会对行业保费规模增长快慢、公司特别是国有背景保险企业的规模大小等问题给予高度关注,这种关注有时甚至高于其维护公平竞争市场环境的监管职责之上。其结果是,监管者对国内保险公司热衷于借助行政力量开展商业保险业务等非市场化竞争手段疏于管理,对保险企业财务和偿付能力的监管也相对滞后,更多的时候是在扮演"消防员"的角色,即将大部分有限的监管资源用来进行事后的训导和修补,监管效率自然难以提高。

但问题还在于,面对市场无序与监管乏力的现状,监管机构在公众与其他各种社会压力之下,很容易滑向另一个极端,即过度监管。一个典型的例子就是,在20世纪90年代初期,随着市场主体的增多,市场竞争开始呈现出无序的状态,主要表现为费率大战的蔓延,在当时的监管水平下,监管者并没有因之开始重视偿付能力的监管,引导市场机制的发育,而是采取了严厉的费率条款管制措施、直接干预企业经营活动,企业随市场需求调整价格策略、参与良性竞争的能力受到束缚,加上管制价格一直高于均衡价格,致使高手续费、高返还、高回扣等恶性竞争行为难以消除,反而损害了行业形象、恶化了市场生态环境,不利于其长期发展。因此,由于政府不可能是万能的、存在行政干预失灵的可能性,保险监管应当是有界限的。

五、国际经验与中国国情的关系

面对当时已经相对发达的世界保险市场,中国保险业在恢复之后,已经不可能再关起门来慢慢发展,在经济全球化、竞争白热化和联系网络化的背景下,为了适应国民经济的发展,它不可避免地会具有"赶超"的冲动,希望用很短的时间完成其他保险市场花费了很长时间才走完的发展道路,一个最便利的思路就是发挥"后发优势","移植"、"嫁接"国际经验。事实证明,这一思路的确收效明显。例如,1992年,美国友邦保险公司将个人寿险营销模式引入中国,引起国内公司纷纷效仿,该模式很快就成为寿险公司最为重要的营销渠道,并在很短的时期内就取得了不错的业绩。诸如此类的"引进"极大地激发了中国保险企业希望通过对发达国家市场经验的学习、模仿和借鉴等途径实现跨越式发展的热情。

但是,正如经济理论和实践已经证明的那样,落后经济体在没有一个

"良序"制度的条件下,单凭对发达经济体的技术和管理模式的简单模仿,可以在短期内取得非常好的发展,但也可能会给长期的发展留下许多隐患;保险行业在借鉴国际经验时,如果不考虑国情,或者说没有审慎地研究引入国际经验的相关配套环境和制度,很可能会出现"南橘北枳"的问题,而这种问题在中国的保险市场中也现实地存在着。

以"投资连结保险"为例。众所周知,这种产品要取得成功,一方面是要求有一个成熟的资本市场,保险公司在汇聚资金之后能够通过投资满足客户的增值要求;另一方面则是要求有成熟的消费者,换言之,消费者必须能够正确地认识产品所蕴含的投资风险、具备承受风险的能力、重视理性价值投资。在不具备这些条件的情况下将投连险推向市场,并且为了促进销售而回避该险种本身所具有的投资风险,甚至以高收益率的承诺误导消费者,当保单业绩低于被保险人预期的时候,投连险市场便骤然降温,许多客户纷纷要求退保,造成保险市场波动,更威胁到保险业的形象。

可以说,在经济全球化和经济信息化的时代背景下,我们不可能,也不应该排斥发达保险市场的经营模式和先进技术,但是,中国正在经历的经济体制改革主要不是内生的,而是作为外生的变量推进的,国内并不像发达市场经济体那样完全具备市场经济所需的各种制度条件,也缺乏必要的文化根基及观念上的准备。如果我们在借鉴国际经验的时候,忽视对具体国情的分析,片面地将外来的看作是进步的、理想的而积极接受,忽视自主创新,反而会损害行业长期发展的能力。

六、金融话语权与风险管理话语权的关系

可以说,每个行业都希望在政府那里和社会上争取到更多更大的话语权,以谋求更大的现实影响力、满足其利益诉求,这是可以理解的。问题的关键是,每个行业在主观上所希望争取的话语权必须与客观上该产业在经济社会中的角色定位相匹配,否则就会威胁到行业自身的公信力和长期发展。从这个意义上来讲,金融话语权与风险管理话语权的关系问题,其实是一个正确认知保险业在经济社会中的角色定位的问题。

在保险业恢复之初,国有经济体系的存在、政府隐性税收的减少以及

居民财富的增加,都要求存在一定的金融约束使得社会储蓄资金能够得到有效聚集,为经济体的转轨提供宽松的货币环境,在这种背景下发展起来的保险业,不可避免地会特别重视保险制度的资金积聚功能。这一方面导致了保险业的"数量扩张"冲动,另一方面则致使保险业从一开始就特别强调金融话语权。事实上,保险业在中国并不是自发地发展起来的,而由于对社会主义公有制理解上的偏差以及对保险业认识上的偏差,我国从1959年起就全部停办了国内保险业务。20多年的业务空白、计划经济下政府对职工从"摇篮到坟墓"无所不包的保障,使得中国民众不仅尊重集体权威,而且对集体有较强的依赖,自我保障意识不强,抑制了对保险的内在需求。在这种背景下,为了实现数量上的扩张,一个低成本且客观可行的方法就是强调保险产品的投资储蓄功能,忽视较难为客户理解的风险保障功能。这种做法在客观上进一步加强了保险业对其金融话语权的重视。

作为与银行、证券并驾齐驱的金融行业三驾马车之一,保险业争取"金融话语权"本也无可厚非,但是,将"金融话语权"置于"风险管理话语权"之上,却相当于是在放弃保险业相对于其他行业的比较优势,对其长期发展是有影响的。保险业作为专业管理风险的行业,其核心价值在于提供经济补偿和风险保障,其储蓄投资功能则是其衍生功能,它不像银行业那样具有强大的货币创造能力,也不像证券业那样具有为资本定价及为资金需求者直接募集资金的功能,金融影响力总是不及银行证券业;但是,保险业的风险管理功能却是独特而重要的。保险制度正是"自我保障"机制的基本元素,这种功能是其他行业所不能替代的。对于一个成熟的市场经济体而言,它必须能够通过自组织机制来有效应对这种挑战、实现"自我保障",否则就可能造成政府对经济生活的广泛干预。

但是,从中国保险业过去28年的发展来看,其核心的风险管理功能却往往被忽视。例如,在寿险营销过程中,普遍存在着忽视产品保障功能的倾向,突出强调储蓄投资功能的产品热销于市场。这种局面的长期存在,一方面不利于消费者清晰而准确地认识保险的核心功能,进而会损及保险意识的培养,另一方面是在放弃自身的风险专业化经营优势,不能向社会充分地展示其风险保障的能力,这无异于是在"舍本逐末",放弃自己相对于其他金融行业的核心竞争力。事实上,如果保险业没有强大的风险管理话语权,其金融话语权也就丧失了存在的基础。

接下来,我想谈一下未来我国保险业的发展趋势。总的来看,中国保险业过去28年的发展历程让我们清楚地认识到,时代赋予了保险业重大的制度责任和发展机遇,而这个行业在承担其责任时所取得的成就和暴露出来的问题,很大程度上可以归结为对以上六大关系处理上的得与失。因此,保险业在未来要保持长期稳定的可持续发展,必须妥善地处理好这六大关系,但与此同时,还要求我们能够正确地认识到保险业的战略地位及其发展潜力和约束条件。

我们先来讨论第一个问题,保险业在经济中的战略地位:市场经济发展对保险业的内在要求。

在计划经济中,国家掌握着最大份额的资源,资本积累、投资与经济增长完全是国家的事情,企业和个人的经济安全也顺理成章地成为国家及国家所属企业的事务,保险制度没有存在的必要和空间。但随着市场化改革进程的深入,产权界定日益明晰化,个体的利益主体地位日渐明确,以往企业对国家、个人对单位或集体的超经济依附关系逐渐开始瓦解,国家和单位逐渐从承担风险的主体这种角色中淡出,企业和个人必然要成为风险后果的最终承担者。保险制度作为一种兼具自我发展和自我协调作用的自我保障机制,作为市场经济的基本元素之一,是市场经济主体首选的风险管理手段,也成为原有政府保障机制最有效率的替代品。也正因为此,保险制度的建立与发展成为中国市场化过程的内生制度要求。

如果保险制度缺失或不完善,就意味着没有一套成熟的市场机制安排来承担风险控制、损失补偿的功能。在这种情况下,政府自然不能摆脱灾后救助的角色,否则它就要承受风险控制措施不到位和道德风险所带来的效率损失。而如果政府要行使这一权利,必然要对风险因素和风险载体进行控制,这自然会涉及通过行政指令的方式来杜绝安全隐患等直接干预经济主体行为的问题。事实上,将经济控制权由政府向市场的转移,一个重要内涵就是相关风险管理责任的转移;如果做不到这一点,经济控制权的让渡本身就是不完整的。

一言以蔽之,市场经济的发展,必然要求有一套完善的自我保障机制来承接政府转移出来的风险管理责任;如果没有培育出完善的替代机制,政府的退出就是一句空话。由此可见,我们必须从市场经济发展的内生要求这个高度来认识中国保险业发展的必要性和重要性。

其次,我们再来讨论一下中国保险业的发展潜力与约束条件。

改革开放为中国保险业创造了巨大的保险需求,进而催生了保险市场,同时也为保险业的长期发展提供了各种支持。例如,改革开放给中国经济注入了巨大的活力,经济增长前景良好,城乡居民水平与国民生活水平不断提高,加上巨大的人口资源,构成了有效保险需求不断增强的有力支撑。再如,企业管理体制的分权赋予了保险企业更多的经济自由,现代企业制度的建立则为国有保险公司转换经营机制、完善治理结构奠定了有力的基础,这些都有利于其生产率的提高。保险业作为"发展中国家的发展中行业",自然极具发展潜力。

但是,保险业之于市场经济的重要性和巨大的发展潜力并不能掩盖保险业发展面临一些约束条件的事实。首先,保险业在过去曾经长期奉行的"数量扩张型"的发展战略为这个行业的长期发展积累了很多负面因素。例如,它不仅导致保险业人均生产力水平低、经营成本高、保险专业人才的储备和培养不足等问题,而且由于误导、无序竞争、急功近利、掠夺性开发保险资源的问题的存在,极大地损害了行业形象。再如,监管战略定位不明确,监管者同时身兼行业主管,致使其为"数量扩张论"所俘获,尚未形成成熟而有效的监管体制。

其次,作为市场经济的重要元素,其发展自然也依赖于市场经济的完善;而我国市场经济的相关配套制度(包括产权制度、社会保障制度、医疗卫生制度、法律监管制度、资本市场制度等等)尚有缺失或不成熟,这些都会制约保险业的进一步发展。例如,随着保险业的不断壮大和成熟,投资业务对保险企业的生存和发展的作用正变得越来越重要,但是,目前中国资本市场制度并不成熟,市场中的投机气氛依然浓厚。

第三,保险业的风险管理话语权也是有边界的。从理论上讲,并不是所有纯粹风险类型都符合可保风险的"理想条件",例如巨灾风险;尽管辅以合理的损失控制措施,并利用再保险在地域上分散风险、扩大承保能力、稳定经营成果,或借助非传统风险转移产品,商业保险可以在巨灾风险管理中发挥重要的作用,但是,商业保险市场的承保能力相对于巨灾规模而言仍然是非常有限的,稳定的巨灾保险制度仍然需要市场与政府的良好合作。

那么,未来的保险业应当如何发展呢?首先一个重要的问题是,我们需要重构保险业发展理念。

中国保险业的未来发展,是市场经济体制完善的重要内容;要利用发展机遇,处理好各种潜在的约束条件和风险因素,首先需要摒弃旧有的、与市场经济内涵相抵触的发展理念,正确认识保险制度的核心价值及其对中国经济的特殊意义,树立起清晰而正确的保险业发展新理念:(1)保险制度能发挥的"自我保障"功能是市场经济自组织作用的基本元素,保险业的发展是市场经济发展的内在要求;(2)保险业发展的基础是掌握风险管理话语权,其金融话语权只是其衍生权力;(3)风险管理话语权的增强不仅取决于行业规模,更取决于行业的生态环境,保险市场主体必须更加关注长期效益、摆脱"保费崇拜",并致力于维护行业声誉;(4)保险业的长期发展有赖于市场主体自主创新能力的提高;(5)保险制度的风险管理能力自有其边界,并不存在一个无所不能的保险业;(6)保险监管的本质是纠正市场失灵以提高效率,即干预市场的成本应低于市场失灵所造成的损失,其核心价值是保护公众利益和维护市场公平竞争秩序。

在廓清了保险业的发展理念之后,我们必须回答的问题是:如何将这些理念贯彻于实践,将之转化为提高保险业生产要素的质量和利用效率的力量,以实现保险业高效益、可持续的长期健康发展。我认为保险业至少应当做好以下几件事情。

第一,剥离监管者的双重角色,进一步完善保险监管体系。监管者身兼行业主管之责,不符合监管设计中反俘获的基本理念;要维持保险监管机构的公信力,就必须要给市场发出明确的信号,表明游戏规则的制定者和占行业主导地位企业的领导者之间有一道防火墙,即需要分离监管者的双重角色,建立独立的监管机构。同时,由于存在政府失灵的可能性,保险监管不应该只依赖于政府监管。从保险业监管的角度看,应当适应行业特点,按照各方获取信息的比较优势,切实赋予行业协会和社会公众一定的管理和监督权利,最终形成政府监管、行业自律、社会监督(特别是媒体监督)三位一体的整合监管体系,确保对风险的有效监控与防范。

第二,建立完善的信息交流机制,有效管理保险业面临的声誉风险。过去28年的实践表明,保险业声誉所面临的最大威胁实际来自于其本身。保险行业必须要与公众主动进行可信的交流。首先,保险公司作为保险产品的供给者,理应主动承担起教育消费者的责任,向消费者传递正确的、足够的保险知识和消费信息,以培育理性的保险消费模式。其次,要建立规范的信息披露机制。这不仅是要求保险公司对市场披露其历史经营信息,而且应该由专业人士在恰当的监管之下对企业的经营状况、财务质量、风险管理、发展前途做出评估,并将评估标准和包含预测性信息的评估结果公之于众。此外,若涉及强制保险或影响公众利益的险种,需特别注意条款费率制定程序中的有效交流,避免消费者因认为自己在专业知识、信息占有等各方面处于明显劣势而产生敌对情绪。各利益相关方应该对保险条款费率进行充分的讨论和分析;若采取听证会的方式,则要注意挑选具备相应的知识和足够的表达力、能代表不同利益相关方的利益的听证人员,给予其充分的时间进行询问、发表看法,并且要注意吸取合理的建议。

第三,完善保险企业治理机制,重塑中国保险市场的微观基础。要构建以长期效益为导向的保险业,首先需要有一批以效益为业务发展和资产管理导向的现代保险企业。中国的保险企业最初都是国有保险企业,后来虽然成立了许多股份制企业和外资企业,绝大多数国有公司也经历了股份制改造,但是其中很多保险企业,特别是市场份额领先的企业的主要股东仍然是国有背景的,而作为大股东的国有股却缺乏人格化的股权主体,其参与公司治理的有效激励也就难以形成,进而在事实上造成了"弱股东,强管理层"的内部人控制问题,产权激励机制失效。因此,重塑中国保险市场的微观基础,其根本出路在于解决国有股权主体虚置的问题,而这也是中国市场经济体制改革到今天在各个行业都普遍面临的问题。

(2008 年 10 月 24 日)